■ 基礎コース［経済学］−5 ■

基礎コース

金　融　論
第4版

Monetary Theory

畳間　文彦

新世社

第 4 版へのはしがき

　2000 年 11 月に『基礎コース 金融論』の初版を新世社から出版させていただいてから，約 17 年が経ち，2018 年 4 月に第 4 版を出すことになった。これはひとえに読者の皆様のおかげであり，感謝の思いで一杯である。私事ながら筆者は 2017 年 3 月に大学を退職予定だったこともあり，第 4 版を出すことは思いも寄らないことだっただけに，新世社編集部の御園生晴彦氏から第 4 版出版のお話があったときは，虚を突かれた思いであった。辞退させていただくことも考えたり，友人に相談したりもしたが，私自身この先の日本の金融がどう変わっていくかをぜひ見たいという思いもあって，最終的にはお言葉に甘えて，出させていただくことになった。

　最近の金融界の話題といえば，仮想通貨も含めたフィンテックと日銀のマイナス金利を始めとする非伝統的金融政策の二つに絞られるのではないかと思う。銀行の伝統的な基本業務である預貸業務と決済業務は，仮想通貨も含めたフィンテックという技術革新と，マイナス金利政策とによって，従来の在り方からこれまでにない根本的かつ速やかな変革を求められているように思われる。スマートフォン，フィンテックそして AI といった情報通信処理に関する技術革新によって，これまで銀行を中心としてきた日本の金融システムが，そしてさらには社会そのものの在り方までもが今後どのように変貌していくのか，若干の不安と心配と同時に大きな関心を持って，見とどけたいと思っている。

　第 4 版では，このフィンテックについて，その概要と筆者が基本的と思える特徴を，本書の基本である機能主義的アプローチと金融機能のアンバンドリング・リバンドリングという視点から纏めている。参考文献にも，ファインテックと仮想通貨に関する入門書を追加している。さらに日本銀行の最近

第4版へのはしがき

までの金融政策の推移も新たに追加するとともに，関連文献も加えている。ほかに，機関投資家の行動規範であるスチュワードシップ・コードや企業統治の行動規範であるコーポレートガバナンス・コードにも言及している。バーゼルⅢなど国際金融に関わる最近の動きも新たに取り入れている。また旧版改訂と同じく，全体にわたって記述の誤りや不明確な個所を修正した。図表などのデータも，できる限り最新のものにすべく努力した。本書が，これまでと同様，多くの学生や一般社会人の皆様に，金融の基礎知識の理解と更なる金融への興味を持つきっかけとなれば，筆者にとってこれに勝る喜びはない。

新世社の御園生晴彦氏から第4版出版のお話がなければ，この第4版は生まれなかったに違いない。また改訂の作業過程では御園生氏にさまざまなお手数をおかけした。ここに改めて，感謝とお礼を申し上げる次第である。

2018年2月

昼間　文彦

第3版へのはしがき

　新世社から，「学生，社会人を問わず，はじめて金融を学ぶ人のためのテキスト」として，『基礎コース　金融論』の初版を2000年11月に出版させていただいてから，約10年が過ぎた。また第2版を2005年1月に出版させていただいてから，約6年が過ぎた。ここに，お蔭様で『基礎コース金融論』第3版を出版させていただけるようになったことは，筆者にとって大きな喜びである。読者の方々と新世社編集部に深く感謝申し上げたい。

　振り返ってみれば，日本経済はデフレと低成長の状態が長く続いている。それに対して日本銀行は，ゼロ金利政策や量的緩和政策，さらには信用緩和政策といった，標準的なマクロ経済学には載っていない非伝統的金融政策を，ある意味で世界に先駆けて果敢に実施してきているが，出口はまだ見えていないのが実情であろう。そしてさらに，2007年から2009年にかけての，サブプライムローンとその証券化問題に端を発した世界的な金融危機がある。危機的な状況は脱したとはいえ，日本だけでなく，世界的に見ても景気回復の足取りはまだ不安定であり，また今回の危機を教訓とする，新たな金融規制や金融行政の再検討も端緒についたばかりである。

　第3版では，これらの2000年代後半の金融経済状況についての基本的な理解を可能にすべく，第3章，第9章，第10章を改訂している。また第6章のオプションについては，2項モデルやリスク中立確率を用いた価格決定理論も追加した。これらの理論は，金融派生商品や証券化商品のさらなる発展に伴って，初級のテキストでも取り扱うようになっている。そのほか，第2，第3，第4章の歴史的な部分や制度的な部分の説明は，現状に合わせて，重要性が相対的に低下したと思われる箇所は簡略化したり，制度的変化などについては新たに追加したりしている。また，全般にわたって，記述の誤りや不明確な箇所を修正し，より読みやすくなるよう書き換え，図表などのデータについては，できる限り最新データに入れ替えるよう努めた。紙幅の関係で，国際金融など書き足りない部分もあるが，

第 3 版へのはしがき

巻末の参考文献に示した良書で補っていただければ幸いである。本書が，これまでと同様に，多くの学生諸君や一般社会人の方々に，金融に対する基礎知識の理解とさらなる興味を与えるきっかけとなれば，筆者にとって，これに過ぎる喜びはない。

この第 3 版も完成までに，新世社編集部の御園生晴彦氏に大変なお手数とご心配をおかけした。御園生氏の常に遅れがちな筆者に対する暖かな励ましがなければ，本書は完成しなかったかもしれない。ここに深く感謝申し上げる次第である。

2011 年 1 月

昼間　文彦

第 2 版へのはしがき

 本書の初版を 2000 年暮れに出版してから,約 4 年がすぎた。その間,わが国経済も長かったバブル不況からほぼ脱出し,銀行の不良債権問題にもようやく解決の出口が見えつつある。しかしその間も,日本の金融界は,4 大メガバンクの出現などに象徴されるように,まさに激動の連続であった。

 公的金融では財政投融資制度の改革が実施されるとともに,日本郵政公社が発足した。民間金融では銀行,証券,信託および保険などの業態間の垣根が一層低くなっている。さらに金融庁も,これまでの金融危機対策から将来の金融のあり方といった前向きの対応にむけて,「金融改革プログラム」を 2004 年末に公表した。業態間の相互参入は今後さらに本格化すると思われる。

 こうした金融諸機関の動きとともに,預金保険制度,金融破綻処理制度や金融政策運営など,金融を取り巻く諸制度,諸環境もめまぐるしく変化している。この第 2 版では,最近までのこうした動きをできるだけ取り入れたつもりである。そのほかデータ等,図表についてもできるだけ最新のものに入れ替えるように努めた。初版と同様,本書が多くの学生や一般社会人の方々に,金融に対する理解と興味を与えるきっかけとなることを望んでいる。

 本書第 2 版も,初版と同様,新世社編集部の御園生晴彦氏,本宮稔氏に大変お世話になった。ここに改めて感謝申し上げたい。

　　2005 年 1 月

晝間　文彦

初版へのはしがき

　本書は，学生，社会人を問わず，はじめて金融を学ぶ人のためのテキストである。周知のように日本の金融はいま，ほぼ半世紀振りに大きな変革期を迎えている。バブル崩壊後長びく不況と並行して金融制度改革が進行するなか，決して潰れないと思われていた大手の金融機関が破綻し，銀行，生損保，証券会社は大型合併や統合を通して生き残りを図ろうとしている。一方では，外資系金融機関の進出や異業種企業による金融業への進出も盛んになっている。また，証券化やデリバティブなどの金融取引の新たな手法やナスダック・ジャパンなどの新しい金融市場も次々に生まれている。さらに，こうした動きに対応して，金融行政のあり方にも大幅な変化が起こっている。

　本書では，日本の金融のこうした制度的側面の変革を，高度成長期以来の歴史的変遷をも踏まえて，詳しく説明している。現在起きている金融変革を十分理解するためには，高度成長期の金融システムの知識が不可欠であると考えたからである。なお，金融に関連する最近の主要な出来事をまとめた年表を本書の末尾に載せてあるので，参考にしていただければ幸いである。

　こうした制度的側面の解説とともに，本書では，金融の理論的側面についても詳しく説明している。理論的側面については，金融に対する見方として，情報とリスクの観点から金融をとらえるという視点を重視した説明を行った。こうした立場から，情報の非対称性の問題はもちろんのこと，保険に関する分析，さらには，不確実な状況のもとでの選択行動を説明する基本的仮説である期待効用仮説についても，本書では説明している。これらの諸項目は，入門レベルの類書には含まれないことが多いが，情報とリスクという視点を重視した結果の選択である。さらに本書では，この視点を発展させて，金融あるいは金融システムを，それが果たしている機能の面からとらえるという，ロバート・マートン=ツヴィ・ボデイが提唱している「金融の機能主義的アプローチ」も取り入れて説明している（ロバート・マートン=ツヴィ・ボデイ（野村総合研究所訳）『金融の本質—21世紀

初版へのはしがき

型金融革命の羅針盤—』NRI野村総合研究所，2000年）。このアプローチは，従来の，規制下における「業態別アプローチ」に代わって，基本的なアプローチの位置を占めるものと考えられている。

　このように，本書の執筆にあたっては，金融に関する制度的な側面と理論的な側面の両方をバランス良く取り入れながら，両側面についてできるだけ最近の動きを含めて解説するよう努力したつもりである。本書は初心者のためのテキストではあるが，本書を通読することで，金融システム，金融理論，金融政策，金融行政などについての基本的知識は得られ，さらに進んで中級のテキストを読みこなすだけの実力も十分に得られるものと確信している。

　本書を執筆する上で，多くの先学からの多大な恩恵をこうむっている。記して感謝申し上げる。また，早稲田大学大学院商学研究科学生，小森康博，佐藤歩，井上優君には原稿を読んでもらい，有益なヒントやコメントをいただいた。記して感謝したい。全国銀行協会の杉本俊紀氏には制度面でいろいろ教えていただき，深く感謝申し上げたい。言うまでもないが，本書に残る誤りはすべて著者の責任である。

　最後に，新世社編集部の小関清，御園生晴彦，村上麻衣子氏には大変なお手数をおかけした。御園生氏は，遅れがちな著者の原稿を辛抱強く待ち，精読し，多くの有益なコメントを提供してくださった。氏の後押しがなければ本書の完成がもっと遅れていただけでなく，その仕上がりも劣っていただろう。厚くお礼申し上げたい。

　2000年11月

昼間　文彦

目 次

1 貨幣と金融　1

- 1-1　金融の基本的機能……………………………………………2
- 1-2　情報の非対称性，逆選択およびモラル・ハザード…………7
- 1-3　金融システムの機能…………………………………………9
- 1-4　貨幣と決済機能 ……………………………………………16
- 1-5　マクロ経済と資金循環 ……………………………………20
- 練習問題…………………………………………………………29

2 日本の金融システム　31

- 2-1　戦後日本の金融制度と金融構造 …………………………32
- 2-2　日本の金融機関 ……………………………………………35
- 2-3　財政投融資制度とその改革 ………………………………41
- 2-4　金融自由化以降の金融制度改革 …………………………46
- 練習問題…………………………………………………………55

3 金融機関の機能と証券化　57

- 3-1　金融仲介機関の基本的機能 …………………………………58
- 3-2　銀行（預金取扱金融仲介機関）の機能 ……………………60
- 3-3　その他の金融仲介機関の機能 ………………………………68
- 3-4　その他の金融機関の機能 ……………………………………75
- 3-5　金融の証券化：金融革新Ⅰ …………………………………79
- 練習問題……………………………………………………………86

4 金融市場　87

- 4-1　金融市場の分類 ………………………………………………88
- 4-2　短期金融市場 …………………………………………………90
- 4-3　長期金融市場 …………………………………………………97
- 4-4　外国為替市場と為替レート…………………………………106
- 練習問題……………………………………………………………112

5 利子率と資産価格　113

- 5-1　利子率とその決定要因………………………………………114
- 5-2　債券の種類と利回り概念……………………………………119
- 5-3　金利の期間構造………………………………………………124
- 5-4　株価の決定理論………………………………………………129
- 5-5　効率的市場仮説とバブル現象………………………………133
- 練習問題……………………………………………………………137

目　次

6　金融派生商品（デリバティブ）：金融革新Ⅱ　139
- 6-1　デリバティブとその意義……………………………………140
- 6-2　先渡・先物取引………………………………………………146
- 6-3　オプション取引とその仕組み………………………………152
- 6-4　スワップ取引…………………………………………………160
- 練習問題 …………………………………………………………163

7　家計の金融行動　165
- 7-1　家計の消費・貯蓄行動………………………………………166
- 7-2　不確実性下の選択行動と保険の購入………………………172
- 7-3　家計の金融資産選択行動（資産選択理論）………………179
- 7-4　わが国における家計の金融行動の推移……………………187
- 練習問題 …………………………………………………………192

8　企業の金融行動　193
- 8-1　企業の目的と金融行動………………………………………194
- 8-2　企業の実物投資行動…………………………………………196
- 8-3　企業金融と MM 理論 ………………………………………199
- 8-4　資本市場の不完全性と MM 理論 …………………………206
- 8-5　法人企業の資金運用と資金調達……………………………212
- 練習問題 …………………………………………………………216

9 金融政策　217

9-1　金融政策と中央銀行の役割……………………………………218
9-2　銀行の信用創造とマネーサプライ……………………………221
9-3　金融政策の運営方法と政策手段………………………………227
9-4　日本銀行の金融調節……………………………………………232
9-5　政策効果の波及経路と最近の金融政策運営…………………235
練習問題 ……………………………………………………………245

10 決済システムと信用秩序の維持　247

10-1　日本の決済システムとその変革 ……………………………248
10-2　決済システム，信用秩序の安定性とその維持 ……………256
10-3　日本のプルーデンス政策と金融行政 ………………………260
10-4　金融危機と新たなプルーデンス政策 ………………………269
練習問題 ……………………………………………………………276

文献案内　278
主要金融関連年表　283
練習問題略解　290
索　引　296

第 1 章

貨幣と金融

　現代は金融激変の時代であると同時に，良い意味でも悪い意味でも経済における金融の比重が高まった時代である。しかし，金融の本質（すなわち，基本的機能）はそれほど変わったわけではない。激変しているのは，経済環境や技術環境などの変貌にともなう金融の具体的なあり方（制度や業態区分など）である。このような時代こそ，金融をその機能面からとらえることが重要であり，本書もこの立場に立つ。金融の本質をあえて要約すれば，不確実な将来へ向けての経済資源の効率的な配分機能にあるといえよう。この狭義の意味での金融に，貨幣が担う決済機能を加えたものが，広義の意味での金融である。金融（狭義）の基本的機能を担う金融システム，貨幣を中心として決済機能を担う決済システム。これが本書の2大研究テーマである。本章は，そのための基礎固めの章であり，また後続の各章への見取り図ともなることを意図している。

1　貨幣と金融

1-1　金融の基本的機能

■金融取引とは何か？

　貨幣と金融はこれから学ぶ金融論の2大研究対象である。歴史上，貨幣と金融の起源は極めて古い。紀元前3000年頃のメソポタミヤでは大麦や銀による信用取引が行われていたという記録がある。さらに，古代バビロニアのハムラビ法典には，紀元前1800年頃の信用取引についての多くの規定が含まれている。また紀元前1500年頃の中国やインドでも宝貝が貨幣として使われていたという。こうした歴史的事実は，人々が生きる上で貨幣と金融という機能が古くから認識され重要視されていたことを示している。

　そこでまず，金融とは何かについて考えてみよう。金融とは，お金（資金）のやりくりや融通，すなわち広い意味での資金の貸借取引と定義することができる。ここでお金とは金銭，言い換えれば貨幣のことだが，この貨幣そのものの機能などについては1-4節で見ることにして，ここでは財やサービスといった経済資源を手に入れることのできる力，すなわち，購買力（資金）を意味すると考えよう。

　いま，学生にとって一番身近な金融の例として，ゼミのコンパ代の持ち合わせがなく，友達から今日3,000円を借り，次週のゼミの時間に返すことを考えよう。この取引は現在のお金と将来のお金との交換契約とみなすことができ，またその契約（貸借取引）はそれが完結するのに必ず時間の経過（上の例では1週間）をともなうことを本質的な要素として持っている。時間という要素は，財やサービスにおける通常の売買取引の場合と違って，金融取引の本質的な要素のひとつである。この基本的特徴をとらえて，金融取引を異時点間取引（intertemporal transaction）と呼ぶことがある。

　また資金貸借取引では，資金の借り手は，単なる口約束ではなく，将来の利子支払や元本の返済を約束した証書を資金と引き換えに貸し手に渡すのが

一般的である。したがって，金融とは，こうした明文化された証書の売買であるとみなすこともできる。この証書は借り手側から見れば借用証書（英語の I owe you をとって IOU），あるいは債務証書であり，金融負債にほかならない。一方，貸し手側から見た場合，将来の支払を請求できる権利を表象したものであり，金融資産にほかならない。この証書は金融商品とも呼ばれ，単純な借用証書から，預金証書，手形や債券，株式など多種多様なものがあり，後に見るように金融技術の発展にともなっていまも新たに生み出されている。

■時間要素と金融（金融の資金仲介機能）

　金融を異時点間取引として見たときに，どのようなメリットがあるのだろうか。まず消費者（または家計）の場合を考えよう。金融の機会が存在しなければ，家計はその時々の収入（所得）と貯え（貯蓄額）の範囲内でしか支出することができない。一方，金融が利用できれば，将来の所得で返済を保証することで，現在の利用可能な収入・貯蓄額を超えて支出することが可能になる。これは，住宅ローンや消費者信用など消費者向けのさまざまな信用が持つ基本的なメリットである。

　家計にとっての金融のメリットは借入（資金調達）面ばかりではない。当面支出する必要のない家計の余裕資金（貯蓄額）をただ寝かせておくのではなく，より有利な運用に回し，将来消費可能な資金を増やすことも可能になる。これは銀行預金に始まり，投資信託，証券投資など，さまざまな資金運用のメリットにほかならない。

　企業にとっても金融のメリットは基本的に同じであるが，とくに資金の調達面で重要である。もし金融が利用できなければ，企業は自己（あるいは内部）資金による制約のために，有利な投資機会をみすみす逃すことにもなりかねない。しかし金融が利用可能であれば，投資計画の実施から得られる将来の収益によって返済を保証することで，外部資金を調達でき，内部資金の制約を超えて有利な投資計画を実行することが可能になる。このように，金

融を導入することで，企業は有利な投資計画を実行しやすくなり，それは結果として経済成長を高めることにつながるだろう。

以上の例からわかるように，その異時点間取引という特質を生かして，金融は資源の時間的再配分を可能にすることによって，経済主体の時間軸上の選択範囲を拡大するものである。こうした金融の機能が本来的に人々の経済的厚生を高める効果を持つことは明らかであろう。このことはまた，金融とは，家計，企業を問わず，現時点で資金的余裕を持つ経済主体（黒字主体）と，現時点で資金的に不足している経済主体（赤字主体）との間の資金の仲介を行うものであり，マクロ経済の視点に立てば，貯蓄と投資との間の橋渡し（仲介）機能を果たしているということができる。この意味における金融の機能は資金仲介（あるいは金融仲介）機能と呼ばれる。

■不確実性要素と金融（金融のリスク配分機能）

金融のもうひとつの本質的特徴は，以上の議論が暗黙のうちに排除してきた将来の不確実性という事実に関係する。図1-1が示しているように，将来のある時点で起こり得る状況（状態）は唯一ではない。経済主体が将来に向けて意思決定を行うとき，将来の不確実性は自分の想定とは異なる状態が生じるかもしれないというリスクを考慮せざるを得なくなる。このリスクもまた時間と並んで金融の本質的要素なのである。

上で金融取引は借用証書の売買ともいえると述べたが，この証書（すなわち，金融取引契約）は，将来の不確実性に起因するリスクの配分を決める契約という側面を持っている。たとえば資金貸借取引において，貸し手は借り手から貸し賃（金利収入）を得ると同時に，貸した資金が回収できないというリスク（信用リスクまたはデフォルト・リスク：credit risk or default risk）の一部あるいは全部を負担していることになる。さらにまた，株式や債券などの市場性のある証券に投資した投資家は，投資収益を得ると同時に，証券の市場価格の変化という市場リスク（market risk）も負担していることになる。さらに，病気や寿命，事故・火災や地震被害といった自らの将来

図1-1　時間軸と状態軸の概念図

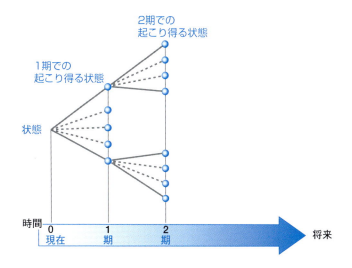

の不確実性から生じる損害や損失のリスク（保険リスクまたは純粋リスクと呼ぶ）に対処するために，証書の売買に参加する場合もある。生命保険や損害保険などの保険がそれに当たる。最近では，異常気象などが引き起こす営業上のリスクや企業の信用リスクそのものを売買することなども行われるようになっている。このように，各経済主体は証書の売買を通じて，それぞれが望ましいと考える将来のリスク負担の種類や程度，すなわち将来の各状態間への資源配分を選択している。このリスク配分機能も金融が持つ重要な経済的機能であり，近年その重要性がますます高まっている。

　以上をまとめれば，金融の基本的機能とは，現在だけでなく，各将来時点・各状態間にわたる資源配分（異時点間・異状態間資源配分）を可能にすることである。すなわち金融は，その時その時に限られていた取引（現物取引あるいはスポット取引）の制約を超えて，将来時点での，さらには将来時点で生じ得る諸状態に対応する資源配分を可能にするのである。こうした金融の取引を可能にするものが専門金融機関や金融市場などからなる金融システムにほかならない。なお本書では，貨幣が果たしている決済機能も広い意味

5

1　貨幣と金融

での金融に含まれる重要な機能と考えているが，それについては1-4節で説明する。さらに，決済機構などについては第10章で詳述する。

■ **金融取引を阻害するもの**

　以上，金融とは何か，そして金融の基本的機能（およびそれから生じる経済的メリット）について論じてきたが，それではそうしたメリットを持つ金融取引を阻害する要因はないのであろうか。

　すぐに思いつくのは貸借契約を結ぶ際のさまざまな事務処理（契約書作成など）の費用であるが，これに関する費用をまとめて取引費用（transaction cost）と呼ぶ。また最近のように金融商品が高度化・複雑化してくると，これらの金融商品を正確に理解するため費用，すなわち金融リタラシー・コストとでも呼ぶべき費用も含めるべきかもしれない。こうした取引費用が高ければ金融取引は円滑に行われない。

　さらに，金融取引が本質的に含む将来の不確実性，リスクの問題がある。たとえば，金融バブル崩壊などに見られるように，信用リスクや市場リスク，さらには資金繰りの悪化の可能性（流動性リスクと呼ぶ）が極度に高まれば，金融取引が成立しなくなるだけでなく，実体経済にも悪影響が及ぶ。

　将来の不確実性やリスクに関連して，さらに情報の非対称性（asymmetry of information）という問題がある。これは取引当事者間で保有する情報の質と量が同一でない状況をいう。こうした状況では，標準的な経済学が仮定する「自己の利益を追求する合理的経済人（ホモ・エコノミカス）」である限り，情報優位者は情報劣位者の犠牲のもとで，自らの利益を高める行動をとる可能性がある。たとえば，貸し手は将来の返済可能性，デフォルト・リスクなどに関する情報を借り手自身ほどには保有していないのが普通であろう。このような状況では，次節で見るように金融取引は円滑に行われなくなる可能性がある。

1-2　情報の非対称性，逆選択およびモラル・ハザード

■逆選択

　情報の非対称性が引き起こす第1の問題は逆選択（adverse selection）と呼ばれる問題である。これは貸借取引契約を結ぶに際して，貸し手は借り手の返済能力や返済意図に関して借り手ほどにはよくわからないということから生じる契約前，すなわち事前的な非対称情報問題である。ここでは，貸し手が情報劣位者，借り手が情報優位者である。いま信用市場には，2種類の借り手企業グループ，優良企業（G）と不良企業（B）があるとする。両グループは，それぞれの投資プロジェクトを持ち，資金1単位を借り入れることを希望している。Gグループの投資プロジェクトは，いわばローリスク・ローリターン型のプロジェクトであり，成功確率は非常に高く，ほぼ確実に返済可能である。一方，Bグループのそれはハイリスク・ハイリターン型で，成功したときの利潤は高いが，成功確率は低く，返済不能に陥る可能性が高い。

　情報の非対称性が存在しない（対称情報）の場合，貸し手は借り手のタイプに応じて貸出条件（金利）を設定することが可能である。Gグループ，Bグループへの貸出金利をそれぞれ，r_G，r_B とすると，デフォルト・リスクの違いを反映して，一般的に $r_G < r_B$ となると考えられる。

　しかし，情報の非対称性が存在し，貸し手が借り手のグループを識別できないとすると，貸し手は借り手に応じて貸出金利を変えることはできず，平均的な一律金利（$\bar{r}$）で貸し出すほかない。たとえば，GグループとBグループの割合をそれぞれ p_G，p_B（$p_G + p_B = 1$）であることがわかっているとすると，$\bar{r} = p_G r_G + p_B r_B$ となり，この場合，$r_G < \bar{r} < r_B$ が必ず成立することがわかる。すなわち，この平均的な金利水準 $\bar{r}$ はBグループにとっては有利（すなわち，低金利）に，Gグループにとっては不利（高金利）であること

を意味する。この場合，借入希望企業はBグループで占められ，結果的に貸し手は自分の意図に反して不良な借り手（Bグループ）にばかり貸し込んで，貸倒れ損失を大きくしてしまう可能性がある。極端な場合には，貸倒れを恐れて貸し手は誰もいなくなり，金融取引が消滅してしまうことすら考えられる。これが情報の非対称性が引き起こす逆選択という問題である。

■ モラル・ハザード

　運良く優良な借り手と契約を結べたとしても，契約後に生じる，事後的な情報の非対称性問題がある。この問題は道徳的危険あるいはモラル・ハザード（moral hazard）と呼ばれる。モラル・ハザードとは，契約を結んだ時点では優良な借り手（Gグループ）であっても，貸し手が借り手の行動を常時監視できないことを利用して，ハイリスク・ハイリターンの投資プロジェクトに調達資金を投下したり，返済努力を怠るなど，貸し手の犠牲において自己の利益を高める行動をとりがちであることを指す。ここでも，貸し手が情報劣位者，借り手が情報優位者である。こうした可能性が存在すれば，最悪の場合，貸し手は貸出を停止し，金融取引は行われなくなる。

　情報の非対称性から生じ得るこれらの問題を解決するひとつの方法は，効果的かつ効率的な審査や監視によって借り手の情報を収集・分析して，借り手の質や行動をチェックすることであるが，貸し手はそのための費用を負担しなければならない。この費用は広い意味では取引費用に含まれるが，その重要性からとくに情報費用（information cost）と呼ばれる。この情報費用が高ければ金融は円滑に進まない。情報費用を何らかの方法で削減して，情報の非対称性の問題を軽減する必要がある。これらの問題については，とくに専門金融機関との関連で第3章においても言及する。

1-3 金融システムの機能

■阻害要因と金融システム

　金融は資金仲介およびリスク配分機能と後述する貨幣の決済機能を通じて，究極的には人々の経済厚生の向上に貢献するものと考えられるが，そのためには，上述したさまざまな金融阻害要因に対して適切な対処をすることが極めて重要である。金融システム（financial system）とはこうした金融阻害要因に対処するために，自然発生的にあるいは人為的に構築されてきた一連の組織や機構であると考えることができる。

　金融システムを構成する要素にはどのようなものがあるだろうか。まず当然のことだが，さまざまな金融ニーズを持つ家計や企業などの経済主体自身が含まれる。そして，それらの金融ニーズを満たすためのさまざまな金融取引が行われる場としての金融市場，それらの取引を専門的な業務とする専門金融機関，市場で取引される多種多様な金融商品（債務証書），およびそれらを取り巻いている種々の法律や取引慣習などをあげることができる。金融システムを構成するこうした諸要素の理解こそ本書のテーマにほかならない。

■金融取引の諸形態

　ここでは，金融取引の形態を以下に見るような2つの視点から分類し，それぞれの形態についてその基本的特徴を説明しよう。

（1）　間接金融（indirect finance）と直接金融（direct finance）

　黒字主体（たとえば，家計）から赤字主体（たとえば，企業）への資金の仲介ルートには間接金融と直接金融とがある。図1-2に示されているように，間接金融とは銀行などに代表される金融仲介機関（financial intermediaries）を介して赤字主体と黒字主体との間で資金の融通を行うルートである。一方，直接金融とは黒字主体と赤字主体との間で証券市場を通して直接資金

9

1　貨幣と金融

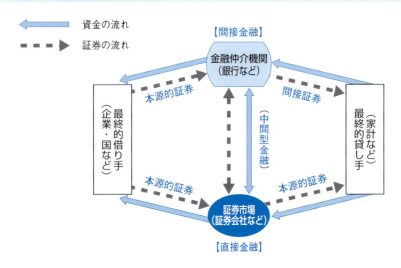

図1-2　間接金融と直接金融

の融通が行われるルートである。赤字主体が資金の調達をする場合に発行する借用証書は本源的証券（primary security）と呼ばれる。たとえば，企業であればそれは借用証書，手形，社債，株式などであり，政府であれば公債（国債や地方債）である。これに対して，金融仲介機関が資金調達を行うために発行している証書（預金，保険証書，投資信託受益証券など）は間接証券（indirect security）と呼ばれる。

　この2つの資金仲介ルートの基本的な違いのひとつはそのリスク負担のあり方である。直接金融では，黒字主体が赤字主体の本源的証券を保有することで，直接的に資金を提供する。この場合，本源的証券の持つ信用リスクや市場リスクなどのリスクを貸し手である黒字主体が直接負担することになる。直接金融が行われる代表的な場である証券市場（資本市場とも呼ばれる）における代表的な専門金融機関である証券会社は，黒字主体（投資家）の依頼を受けて売買の仲介を行うのみで，本源的証券のリスクを投資家に代わって負担しているわけではない。

　これに対して間接金融では，金融仲介機関は自らの間接証券を黒字主体に

販売して集めた資金を，赤字主体の発行する本源的証券を購入することを通して，赤字主体に供給している。この場合，黒字主体は資金の提供に際して負担するリスクは本源的証券のそれよりも一般に低い間接証券のリスクである。本源的証券のリスクの一部または全部を負担するのは，この場合，金融仲介機関なのである。金融仲介機関は，危険回避的な黒字主体が受け入れやすい金融商品（間接証券）を提供することで，資金の提供をより容易にしているわけである。さまざまな専門金融機関が果たしている役割の詳細な説明は第3章で行われる。

（2） 相対取引と市場取引

取引の形態に関するもうひとつの分類方法として，相対（あいたい）型取引と（公開）市場型取引とがある。相対型取引とは，取引当事者同士が個別に相対で行う取引で，いわば相手の顔が見えることが重要な意味を持つ取引である。金融取引でいえば，銀行の貸出や（大口）預金取引がその典型である。相対型の取引では，取引条件が相対の交渉で決められるので，柔軟かつ融通の効く取引が可能である。さらに，こうした相対取引は一般に長期的かつ継続的に行われる傾向がある。なぜならば，一度信用のおけることがわかった相手とならば，さらなる情報を集めなくても信頼して契約でき，これは情報費用や取引費用の節約につながるからである。しかし当事者間だけで蓄積され，利用される情報（私的情報）はそのままでは他の新規の相手との取引に転用困難であるという欠点を持つ。それだけに，関係構築に要した諸費用を無駄にしないためにも，相対型の取引関係を維持しようとするインセンティブ（誘因）が働くと考えられる。

一方，公開市場型取引は，相対取引と違い，不特定多数の取引者が参加する場（すなわち公開市場）で，競争原理によって取引条件が決まるような取引である。相対取引と比べて柔軟さに欠け，類型化された取引が多いが，多数の相手との取引が可能である。

相対取引と市場取引との相違のひとつは情報の非対称性に対する対処法にある。相対型取引では，当事者間の私的情報の蓄積によって情報の非対称性

1　貨幣と金融

図1-3　金融取引の4類型

	直接金融	間接金融
相対取引	企業間信用	貸出, 預金, 保険
市場取引	株式, 社債, 国債など	投資ファンド, ノンバンク (中間型金融)

を軽減している。他方，市場型取引では，当事者の経営財務情報や格付けなどの公開情報を利用したり，取引される金融商品をある公開基準で標準化・規格化することによって，情報の非対称性を軽減している。

■金融取引の類型化

　以上の2つの分類基準を掛け合わせると，図1-3に示したように金融取引の4類型ができる。相対型直接金融の例として企業間信用があげられる。企業間信用とは，企業間の取引で生じた債務の支払を一定期間猶予することなどを指す。企業間信用は柔軟かつ融通の利く信用手段であるが，部外者には通用しない限定的な取引形態といえる。相対型間接金融は貸出や預金取引など，いわば伝統的な銀行取引がこれに当てはまる。市場型直接金融は債券市場や株式市場などの証券市場での直接取引が含まれる。

　市場型間接金融は中間型金融とも呼ばれ，最近拡大しているルートである。これに対応するルートは投資信託や年金（第3章）など，各種のファンドを通した間接取引であり，これらの金融機関は最終的な貸し手と証券市場をつないでいる。さらに，最近では，最終的な借り手と証券市場をつなぐ金融機関（ノンバンクなど）や金融技術（後述する証券化や仕組み金融）も発展している。こうした動きは，近年の金融技術の高度化・複雑化に対するひとつの対応と考えることができよう。先の図1-2でいえば，真中に描かれた金融

12

仲介機関と証券市場との間の流れがほぼ市場型間接金融に対応すると考えられる。

　これまでの日本の主要な金融取引形態は，第2章で見るように，銀行を中心とした相対型間接金融が中心であったが，現在の抜本的な金融変革の流れのなかで，間接金融から直接金融へ，相対取引から市場取引へと大きく変貌することが予想されている。その変貌の焦点のひとつとして注目されているのは，個人の金融資産運用手段としての投資信託や年金基金などのような中間型金融の発展である。さらにまた，後述するように，銀行の貸出債権などを担保として新たな証券を組成・発行して市場で販売するという証券化（securitization）という金融技術も，市場型間接金融発展の原動力となっている。

■金融システムの諸機能と機能主義的アプローチ

　これまで見てきたように，広い意味での金融の基本的機能には，後述する貨幣による決済機能と資源の異時点間・異状態間移転機能（すなわち，資金仲介機能およびリスク配分機能）がある。金融システムとはこれらの機能を担う組織全体を意味する。これらの基本的機能を補助し，さらには一層促進するうえで，以下のようないくつかの具体的な，補完的な諸機能が考えられる。たとえば，資金プール・投資小口化機能，リスク管理機能，情報生産・提供機能，インセンティブ管理機能などである。

　資金プールおよび投資小口化機能は，投資を小口化することを通して零細投資家の資金を大規模に集め（すなわち，資金をプールし）て，資金仲介の流れをより太く，効率的かつ安定的にすることを可能にする。これは資金の調達・運用面で，資金量やリスクに関する「規模の経済（economies of scale）」を活用することにほかならない。規模の経済とは，ある活動を大規模に行うことによって，その活動に関する平均的なコストやリスクが低下する性質をいう。銀行の預金や投資信託などはその典型例であろう。

　リスク管理機能とは，上述した金融のリスク配分機能を効率的かつ十分に

13

1　貨幣と金融

発揮させるためのさまざまな工夫を意味する。たとえば，借り手に対する審査や監視の手法や，統計的手法に基づくリスクの評価やコントロール・ルール，さらにはリスクの回避（ヘッジング）やリスクの分散，あるいは保険などを可能にするような種々の新しい金融商品や金融取引の開発などである。これらのリスク管理技術は，将来の不確実性から生じるリスクそのものを削減したり，残ったリスクをより柔軟かつ効率的に再配分することを可能にすることで，金融の基本的機能を一層促進すると考えられる。

　情報生産・提供機能は，金融が将来の不確実性に直面する意思決定の問題であり，正確かつ豊富な情報が必要不可欠であることを考えれば，金融システムが果たすべき当然の機能である。たとえば，金融商品の正確・適正な価格（金利）情報が最も基本的であるが，さらにそれに関連するさまざまな基礎的情報が大規模かつ効率的に収集・分析・加工され，公開，伝播されることで，金融取引が促進されると考えられる。

　インセンティブ管理機能とは，先述した情報の非対称性から生じる逆選択やモラル・ハザードといった諸問題を予防・阻止するための種々の工夫（たとえば，借り手の審査・監視システムの構築など）から日本のメインバンク制（第2，3章）やアメリカにおける株主総会や敵対的買収による市場を通じた経営者の規律付け機能（第8章など）を指す。

　以上の諸機能を具体的な形で担っているものがその時々の金融システムである。このように金融システムをそれが果たしている諸機能からとらえ，その視点からさまざまな金融市場や専門金融機関，金融商品を研究する見方を機能主義的アプローチと呼ぶ。

■金融システムの変化を引き起こすもの

　金融の持つ基本的機能とそれを補完する具体的な諸機能を担っているものが金融システムであるが，その具体的な様態は一様ではない。たとえば，アメリカやイギリスのアングロサクソン型の金融システムは市場中心であるのに対し，日本やドイツは金融仲介機関（銀行）を中心とした間接金融システ

ムであるといった相違はよく指摘されている。さらにまた，同一国内でも時代に応じて金融システムはさまざまに変化を遂げてきている。

　こうした金融システムの変化や相違を引き起こす基本的背景は，人々の金融・貨幣に対するニーズそのものの変化よりも，それらの安定的なニーズを実現する上での経済環境や技術環境の変化にあると考えることができる。これらの諸変化は世界各国でも生じているのはもちろんだが，とくに日本では成長中心のフロー経済から低成長のストック経済への移行やそれにともなう資金不足経済から資金余剰経済への移行，さらには少子・高齢化の進行といった経済社会環境における構造的変化に対応するため，抜本的な制度改革および規制緩和政策が実行された。1996年に当時の橋本政権が提唱した6大改革（行政改革，財政構造改革，経済構造改革，社会保障改革，教育改革，金融システム改革）である。

　現在わが国では，金融ビッグバンと呼ばれた金融システム改革（第2章）が完了し，急速な発展が続いているインターネットを含む情報通信技術革新（ICT革命）を背景に，戦後に確立された旧来の金融システムから新たな金融システムへと，形式的にも実質的にも変貌を遂げる，まさにその激動期にあるといえる。これまでの伝統的な金融機関である銀行，証券会社，保険会社などの業務の垣根が低くなって相互参入が進み，さらには新規企業の参入も増加しており，従来の業態区分が判然としなくなりつつある。さらに，ICT革命や金融技術の進展を受けて，新たな特徴を持った金融商品・サービスや金融機関，金融・証券市場が続々と生まれている。こうした金融変革は，とくに2000年代後半以降「フィンテック（FinTech）」と呼ばれ，注目されることも多くなっている。こうした金融システムにおけるめまぐるしいほどの急激な変化の本質的な意味を理解し，またそれらの諸変化が収斂していく方向性を考えていくためには，表面上の変化を追うだけでは不十分であり，金融システムをそれが果たしている諸機能からとらえ直すという，上に示した機能主義的アプローチが必要不可欠であるといえよう。

15

1　貨幣と金融

1-4　貨幣と決済機能

■貨幣の基本的機能

　さきに示した金融の定義では，お金，すなわち貨幣の購買力という側面に注目したが，貨幣はまた，取引によって生じた債権・債務関係を清算する基本的な手段（決済手段）である。現在では貨幣の交換による決済をより円滑かつ効率的に行うための中央銀行や民間銀行を中心とする決済システムが構築されており，経済の最も重要なインフラストラクチャーのひとつを構成している。決済システムの詳細については第10章で論じることにして，ここでは，貨幣そのものに焦点を当てて説明する。決済手段である貨幣が果たしている基本的な機能には，一般的交換（支払）手段，一般的価値尺度および価値貯蔵という3つがある。

（1）　一般的交換（支払）手段機能

　これは貨幣の最も基本的な機能であり，貨幣がどのような財やサービスとも交換に受け取ってもらえる，という一般的受容性（general acceptability）を持っていることを意味する。商品と商品を直接交換する物々交換が成立するためには，自分の買いたい財と相手が売りたい財とが一致すると同時に，自分の売りたい財が相手の買いたい財に一致するという，いわゆる欲望の二重の一致（double coincidence of wants）が成り立っていなければならない。しかし，貨幣を用いた間接的な交換では，この欲望の二重の一致が成立している必要はない。したがって，貨幣という一般的な交換手段を用いることで，物々交換経済に比べて取引がより容易に，かつより広い範囲で行われるようになるというメリットが生まれることは明らかであろう。さらに，貨幣はその一般的受容性によって，財やサービスの取引だけでなく，金融取引も含めた，あらゆる取引から生じる債権・債務関係をその支払い（payment）によって清算する（clearing）という機能を持つ。この債権・債務関

係を清算する機能に注目する場合，貨幣を決済（settlement）手段と呼ぶ。

（2）　一般的価値尺度（計算単位）機能

　これは円，ドルといった貨幣の表示単位のことを指している。財・サービスの価値はこの貨幣単位を用いて貨幣の数量で表示される。すなわち，その表示された貨幣数量がその財・サービスの貨幣価格（絶対価格）にほかならない。この貨幣の価値尺度機能によって，交換される財やサービス相互間の交換比率（相対価格）を一元的に（たとえば円で）表すことができる。統一的な価値尺度（計算単位）を使わない場合，$n(n \geq 2)$ 個の財・サービスがある場合，それらの間には $n(n-1)/2$ 個の交換比率（相対価格）が存在するので，財・サービスの数が増えると，取引に必要な交換比率は膨大な数に上ってしまう。ところが，統一的な計算単位を用いれば，膨大な数の交換比率（相対価格）を一元的かつ簡便に示すことができるのである。この意味で，一般的価値尺度としての貨幣は，取引の際の交換比率に関する情報収集・評価の費用を大幅に低下させることで，取引を促進させるメリットを持つということができる。

（3）　価値貯蔵機能

　一般に資産といわれるものはすべてある程度の価値貯蔵機能を持っている。しかし貨幣は，貨幣が貯蔵している価値が他の資産の場合に比べて極めて安定しており，さらに「いつでもどこでもその価値を減ずることなく即座に交換に使える」という流動性（liquidity）と呼ばれる性質を最大限持っている資産であるということができる。この意味で，貨幣は財・サービスに対する購買力を貯蔵する手段として極めて優れた性質を持っている。貨幣の価値貯蔵機能とは，他の一般資産に比べたときの，貨幣のこの特殊性に注目したものである。貨幣がこうした特殊な性質を持つ価値貯蔵手段であるのは，貨幣が同時に一般的交換手段でもあるからである。

■ 貨幣需要動機

　人々はなぜ利子が付かないにもかかわらずお金（貨幣）を保有しようとす

るのであろうか。それは利子が付かなくとも，貨幣が果たしている上述の基本的機能（サービス）があるからである。すなわち，貨幣需要とは，貨幣の基本的機能のために利子が付かないにもかかわらず，所得や資産の一部を貨幣の形態で保有したいという欲求を意味している。貨幣需要の理論はマクロ経済学の重要な基礎のひとつであり，その詳細は本ライブラリの他巻に譲り，ここでは基本的な点のみを説明する。

　貨幣需要動機は，取引動機と資産動機に大別できる。取引動機は取引を実行するために一定の貨幣量を保有しようとすることであり，現在の貨幣・信用経済のもとではいわば当然不可欠の保有動機である。この動機に基づく貨幣需要量は取引額（または所得）の増加関数と考えられる。すなわち，取引額（所得）が増加（減少）すれば，貨幣需要量も増加（減少）すると考えられる。一方，資産動機とは，とくに貨幣の価値貯蔵機能から派生する需要動機である。人々は自分の富をさまざまな形態（資産）で保有するが，貨幣はそのなかでも最も安全で高い流動性を持つ資産（すなわち，安全資産）である。人々は安全資産であるが利子の付かない貨幣とその他の諸資産（利子は付くが，将来価値が不確実な危険資産）とを比較しながら，資産選択を行っていると考えることができる。このことから，資産動機に基づく貨幣需要は利子率の減少関数，すなわち利子率が上昇（下落）すると貨幣需要量は減少（増加）すると考えられる。なぜなら，利子率は貨幣保有の機会費用（貨幣の保有と引き換えに放棄しなければならない利益の最大額）にほかならないからである。利子率の詳細については，第5章で論じる。

■貨幣の進化

　貨幣の抽象的な機能については前述したが，次に具体的な貨幣について考えてみよう。歴史的に見れば，貨幣の形態は，金貨や銀貨などのそれ自体素材としての価値を持つ実体貨幣（あるいは商品貨幣）から，たとえば窮乏化した財政を救済するために品質を落とすことなどが行われて，次第にその素材価値が薄れていき，さらにほとんど素材価値のない紙幣が導入されるよう

になり，徐々に名目貨幣に転化してきたといえる。名目貨幣とは額面に対応する素材価値を持たない，いわば裏付けのない貨幣である。現代の管理通貨制度のもとでの貨幣の具体的な形態といえば，中央銀行が基本的に自らの裁量で発行する銀行券と政府が発行する鋳造貨幣（これらは法的に強制的な通用力を持つ），そして民間銀行が生み出すさまざまな種類の預金であるが，これらはすべて，名目貨幣である。さらに現在では，クレジットカードやデビットカード，さらには電子マネー（10-1節）といった電子媒体が普及しつつあり，このことは貨幣の本質が金属や紙などの素材に依存しない，ある種の機能をともなった情報そのものにほかならないことを示唆していると考えることができる。なお，小切手やクレジットカード，デビットカードなどは取引の最終的な決済が口座間の預金振替で行われる限り，それら自体が決済手段たる貨幣ではなく，むしろ決済を仲介・指示する媒体であることに注意すべきであろう。

　ところで，こうした実体貨幣から名目貨幣への転化は理論的にはむしろ望ましいことである。貨幣が貨幣として流通するには，先述した一般的受容性が確保されていなければならないが，実体貨幣では貨幣の素材価値がそれを保証していると考えられる。しかし，貨幣の一般的受容性を支えるものは，金や銀といった素材価値である必要はなく，貨幣が問題なく流通するという社会的な信認が成立してさえすればよい。この貨幣に対する信認が成立している限り，貨幣の素材は何でもよく，素材価値の高いものはできるだけその原価値を生かした本来の用途に使われる方が，経済全体としても望ましい。その意味で，貨幣に対する社会的な信認が維持されている限り，実体貨幣から名目貨幣への進化は経済的にも効率的な変化なのである。しかしその反面，素材価値の裏付けのない名目貨幣を発行する主体である中央銀行や民間銀行は，貨幣の価値を維持することを通して貨幣に対する信認を確保するという非常に重い責任を負っているといわなければならない。なお，現在の貨幣統計量については第9章で詳述する。

1　貨幣と金融

■ 決済システムとシステミック・リスク

　現代の高度に発達した貨幣・信用経済では，決済システムは国内だけでなく，世界全体を幾重にも覆う膨大・複雑かつ錯綜したネットワークの上に成り立っている。このネットワークが破綻をきたし，貨幣が使用されなくなることの影響は計り知れないものがある。

　過去には第一次世界大戦後のハンガリーやドイツで起きたような天文学的な物価上昇（ハイパー・インフレーション）で人々が貨幣の使用を放棄し，物々交換経済へ逆戻りした経験がある。しかし現代では，何らかの原因，たとえば，バブル崩壊や不況などによる金融機関や企業の倒産による連鎖的な返済不能の発生などによって，決済システムが円滑に機能しなくなるか，あるいは停止・崩壊してしまう可能性の方がはるかに高いといえる。このような決済システム全体の崩壊の可能性をシステミック・リスク（systemic risk）と呼び，このリスクを回避し，いかに安定的な決済システムを構築・維持するかが国内だけでなく国際的にも非常に重要な問題になっている。これはまた決済システムだけの問題ではなく，それと密接不可分の関係にある信用秩序や金融市場，あるいは金融システム全体の安定という問題とも深い関連を持っている。これらの問題については第 10 章で詳述する。

1-5　マクロ経済と資金循環

■ 経済循環と貨幣の流通

　この節では，マクロ経済的な視点から，単純な経済循環図を使って実物経済の流れと金融の流れの関係を説明する。貨幣の流れには，財やサービスとの交換による貨幣の流通である「産業的流通」と借用証書との交換による貨幣の流通，貨幣の貸借による流れである「金融的流通」がある。いま，家計部門と企業部門のみからなる図 1-4 のような単純な経済を考えよう。家計は

1-5 マクロ経済と資金循環

図1-4 単純な経済循環と貨幣流通

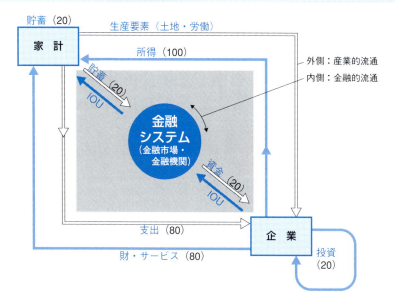

自分の生産要素（土地や労働）を企業に提供して，地代や賃金などの所得（100）を得る。企業は雇用した生産要素を用いて生産物（100）を産出する。家計は得た所得を使って消費する。もし100の所得がすべて消費に向けられるならば，生産物はすべて需要される。しかしもし，家計が貯蓄を行い，80しか支出しないとしたら，経済循環はどのようになるだろうか。企業は20の意図しない在庫を抱えることになる。したがって新たな追加需要が発生しなければ企業部門は全体として生産を縮小せざるを得ない。生産縮小は労働などの生産要素に対する需要の減少を意味し，家計の所得も低下する。このまま同じ貯蓄傾向が続けば，経済活動水準は縮小し続けることになる。以上の話は貨幣の産業的流通に対応する部分である。

次に図の中央部分に注目しよう。この部分は貨幣の金融的流通を表している。家計は貯蓄（20）を金融システム（金融市場あるいは金融仲介機関（銀行））で運用（投資）したとしよう。たとえば家計が銀行に預金すれば，図

21

1 貨幣と金融

にあるように，資金が20，銀行に入り，見返りに20の預金証書が渡される。銀行は企業の発行する本源的証券と交換に受け入れた20を企業に供給する。これが貨幣の金融的流通に対応する部分である。融資を受けた企業はその資金を実物投資に振り向ける。こうして金融システムを通して，貯蓄20が投資20に転化して，意図しない在庫分に等しい投資需要20が生じることになる。かくて単純な金融システムを導入した経済では，縮小均衡に陥ることなく，100という経済規模が維持される。この単純な例は，金融活動が貯蓄と投資との間の仲介を通して，実体経済に影響することを端的に示している。

■貯蓄投資差額と資金過不足

　上の単純な経済循環では，経済部門は家計と企業（非金融法人）部門だけであったが，わが国の関連統計では，このほかに金融部門，政府部門および海外部門とが追加される。わが国の各経済部門の（上の例での貯蓄20に対応する）貯蓄超過分と投資20に対応する投資超過分の実際の推移が各部門の資金過不足として図1-5に示されている。これを見ると，高度成長期以来一貫して資金不足部門であった法人企業が近年になって資金余剰を示し，一方，公共政府部門の資金不足が一層深刻化していることがわかる。

　ところで，上の単純な経済循環図からも明らかなように，実物経済における各部門の貯蓄と投資の不一致を調整するものが，金融取引（貨幣の金融的流通）であった。そこで，経済の実物面から得られる貯蓄投資差額の変化とそれに対応する金融取引面の変化を一体的にとらえてみよう。家計部門を例にとる。家計の一定期間における資金の源泉とその使途は，単純化して次の式で示すことができる。

$$\text{所得} + \text{金融負債純増} = \text{消費} + \text{(実物)投資} + \text{金融資産純増}$$

これは，（所得−消費）−投資＝金融資産純増−金融負債純増と変形でき，所得−消費を貯蓄で置き換えれば，

$$\text{貯蓄} - \text{投資} = \text{金融資産純増} - \text{金融負債純増} \tag{1-1}$$

が得られる。上式の左辺は実物経済面を表し，右辺はそれに対応する金融取

実物経済 …… 実際にモノやサービスのやり取りを行い、これによって対価を得るような経済活動。実体を伴う。

1-5 マクロ経済と資金循環

図1-5 主要部門の資金過不足（対名目GDP比：2006年～2016年）

（出所）日本銀行『資金循環の日米欧比較』2016年12月

引の結果を表している。左辺は貯蓄投資差額，右辺は資金過不足と呼ばれる。上式がプラスの部門は資金余剰部門（貯蓄超過部門，あるいは黒字部門），マイナスならば資金不足部門（投資超過部門，あるいは赤字部門）と呼ぶ。資金の源泉と使途の関係から導出される上記の関係式は，家計だけでなく他の経済部門についても当然成立すると考えられる。各部門の貯蓄投資差額を合計したものは国民経済計算の3面等価の法則から恒等的に0となる。したがって，各部門の資金過不足を合計したものも0となることに注意しよう。

■『資金循環勘定』の仕組みと見方

(1-1) 式の左辺は 国経済の実物面の動きをまとめた「国民経済計算」という統計によってとらえることができる。一方，右辺の金融取引の動きをまとめた統計としては日本銀行が作成している「資金循環勘定」がある。

資金循環勘定は，経済主体を金融部門，非金融部門（民間非金融法人部門，公的非金融法人部門），一般政府（中央政府，地方公共団体，社会保障基金），

23

1 貨幣と金融

▶表1-1 金融取引表（Financial Transactions）

		金融機関 1		非金融法人企業 2		民間非金融法人企業 21		公的非金融法人企業 22		一般政府 3	
		資産(A)	負債(L)	資産(A)	負債(L)	資産(A)	負債(L)	資産(A)	負債(L)	資産(A)	負債(L)
A	現金・預金	792,339	1,181,182	144,940		156,205		-11,265		187,479	
Aa	現金	5,221	53,820	4,018		3,986		32		-5	
Ab	日銀預け金	748,776	748,776								
Ac	政府預金		69,167							69,167	
Ad	流動性預金	504	218,490	57,016		70,258		-13,242		9,403	
Ae	定期性預金	33,859	57,675	32,024		31,928		96		21,833	
Af	譲渡性預金	-2,503	14,588	39,887		38,108		1,779		-24,190	
Ag	外貨預金	6,482	18,666	11,995		11,925		70		111,271	
B	財政融資資金預託金	-956	-31,067	-150				-150		-29,961	
C	貸出	222,433	102,309	-853	3,084	6,190	23,918	-7,043	-20,834	-56,915	2,312
Ca	日銀貸出金	45,872	45,872								
Cb	コール・手形	44,576	43,180	-776		-776				-620	
Cc	民間金融機関貸出	162,952	40,149		13,433		18,198		-4,765		23,476
Cca	住宅貸付	34,481									
Ccb	消費者信用	8,855									
Ccc	企業・政府等向け	119,616	40,149		13,433		18,198		-4,765		23,476
Cd	公的金融機関貸出	-86,428	-41,071		-28,858		-13,384		-15,474		-18,900
Cda	うち住宅貸付	-5,141									
Ce	非金融部門貸出金		5,521	10,068	7,158	14,985	8,451	-4,917	-1,293	4,771	-946
Cf	割賦債権	20,184	3,189	-1,638	14,401		10,663	-1,638	3,748		
Cg	現先・債券貸借取引	35,277	5,469	-8,507	-3,050	-8,019	0	-488	-3,050	-61,066	-1,318
D	債券証券	37,548	22,491	11,804	-38,608	16,263	-29,150	-4,459	-9,458	-46,115	174,149
Da	国庫短期証券	-232,659		0	7		0		7	-1	-135,503
Db	国債・財投債	311,412	-17,193	-6,343		-3,724		-2,619		-43,739	313,371
Dc	地方債	-4,132		-744	-257	-488		-256	-257	1,529	-4,697
Dd	政府関係機関債	-15,774	-735	2,769	-13,156	3,484	-108	-715	-13,048	-1,500	-236
De	金融債	-2,548	-4,192	-357		-422		65		-595	
Df	事業債	-12,377	16,749	-2,483	-26,488	-2,411	-29,846	-72	3,358	-1,500	
Dg	居住者発行外債	-1,654	5,586	4	3,784		3,295	4	489	-4	1,214
Dh	ＣＰ	1,845	4,031	-294	-2,491	-6	-2,491	-288	0	-11	
Di	信託受益権	1,938	19,055	11,465		12,185		-720		-228	
Dj	債権流動化関連商品	-8,503		7,780		7,780				135	-66
E	株式等・投資信託受益証券	116,568	254,268	86,760	14,632	81,479	25,839	5,281	-11,207	3,536	-910
Ea	株式等	17,177	-9,103	10,733	8,859	5,320	20,066	5,413	-11,207	3,560	-910
Eaa	上場株式	25,356	75,861	67,841	2,809	3,578	-2,863	64,263	5,672	21,128	
Eab	非上場株式	-11,426	-87,797	-60,923	4,877	-1,702	22,507	-59,221	-17,630	-16,144	80
Eac	その他の持分	3,247	2,833	3,815	1,173	3,444	422	371	751	-1,424	-990
Eb	投資信託受益証券	99,391	263,371	76,027	5,773	76,159	5,773	-132		-24	
F	保険・年金・定型保証	-22,199	31,239	247	-20,517	247	-20,517				
Fa	非生命保険準備金	1,050	15,487	891		891					
Fb	生命保険受給権		63,223								
Fc	年金保険受給権		-29,550								
Fd	年金受給権		-14,504								
Fe	年金基金の対年金責任者債権	-23,249	-2,732		-20,517		-20,517				
Ff	定型保証支払引当金		-733	-644		-644					
G	金融派生商品・雇用者ストックオプション	0		0	1,389	0	1,389				
Ga	フォワード系										
Gb	オプション系	0		0	0	0	0				
Gc	雇用者ストックオプション				1,389		1,389				
H	預け金	-12,303	11,440	3,715	3,184	417	2,253	3,298	931	2,681	1,574
I	企業間・貿易信用	-10,682		-34,650	-55,798	-35,273	-56,902	623	1,104	497	0
J	未収・未払金	60,207	28,652	43,521	62,881	42,046	61,962	1,475	919	-1,802	13,093
K	対外直接投資	37,451		104,269		105,439		-1,170			
L	対外証券投資	254,288		54,726		56,970		-2,244		-33,296	
M	その他対外債権債務	-52,444	51,528	-4,093	-235	-4,093	-235			-1,069	-214
Ma	うち金・ＳＤＲ等	0								-2,378	0
N	その他	158,873	-3,274	2,451	108,904	-11	109,129	2,462	-225	5,756	16,301
Y	資金過不足		-67,645		333,771		308,193		25,578		-175,514
Z	合計	1,581,123	1,581,123	412,687	412,687	425,879	425,879	-13,192	-13,192	30,791	30,791

W （参考）外貨準備　　-6,251

1-5 マクロ経済と資金循環

2015年暦年　（単位　億円）

	中央政府 31		地方公共団体 32		社会保障基金 33		うち公的年金 331		家計 4		対家計民間非営利団体 5		海外 6		
	資産(A)	負債(L)	資産(A)	負債(L)	資産(A)	負債(L)	資産(A)	負債(L)	資産(A)	負債(L)	資産(A)	負債(L)	資産(A)	負債(L)	
179,123		30,442		-22,086		-31,568		139,748		21,657		6,881	111,862		A
-5				0		0		42,025		2,561		0		Aa
														Ab
69,167														Ac
-729		5,647		4,485		18		135,560		12,931		3,076		Ad
-840		16,400		6,273		1,803		-34,501		4,351		-204	-313	Ae
558		8,096		-32,844		-33,389		12		1,356		26		Af
110,972		299						-3,348		458		3,983	112,175	Ag
-34,382				4,421		902								B
-54,512	-3,115	-256	6,039	-2,147	-612	377	-54	-7	77,397	0	2,369	-361	-23,174	C
													0	Ca
				-620		-620								Cb
	8,983		14,851		-358		-54		83,188		1,771		935	Cc
									34,481					Cca
									8,855					Ccb
	8,983		14,851		-358		-54		39,852		1,771		935	Ccc
	-11,890		-7,082			72	0		-2,938		598		4,741	Cd
									-5,141					Cda
6,298	-208	0	-412	-1,527	-326	997		-7	-2,590	0		-2,015	3,674	Ce
									-263				1,219	Cf
-60,810	0	-256	-1,318	0		0			0		0	1,654	-33,743	Cg
690	177,632	887	-3,483	-47,692		-49,472		-28,671		757		182,709		D
-1	-135,503		0	0		0		0		0		97,150		Da
592	313,371	410		-44,741		-43,706		-44,354		1,187		78,015		Db
92		-170	-4,697	1,607		1,078		-737		-1,870		1,000		Dc
126	-236	647		-2,273		-3,187		-113		3,875		-3,384		Dd
-44		0		-551		-551		-692		0				De
2				-1,502		-2,930		11,345		-2,435		-2,289		Df
			1,214	-4		-4						12,238		Dg
				-11		-11								Dh
-77		0		-151		-95		5,880				0		Di
				-66		-66		0				-21		Dj
-15,468	-910	-149	0	19,153	0	18,923	0	34,672		1,257	0	25,197		E
-15,468	-910	-149	0	19,177	0	19,235	0	-58,021		775	0	24,622		Ea
0		84		21,044		21,044		-43,853		775		7,423		Eaa
-16,160	80	0		16		-1		-11,496		0		17,149		Eab
692	-990	-233	0	-1,883	0	-1,808		-2,672		0		50		Eac
0		0		-24		-312		92,693		482		575		Eb
								32,674						F
								13,546						Fa
								63,223						Fb
								-29,502						Fc
								-14,504						Fd
								-89						Ff
								1,389	0			0	0	G
								0						Ga
								1,389						Gb
-204	399		-51	2,885	1,226	2,445	309	3,801			32	6,945	-11,391	H
497	0							12,738				-4,335	-6,110	I
4,169	13,234	1,424	1,530	-7,395	-1,671	-4,666	-82	25,443		1,124	1,174	165	-11,807	10,821	J
												141,720		K
-115,099				81,803		82,713		-24,116					251,602	L
-1,069	-214										51,079	-57,606		M
-2,378		0											-2,378	Ma
-438	16,301	0		6,194		5,937		1,108	31,010	257	15,504	0	0	N
	-240,020		28,313		36,193		25,418		63,772		7,032		-161,416	Y
-36,693	-36,693	32,348	32,348	35,136	35,136	25,591	25,591	186,041	186,041	25,102	25,102	256,308	256,308	Z

（出所）　日本銀行ホームページ

25

1 貨幣と金融

▶表1-2 金融資産・負債残高表 (Financial Assets and Liabilities)

		金融機関		非金融法人企業		民間非金融法人企業		公的非金融法人企業		一般政府	
		1		2		21		22		3	
		資産(A)	負債(L)	資産(A)	負債(L)	資産(A)	負債(L)	資産(A)	負債(L)	資産(A)	負債(L)
A	現金・預金	4,573,625	17,239,237	2,385,483		2,269,817		115,666		801,920	
Aa	現金	111,170	1,031,200	93,844		93,595		249			8
Ab	日銀預け金	2,530,136	2,530,136								
Ac	政府預金		170,437							170,437	
Ad	流動性預金	159,204	5,641,023	1,462,616		1,434,034		28,582		152,309	
Ae	定期性預金	1,560,478	7,079,116	518,503		444,302		74,201		177,723	
Af	譲渡性預金	105,703	505,761	222,888		210,325		12,563		170,289	
Ag	外貨預金	106,934	281,564	87,632		87,561		71		131,154	
B	財政融資資金預託金	56,078	355,067	0				0		298,989	
C	貸出	12,873,437	4,794,737	558,327	4,249,579	467,453	3,514,885	90,874	734,694	245,916	1,605,338
Ca	日銀貸出金	379,175	379,175								
Cb	コール・手形	339,129	393,769	48,809		48,809				5,831	
Cc	民間金融機関貸出	7,736,415	770,997		2,755,904		2,674,484		81,420		631,057
Cca	住宅貸付	1,767,823									
Ccb	消費者信用	236,166									
Ccc	企業・政府等向け	5,732,426	770,997		2,755,904		2,674,484		81,420		631,057
Cd	公的金融機関貸出	2,660,439	460,798		603,390		325,439		277,951		941,817
Cda	うち住宅貸付	233,082									
Ce	非金融部門貸出金		1,029,966	465,352	387,755	393,537	325,788	71,815	61,967	240,004	30,803
Cf	割賦債権	526,980	31,952	18,950	500,300		189,174	18,950	311,126		
Cg	現先・債券貸借取引	1,231,299	1,728,080	25,216	2,230	25,107	0	109	2,230	81	1,661
D	債務証券	10,617,455	2,659,516	284,791	751,779	261,052	660,582	23,739	91,197	836,519	10,046,255
Da	国庫短期証券	637,934	0		60	0			60		31	1,244,185
Db	国債・財投債	7,845,028	1,029,062	58,692		47,373		11,319		542,303	8,070,662
Dc	地方債	570,052		20,443	26,805	18,926		1,517	26,805	92,010	723,773
Dd	政府関係機関債	544,659	734,384	47,640	34,838	40,985	2,056	6,655	32,782	104,275	512
De	金融債	102,439	114,111	5,801		5,158		643		5,218	
Df	事業債	537,674	229,780	18,406	481,253	15,848	453,135	2,558	28,118	88,354	
Dg	居住者発行外債	96,401	141,867	21	141,867		138,375	21	3,492	18	7,123
Dh	CP	132,498	79,644	14,144	67,016	14,034	67,016	110		18	
Di	信託受益権	30,133	113,475	43,952		43,659		293		4,226	
Dj	債権流動化関連商品	120,637	201,576	75,632		75,069		563		66	
E	株式等・投資信託受益証券	2,601,992	3,319,145	3,442,861	8,467,488	3,169,329	7,853,242	273,532	614,246	1,190,455	142,448
Ea	株式	2,016,995	1,721,429	3,318,050	8,362,128	3,047,682	7,747,882	270,368	614,246	1,188,321	142,448
Eaa	上場株式	1,289,705	778,168	1,315,517	5,120,005	1,152,616	4,978,317	162,901	141,688	414,437	
Eab	非上場株式	629,905	643,911	1,870,444	2,936,974	1,763,655	2,728,882	106,789	208,092	186,433	183
Eac	その他の持分	97,385	299,350	132,089	305,149	131,411	40,683	678	264,466	587,451	142,265
Eb	投資信託受益証券	584,997	1,597,716	124,811	105,360	121,647	105,360	3,164		2,134	
F	保険・年金・定型保証	296,528	5,231,505	23,054	302,679	23,054	302,679				
Fa	非生命保険準備金	15,281	359,353	15,781		15,781					
Fb	生命保険受給権		2,095,568								
Fc	年金保険受給権		1,025,920								
Fd	年金受給権		1,546,760								
Fe	年金基金の対年金責任者債権	281,247	-21,432		302,679		302,679				
Ff	定型保証支払引当金		25,336	7,273		7,273					
G	金融派生商品・雇用者ストックオプション	726,548	778,199	30,409	48,715	30,409	48,715			545	376
Ga	フォワード系	636,076	687,270	26,754	41,148	26,754	41,148			545	376
Gb	オプション系	90,472	90,929	3,655	3,318	3,655	3,318				
Gc	雇用者ストックオプション				4,249		4,249				
H	預け金	115,874	194,228	390,675	484,717	376,685	451,301	13,990	33,416	83,083	46,657
I	企業間・貿易信用	38,942		2,261,128	1,715,938	2,251,747	1,711,441	9,381	4,497	3,310	0
J	未収・未払金	311,569	276,760	195,606	262,977	167,868	219,036	27,738	43,941	124,073	152,039
K	対外直接投資	271,080		1,110,500		1,090,588		19,912			
L	対外証券投資	3,197,197		285,119		283,181		1,938		1,832,385	
M	その他対外債権債務	251,745	276,400	18,333	4,893	18,333	4,893			115,065	24,500
Ma	うち金・SDR等	30,045								34,645	20,500
N	その他	490,319	166,114	188,791	375,800	180,735	361,883	8,056	13,917	36,140	99,351
Y	金融資産・負債差額		1,131,481		-5,489,488		-4,538,406		-951,082		-6,542,564
Z	合計	36,422,389	36,422,389	11,175,077	11,175,077	10,590,251	10,590,251	584,826	584,826	5,568,400	5,568,400
W	(参考) 外貨準備	1,485,036									

1-5 マクロ経済と資金循環

2015年暦年　（単位　億円）

	中央政府 31		地方公共団体 32		社会保障基金 33		うち公的年金 331		家計 4		対家計民間非営利団体 5		海外 6		合計 (1-6の合計)		
	資産(A)	負債(L)	資産(A)	負債(L)	資産(A)	負債(L)	資産(A)	負債(L)	資産(A)	負債(L)	資産(A)	負債(L)	資産(A)	負債(L)	資産(A)	負債(L)	
	324,938		368,919		108,063		44,368		9,202,885		351,698		91,062	167,039	17,406,276	17,406,276	A
	8				0		0			797,782		28,396		0		1,031,200	1,031,200	Aa
															2,530,136	2,530,136	Ab
	170,437														170,437	170,437	Ac
	12,475		109,880		29,954		9,431		3,690,095		163,236		13,563		5,641,023	5,641,023	Ad
	6,912		119,333		51,478		9,911		4,662,884		151,142		17,735	9,349	7,088,465	7,088,465	Ae
	6,609		137,049		26,631		25,026		371		6,438		72		505,761	505,761	Af
	128,497		2,657						51,356		2,486		59,692	157,690	439,254	439,254	Ag
	69,433				229,556		85,968								355,067	355,067	B
	117,961	552,711	83,446	1,031,191	44,509	21,436	29,378	4,069	1	3,138,933	23,066	135,770	1,613,450	1,389,840	15,314,197	15,314,197	C
														0	379,175	379,175	Ca
					5,831		5,831								393,769	393,769	Cb
		298,875		327,554		4,628		4,069		2,689,335		93,584		795,538	7,736,415	7,736,415	Cc
										1,767,823					1,767,823	1,767,823	Cca
										236,166					236,166	236,166	Ccb
		298,875		327,554		4,628		4,069		685,346		93,584		795,538	5,732,426	5,732,426	Ccc
		245,868		695,877		72				394,747		35,797		223,890	2,660,439	2,660,439	Cd
										233,082					233,082	233,082	Cda
	117,961	7,968	83,365	6,099	38,678	16,736	23,547		1	53,384	23,066	6,389	1,004,492	224,618	1,732,915	1,732,915	Ce
										1,467				12,211	545,930	545,930	Cf
	0	0		81	1,661		0		0		0		608,958	133,583	1,865,554	1,865,554	Cg
	7,597	9,315,359	19,467	730,896	809,455		758,734		250,371		132,104		1,336,310		13,457,550	13,457,550	D
	31	1,244,185			0		0						606,160		1,244,185	1,244,185	Da
	2,765	8,070,662	8,429		531,109		519,307		135,967		39,701		478,033		9,099,724	9,099,724	Db
	1,616		5,050	723,773	85,344		76,897		9,009		55,510		3,554		750,578	750,578	Dc
	1,643	512	5,988		96,644		85,417		6,158		35,255		31,747		769,734	769,734	Dd
	679		0		4,539		4,539		653						114,111	114,111	De
	754				87,600		69,471		63,420		1,638		1,541		711,033	711,033	Df
				7,123	18		18						210,034		306,474	306,474	Dg
					18		18								146,660	146,660	Dh
	109				4,117		3,001		35,164				113,475		113,475	113,475	Di
					66		66		0				5,241		201,576	201,576	Dj
	435,943	130,287	327,874	11,059	426,638	1,102	417,638	0	2,636,491		51,217	132,005	2,138,070		12,061,086	12,061,086	E
	435,943	130,287	327,433	11,059	424,945	1,102	417,638	0	1,673,808		44,449	132,005	2,116,387		10,358,010	10,358,010	Ea
	3,918		4,236		406,283		406,283		988,682		30,474		1,859,358		5,898,173	5,898,173	Eaa
	142,531	183	43,883		19		2		632,945		13,975		247,366		3,581,068	3,581,068	Eab
	289,494	130,104	279,314	11,059	18,643	1,102	10,981		52,181			132,005	9,663		878,769	878,769	Eac
	0		441		1,693		372		962,683		6,768		21,683		1,703,076	1,703,076	Eb
									5,214,602						5,534,184	5,534,184	F
									528,201						559,353	559,353	Fa
									2,095,568						2,095,568	2,095,568	Fb
									1,025,920						1,025,920	1,025,920	Fc
									1,546,760						1,546,760	1,546,760	Fd
															281,247	281,247	Fe
									18,063						25,336	25,336	Ff
	545	376							12,159	8,624			373,139	306,886	1,142,800	1,142,800	G
	545	376								1,034			220,830	154,377	884,205	884,205	Ga
									7,910	7,590			152,309	152,508	254,346	254,346	Gb
									4,249						4,249	4,249	Gc
	28,099	1,289		84	54,984	45,284	49,234	644	163,544			44	33,078	60,608	786,254	786,254	H
	3,310	0							549,082				34,930	73,290	2,338,310	2,338,310	I
	38,058	125,452	5,120	1,533	80,895	25,054	62,084	24	134,036	36,482	3,492	165	71,815	111,376	839,799	839,799	J
															1,381,580	1,381,580	K
	1,235,785				596,600		594,985		199,022				5,513,723		5,513,723	5,513,723	L
	115,065	24,500											305,793	353,673	690,936	659,466	M
	34,645	20,500											20,500	33,220	85,190	53,720	Ma
	282	93,351	12,177		23,681		12,314		20,957	73,674	9,569	36,837			745,776	745,776	N
		-7,866,309		-957,750		2,281,505		2,049,966		14,026,876		266,325		-3,361,160		31,470	Y
	2,377,016	2,377,016	817,003	817,003	2,374,381	2,374,381	2,054,703	2,054,703	17,833,671	17,833,671	571,146	571,146	5,996,855	5,996,855	77,567,538	77,567,538	Z

（出所）　日本銀行ホームページ

1 貨幣と金融

家計，対家計民間非営利団体，海外（非居住者）の 6 つの部門に分け，各部門間の金融取引を各金融商品別に資産・負債の両建てで体系的にまとめた四半期ごとの統計で，金融取引表と金融資産・負債残高表の 2 種類がある。金融取引表は一定期間内に行われた金融取引の結果生じた金融資産・負債の最終的な増減額（フロー変数）を示したものであり，一方，金融資産・負債残高表は一定時点における各部門の金融資産・負債の残高（ストック変数）を時価評価で示したものである。金融取引表は，一定期間における取引の結果生じた各部門の金融資産・負債の残高変化を示したもので，すべての取引の流れを逐一フォローしたものではない。しかし，金融取引表によって，たとえば企業部門の一定期間における資金調達の最終的な結果がどのようなものであったかなどを見ることができる。参考のために，2015 年の金融取引表と金融資産・負債残高表を**表 1-1，1-2** に示してある。

● 練 習 問 題

1．次の文章の（　）内に最も適切な語句を入れなさい。
　（1）　広い意味での金融の基本的機能は，（　　）機能，（　　）機能および（　　）機能であり，これらを支え，促進する補完的機能として，（　　）機能，（　　）機能，（　　）機能，および（　　）機能などがある。こうした諸機能を全体として担っているのが金融システムであり，これらの諸機能から金融システムをとらえようとする立場を（　　）的アプローチという。
　（2）　金融取引を阻害する要因として，取引費用のほかに，情報の（　　）がある。この後者の阻害要因が引き起こす事前的な（契約時の）問題は，（　　）であり，事後的な（契約後の）問題は（　　）である。
　（3）　（　　）動機と（　　）動機に基づく貨幣需要関数は，（　　）の増加関数であり，また（　　）の減少関数と考えられる。
　（4）　1経済部門の実物面の活動を示す（　　）差額は，金融面の活動を示す（　　）に必ず等しい。後者に関して日本銀行が作成している統計は（　　）と呼ばれる。

2．資金貸借取引において，非対称情報がもたらす事前的な問題とその帰結を例示しなさい。

3．間接金融と直接金融とは何か。また両者の基本的違いとは何かを簡潔に説明しなさい。

4．金融取引の4類型について簡潔に説明しなさい。

5．金融（資金の貸借取引）を異時点間取引と呼び，また条件付請求権（IOU）の売買取引と呼ぶことがあるが，それはなぜだろうか。

6．表1-1, 1-2を見て，以下の問いに答えなさい。
　（1）　民間非金融法人企業部門，一般政府部門および家計部門の資金過不足はいくらか。
　（2）　海外部門の資金過不足はいくらか。またそれは，日本の経常収支の何に対応しているか。
　（3）　民間非金融法人企業部門のこの期間における資金調達の動きを簡潔に説明しなさい。
　（4）　家計部門の保有金融資産残高の特徴について簡潔に説明しなさい。

第 2 章

日本の金融システム

　本章では，わが国の金融システムについて，その制度的側面である金融制度と構造的側面である金融構造における基本的特徴とその変貌について説明する。金融制度とは金融取引に関係する法律，行政，慣習および金融諸組織（金融機関と金融市場）の全体，すなわち金融取引の枠組みを指す。一方，金融構造とは，与えられた金融制度のもとで経済主体が行う金融取引の諸特徴を指す。金融制度が金融取引の枠組み（器）であるとすれば，金融構造はその諸特徴（中味）を意味する。この章では，わが国の金融システムおよびその変革を中心に説明し，個別の構成要素である金融機関，金融市場や金融商品については第3章から第6章で，また決済システムに関連する諸問題については第10章で触れる。

2 日本の金融システム

2-1 戦後日本の金融制度と金融構造

■戦後金融制度の基本的特徴

　戦後日本の金融制度は，敗戦で疲弊した経済の早期復興・高度成長および雇用機会の創出を金融面から支援することを目的として 1950 年代前半までに構築された。その後，日本は高度成長期に入り，1960 年代後半には自由主義経済圏でアメリカに次いで第 2 位の経済規模を誇るまでに成長したが，戦後構築された金融制度は金融自由化・国際化の流れが本格化する 1970 年代後半までほとんど変化しなかった。

　戦後日本の金融制度の基本的特徴として，(1) 分業主義・専門銀行主義，(2) 競争制限的な金融規制，(3) 内外市場分断，(4) 強い公的関与をあげることができる。

(1) 分業主義はそれぞれの金融分野（たとえば，銀行，証券，保険）にはそれぞれの専門金融機関を当てるべきという考え方である。また専門銀行主義は，資金需要の特性に応じた専門の金融機関(銀行)を当てるべきだという考え方であり，たとえば短期金融，長期金融，中小企業向け，農林水産業向けなどの専門機関がそれぞれの根拠法に基づいて設立された。

(2) 競争制限的規制として，①金利規制（価格規制），②業務分野規制（参入規制）が課された。これらの諸規制は信用秩序の維持と経済復興のためには，金融機関の健全経営が前提であるとして，金融機関同士の過当競争を制限するために導入された。

　① 金利規制は預金金利の上限規制であり，終戦直後のインフレ期に，高金利による銀行間での預金獲得競争を抑制する目的を持っていた。

　② 業務分野規制には，(a) 長短分離（長期金融と短期金融の分離），(b) 信託分離および(c) 銀証分離（銀行業務と証券業務の分離）がある。(a) 長短分離は，銀行経営の健全性から普通銀行は確実性の高い

> 信託…様々な手続きや決定を、個々の契約に依らず包括的に信用する他者に委託すること。

（リスクの少ない）短期金融に限定し，長期金融はそのための専門金融機関（長期信用銀行など）にまかせるという業務規制である。(b) 信託分離（銀行業務と信託業務の分離）も長短分離の一環として，長期金融専門機関としての信託銀行を保護・育成するために，一般の銀行が信託業務を兼営することを行政指導によって禁止した。(c) 銀証分離は，銀行経営の健全性や証券業務（社債や株式の発行引受や販売，第3章参照）との利益相反（たとえば，銀行が意図的に，銀行に債務を持つ企業の発行証券の買い手の犠牲によって銀行自体や預金者の利益を守ること）の排除や証券業の自立・育成などを目的として導入された。

(3) 内外市場分断とは，「外国為替及び外国貿易管理法」によって対外金融取引を原則的に禁止したもので，国内金融市場と海外金融市場を分断し，海外の影響を遮断することによって，上記の国内金融諸規制の実効性を保証するためのものであった。

(4) 強い公的関与としては，①行政指導と②公的金融をあげることができる。

① 行政指導　金融機関に対するわが国の金融行政は，たとえば，銀行に対する「護送船団型行政」などのように，金融システムの安定性維持の観点から，個々の金融機関に対して徹底した裁量的な監督・指導（すなわち，行政指導）を行うことが中心であった。こうした行政指導は情勢の変化に応じて柔軟に対応できるという特徴を持つが，一方で部外者にわかりにくく，不透明で，密室行政であると批判された。

② 公的金融　わが国では，財政投融資制度に代表されるように，民間金融を補完し，社会政策や産業政策等，公共的見地から行う政策金融（すなわち，公的金融）が重視され，その比重も高かった。

これらの競争規制や公的関与は，戦後の経済復興・高度成長に金融面から貢献するという所期の目的を達成する上で有効に機能したとの評価が与えら

れている。しかし1980年代から本格化してきた金融自由化・国際化という経済環境の変化にともない，これらの規制や公的関与がかえって金融機関の自主的な経営や創意工夫を阻害しているとの認識が高まった。その結果，後述する規制緩和・金融ビッグバンの流れのなかで，これら競争規制のほとんどが撤廃され，金融行政や政策金融についても大改革が実施されている。

■戦後金融構造の基本的特徴

　戦後日本の金融構造の基本的な特徴は銀行中心の相対型間接金融であったが，それにはいくつかの理由が考えられる。たとえば，戦後，銀行預金だけが一般庶民の小口零細資金の運用手段であったこと，証券市場の育成を通して直接金融への転換を図るという戦後の証券市場改革が実現されなかったこと，さらに，戦時中から確立されていた銀行中心の間接金融ルートを利用することは，戦後の金融行政や金融政策の運営上からいっても手っ取り早く，効果的であったこと，などである。この基本的な特徴に関連して，オーバーボロイング，オーバーローン，資金偏在，さらにはメインバンク制といった特徴が挙げられる。

　オーバーボロイングとは，資金調達において企業が銀行からの借入に過度に依存している状態をいう。これは，経済復興・高度成長期に入り，企業の旺盛な投資資金需要を満たすほどには，直接金融の場である資本市場が発展していなかったことがひとつの理由であろう。オーバーローンとは，企業の旺盛な資金需要に積極的に応じるために与信超過（貸出超過）に陥っていた民間銀行（主として都市銀行）はその不足資金を日本銀行からの借入に恒常的に依存していた状況をいう。当時，日銀借入の金利である公定歩合はコール・レート（金融機関同士の短期資金貸借の代表金利）よりも低く，日銀借入には銀行に対する補助金的な要素もあった。このように銀行が日本銀行からの借入に恒常的に依存する状態であったので，それだけに日本銀行が銀行の貸出増加額を直接的に指導，規制する「窓口指導」という政策手段は極めて有効であった。

資金偏在とは，地方で集められた資金が都市部に集中されてしまうという現象を指す。資金需要旺盛な企業をかかえるのは都市銀行であり，地方銀行などの地域金融機関が各地域で集めた資金はその地域で活用されず，インターバンク（銀行間）市場を通して，都市銀行に流れてしまうという状況が恒常的に続いた。最後に，メインバンク制とは，企業がある特定の銀行と，借入だけでなく，長期的に総合的かつ密接な取引関係を結んでいる状況を指す。戦後，大手企業は企業集団を形成したが，その中核に都市銀行が位置し，その企業集団に集中的に資金を供給するといった関係（系列融資）が見られ，都市銀行はこれらの各企業集団内の企業のメインバンクとして機能した。また企業集団に属さない企業でもメインバンクを持つ企業が多かった。メインバンク制については第3章でも言及する。

以上見てきたように，戦後の日本の金融システムは銀行を中心とする相対型間接金融であり，都市銀行はメインバンク関係にある取引先大企業グループの旺盛な資金需要を恒常的な日銀借入によって満たすという構造的特徴を持っていた。したがって，経済成長のための資金供給の流れをコントロールする上では，日本銀行を含めた政府は銀行を通じて強いグリップを握っており，金融政策上のさまざまな措置は銀行を通して有効に作用したのである。しかし後述するように，こうした特徴を持った金融システムも，1975年の大量国債発行をひとつの契機として変化し始め，1996～7年から始まった金融ビッグバンと呼ばれる抜本的な金融規制緩和および制度改革によって，その姿は一変することになる。

2-2　日本の金融機関

■民間金融機関と公的金融機関

この節では日本の金融機関についてその概要を説明する。ここではまず民

2　日本の金融システム

図 2-1　日本の民間金融機関

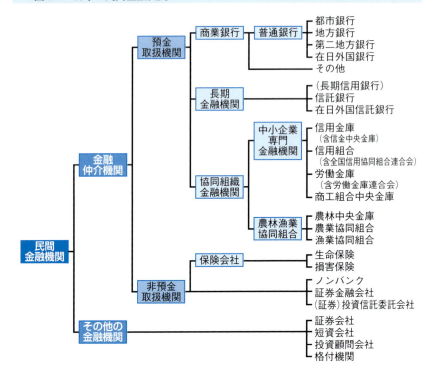

間金融機関についてその概略を見ていこう。主要な金融機関の現状や役割の詳しい説明は次章に譲る。民間金融機関は図 2-1 に示されているように，金融仲介機関とその他の金融機関とに分けられる。金融仲介機関とは間接金融を担う金融機関で，自ら間接証券を発行して資金仲介を行う金融機関である。その他の金融機関はそうした間接証券を発行せずに，主として資金取引の仲立を行う，いわば直接金融に関わる金融機関といえる。金融仲介機関はまた，発行する間接証券が預金（証書）である預金取扱金融仲介機関とそれ以外の非預金取扱金融仲介機関とに分けられる。以下では主要な金融仲介機関について説明する。

■預金取扱金融仲介機関

[1] 商業銀行（普通銀行）　商業銀行は最も代表的な金融仲介機関であり，「銀行法」によって設立され，次のいずれかの業務を行う機関と定義される。①預金の受入と貸付または手形の割引を合わせ行うこと。②為替取引を行うこと，である。前者は間接金融方式による資金仲介機能であり，後者は送金・振込みによる決済機能にほかならない。具体的には，貸付には証書貸付と手形貸付および当座貸越とがあり，手形割引を合わせて，貸出と定義されている。商業銀行は通常，普通銀行と呼ばれ，営業規模や営業基盤などを基準にして，都市銀行，地方銀行，第二地方銀行（元相互銀行）の3つの業態があるが，在日外国銀行や，その他にはゆうちょ銀行のほか，インターネット専業銀行など，新しい形態の銀行も含まれる。

[2] 長期金融機関　長期金融機関は産業資金の供給を主たる業務とする長期金融専門の金融仲介機関であり，長期信用銀行と信託銀行がある。長期信用銀行は「長期信用銀行法」に基づいて設立された銀行であり，長期資金調達手段である金融債の発行が認められている。1998年10月に，日本長期信用銀行が，さらに翌12月に日本債券信用銀行が相次いで不良債権問題で破綻し，「金融再生法」（1998年10月施行）に基づいて一時的に国有化された。唯一残っていた日本興業銀行も，都市銀行2行とともに2000年9月に設立された銀行系持株会社「みずほホールディング（現みずほフィナンシャルグループ）」のもとに統合され，消滅した。一時国有化された日本長期信用銀行は2000年3月に「新生銀行」，日本債券信用銀行は2001年1月に「あおぞら銀行」として再出発したが，その後普通銀行に転換したため，長期信用銀行はすべて消滅した。

　信託銀行とは「信託兼営法」によって信託業務の運営を認められた銀行をいう。信託銀行の主たる機能（業務）は顧客から信託されたさまざまな資産（土地や有価証券など）や遺言を管理する財産管理機能と，貸

付信託，金銭信託，年金信託，証券投資信託など金銭の信託によって集められた資金をもとに証券投資や長期の融資などを行う資金運用機能がある。このほか付随業務として，投資顧問業務や不動産業務，証券代行（株式関連事務管理）業務などを行っている。普通銀行に信託銀行を加えて，国内銀行と呼ぶことがある。なお，これらの機関のほかに1985年より認められるようになった在日外国信託銀行がある。

［3］　協同組織金融機関　　協同組織金融機関とは会員または組合員の相互扶助を基本理念として，それぞれの根拠法に基づいて設立される非営利の法人であり，中小企業専門金融機関と農林漁業金融機関とがある。これらの機関が行う金融業務は基本的には銀行と変わらないが，その相互扶助という性格から，その業務が会員または組合員に原則として限定されるなど，いくつかの制約がある。

　中小企業専門金融機関は中小・零細企業または勤労者を対象とする金融機関であり，信用金庫，信用組合および労働金庫の3業態がある。また，農林・漁業系統の専門機関として農業協同組合および漁業協同組合がある。また，これらの機関はその上部団体としてそれぞれ全国信用金庫連合会（2000年10月より，信金中央金庫に改称），全国信用協同組合連合会，労働金庫連合会および農林中央金庫といった中央機関を持っている。商工組合中央金庫は中小企業協同組合やその他の中小企業者の団体に対する円滑な金融を推進するために「商工組合中央金庫法」（1936年施行）に基づいて設立された一部政府出資の特殊法人である。2008年に「特殊会社（特別法による株式会社）」化されたが，最終目標とされる完全民営化は先送りされている。

■非預金取扱金融仲介機関

　預金以外の間接証券を発行する非預金取扱金融仲介機関には以下のような機関がある。

　［1］　保　険　会　社　　保険会社は将来の不測の事故に備えようとする多

くの人々との間で契約を結び，保険料の払込みを受け，所定の事故が生じた場合に保険金を支払うという，保障（補償）の提供を業とする会社である。保険の対象とする事故によって，人の生死に関する保険事故を対象とする生命保険と損害の発生に対し実際損害額の補償を行う損害保険（火災保険，自動車保険など）に大きく分けられる。保険会社は将来の保険金支払いを確実にするため，徴収し，積み立てた保険料を安全確実な形で資産運用を行っている。

［２］　その他の非預金取扱機関

①　ノンバンク　　これらの機関は間接証券を発行しているわけではないが，預金取扱金融機関以外で貸出等の資金提供を行うという意味で，ノンバンクと呼ばれる。ノンバンクには，消費者向けのノンバンク（消費者金融会社，信販会社，クレジットカード会社など）と事業者向けのノンバンク（商工ローンやリース会社，ベンチャーキャピタルなど）がある。これらの金融機関は銀行等が従来見過ごしてきた特定の需要分野（ニッチ（隙間）分野）を対象とする専門機関である。

②　証券金融会社　　これは株式，公社債の円滑な発行・流通に必要な資金，有価証券の供給を行うことを目的として1949年に設立された証券金融の専門機関である。証券金融会社は，間接証券を発行するわけではないが，信用取引における株券や資金の証券会社への貸付を中心とする業務を行っており，株式取引資金の貸付を行うことから非預金取扱金融仲介機関に分類されている。

③　（証券）投資信託委託会社　　証券投資信託という金融商品（間接証券）を企画し，主として証券会社経由で一般投資家に販売して資金を集め，証券投資の指示を行う機関投資家である。従来は証券会社系列しか認められていなかったが，1990年以降拡大され，銀行系，保険系の投資信託委託会社が設立されている。なお，2000年11月の「投資信託および投資法人に関する法律」成立にともない，最近では投資信託委託会社と呼ばれている。

■その他の金融機関

[1] 証券会社　証券会社は間接証券を発行して資金仲介を行うのではなく，直接金融に関わる金融機関で，証券市場での取引を円滑化する役割を担う金融機関である。すなわち，証券会社は新規証券の発行業務や既発証券の売買仲介業務などを通して，証券取引の効率化を図り，また投資関連情報を生産・提供したり，適正な証券価格の形成に寄与したりという，証券市場の機能を担う主たる専門金融機関である。証券会社の主要な業務などについては，第3章で詳述する。

[2] 短資会社　金融機関同士の資金取引の仲介を行う短期金融市場における専門仲介業者で，コールと呼ばれる短期資金の仲介，有価証券売買，外国為替売買の仲介などを行っている。また短資会社は日本銀行の行うオペレーション（金融調節）における仲介も受け持っており，短期金融市場や金融政策の円滑な運営に寄与している。

[3] 投資顧問会社　顧客から資産の運用委任を受けて証券売買（投資一任契約業務）を行ったり，顧客に対して証券投資に関する助言や情報提供などのサービスを専門的に提供する会社をいう。1995年には，その業務の類似性から，証券投資信託委託業務と投資一任業務の兼営が可能となった。個人や企業の効率的な資産運用ニーズの高まりを予想して，銀行や保険会社による投資顧問会社の設立が増えた。

[4] 格付機関　格付機関とは一般企業や金融機関，さらには国家などが発行するさまざまな債券の元利金返済の確実性（あるいは逆にいえば，デフォルト・リスク）の程度を審査し，ある簡単な記号（AAAやBBBなど）で表記して格付けをする専門情報機関で，代表的な機関に，スタンダード＆プアーズ（S&P）やムーディーズ，日本では日本格付研究所，格付投資情報センター（R&I）などがある。格付機関については第3章でも言及する。

2-3　財政投融資制度とその改革

■財政投融資制度の機能と役割

　先述したように，民間金融と対比して，財政投融資制度を基盤とする公的金融の比重が高いことは日本の金融制度の大きな特徴の一つである。財政投融資制度とは，国民や市場から集めた有償資金を「財政投融資計画」に従って，政府系金融機関をはじめとする財政投融資対象機関（財投機関）に投資や融資という形で資金供給を行う制度である（図2-2）。ここで有償資金とは，租税などの無償資金と異なり，将来，元利金の返済が義務づけられている資金を意味しており，それだけにその運用には，公共政策的な視点とともに，ある程度の収益性が求められている。主要な財投機関については，政府系金融機関や公的機関の統合・改革も含めて，表2-1に示されている。

　後述するように，1953年に発足した財政投融資制度は，2001年4月に大きな改革を行った。しかしその基本的な機能は変わっていない。財政投融資には財政的側面と金融的側面とがある。財政的側面とは，財政の3大機能といわれる①資源配分機能，②景気調整機能および③所得分配機能をある程度担うものであり，高速道路や空港建設などの公共事業に関わる側面であるのに対して，金融的側面とは資金仲介に関わる側面である。そのうちで郵便貯金や簡易保険を原資として公的（ないし政府系）金融機関を通じる資金の流れはとくに公的金融と呼ばれている。財政投融資は第二の予算ともいわれるように，資金運用のうち長期のものについては「財政投融資計画」として年度ごとにまとめられて国会で審議・議決を受けているが，このほかに国会の審議を受けない短期的運用として国債の引受などがある。

　金融的側面に注目すると，財政投融資制度は次のような意味で民間金融の補完（民業補完）という役割を持つと考えられる。すなわち，民間金融では実行困難だが社会的に見て望ましいと判断される投資分野に，財政投融資制

41

2 日本の金融システム

図2-2 財政投融資の仕組み

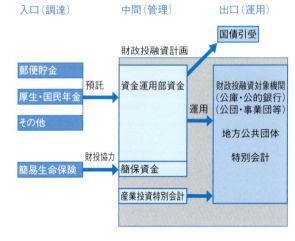

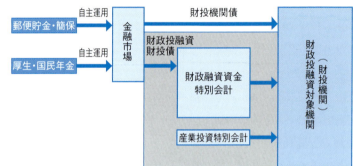

年度	1995	2000	2003	2006	2009	2012	2015
実績額	529,392	386,571	190,087	126,127	17,559	148,737	119,490
財投機関債発行額	—	—	29,183	43,028	37,142	43,047	39,039
財投債発行額	—	—	284,888	255,589	94,028	142,080	133,444

（資料）　財務省『財投レポート』，東洋経済新報社『経済統計年鑑』

度で集めた公的な有償資金を政策的に配分するという役割である。これらの分野としては，基幹産業の育成をはじめ，道路，港湾および地域開発などの産業基盤の整備，中小・零細企業の保護育成，住宅，環境および福祉などの生活基盤の整備があげられる。

　こうした分野への投融資は，外部効果や公共財的性質といったいわゆる

2-3 財政投融資制度とその改革

▶表 2-1 主要財投機関

政府系金融機関	日本政策投資銀行	民間金融に対する補完的，奨励的投融資。日本開発銀行と北海道東北開発公庫が統合して，1999年10月に発足。2008年10月に株式会社化。今後完全民営化予定。
	日本政策金融公庫	以前の中小企業金融公庫，農林漁業金融公庫，国民生活金融公庫および国際協力銀行（国際金融部門）が統合されて，2008年10月発足。
	沖縄振興開発金融公庫	沖縄県の産業開発のための長期低利融資。
	地方公共団体金融機構	地方公共団体事業への長期低利融資。以前の公営企業金融公庫を2008年10月に改組・設立された地方公営企業等金融機構を2009年6月に改組・設立。
	商工組合中央金庫	中小企業金融専門機関。2008年10月に株式会社化。今後完全民営化予定。
独立行政法人・特殊法人	都市再生機構	都市基盤整備公団と地域振興整備公団が2004年7月に統合発足。
	住宅金融支援機構	旧住宅金融公庫，証券化支援，民間住宅融資補完および住宅融資保険。
	日本高速道路保有・債務返済機構	廃止された日本道路公団等4公団に代わる新組織。
	東日本高速道路株式会社等	廃止された日本道路公団等4公団に代わる新組織。2010年度から財投対象外。
	国際協力機構（JICA）	国際協力銀行（海外経済協力部門）を2008年10月に統合。

「市場の失敗」を引き起こしやすい特徴を持つものが多く，民間金融では十分な資金提供が行われない可能性が高い。市場の失敗とは，価格をシグナルとして行われる需給調節だけでは効率的な資源配分が達成されない場合をいい，その代表的な原因が外部効果や公共財である。外部効果とは，市場取引を通さずに人々の利害に影響を与える効果であり，公共財とは，国防や公園，一般道路などのように誰かが消費しても他の人も同時に消費でき（非競合

43

性），かつ対価を払わない人々が消費するのを排除できない（非排除性）という2つの性質を持つ財・サービスをいう。

さらに，こうした分野への投資には一般に長期的なプロジェクトが多く，民間金融ではリスクが高く提供することが困難であるような資金，すなわち固定かつ低利の超長期資金が必要とされる。財政投融資制度は国の制度・信用で集めた公的な有償資金を資金運用部で一括管理・運用することによって規模の利益を生かし，金利リスクや期間リスク（運用期間と返済時期とのずれから生じる流動性リスク）を吸収・軽減することで，そうした性質の資金を生み出していると考えられる。

以上のような特徴を持つ財投資金は，高度成長期にはとくに産業基盤整備や中小企業保護・育成といった民間金融機関では困難な分野だが，長期的には社会的メリットの高い分野に投下され，民間金融の補完機能を有効に果たしてきたと評価されている。さらにまた，日本開発銀行（現日本政策投資銀行）などが有望産業に対して先導的な投資を行うことで民間金融機関の融資を誘導・促進するという機能（カウベル（呼び水）効果）も果たしたといわれている。このほか，財政投融資制度では，資金を一括して運用することで，財政・金融政策との整合性を図りやすいという利点も指摘されていた。

■財政投融資制度の問題点

以上見たように，金融規制時代の高度成長期には市場の失敗を補完し，有効に機能したとされる財政投融資制度も，低成長期に入り，規制から自由化の時代に移るにつれて，次第にその有効性を失い，さまざまな問題点が指摘されるようになった。たとえば，民業補完としては規模が過大となり，むしろ民業圧迫となってきているといった批判がある。また，旧制度では資金の調達部門（入口部分）として，郵便貯金，公的年金や簡易保険，中間部分として，それを管理・配分する旧大蔵省資金運用部，そして出口部分として資金提供を受ける財投機関があり，それぞれが分離されて運営されていた。そのため，財投計画に真に必要な資金額だけを調達するといった統一的かつ効

率的な運営が困難となり，非効率的な資金運用やさらには資金余剰が生じているといった批判が生まれた。

さらにまた，財政との関係が不明瞭で，資金の有償性を無視した一般会計への財政支援などに利用され，政府の財政規律を弱めているという批判や，すでにその役割を終えたと思われる財投機関への融資が継続され，その結果効率的な資金運用へのインセンティブの欠如を引き起こしているなど，財政的側面におけるさまざまな非効率性（政府の失敗と呼ばれる）も指摘されるようになった。

■財政投融資制度の改革

規制の時代から金融自由化の時代を迎えて，上に例示した批判を踏まえて，次節で述べる橋本政権下の6大改革の一環として，2001年4月から，財政投融資制度は大幅に改革されることになった。ここではその概略を説明する。

この抜本的改革の基本的な考え方は，有償資金の活用が適切と考えられる分野に対応するという財政投融資の基本的な役割は将来においても重要であるが，その具体的な枠組みは，社会経済情勢の変化等に応じて変わっていくことが必要であり，これまでの「郵便貯金・年金積立金等の資金運用部への全額預託義務に基づいて受動的に集まった公的資金の統合運用」から，「市場原理にのっとり，必要な額だけを能動的に調達した資金による投融資活動」へ変革することが必要であるというものである。

この基本的な考え方に従って，図2-2に見られるような具体的な諸改革が行われた。①郵便貯金および公的年金資金の資金運用部への預託は廃止し，旧郵政省（現在では，日本郵政公社を経て，2007年10月から民営化された日本郵政グループ），旧厚生省(厚生および国民年金勘定，現在では2006年に設立された年金積立金管理運用独立法人（GPIF））による全額自主運用を開始する。②出口機関についても，各公的金融機関，公社・公団等はそれぞれの事業に必要な資金を原則として自らが政府保証のつかない（財投機関債と呼ばれる）債券を発行して，市場から調達する。このように資金調達面におい

45

て市場原理にさらすことで，市場による規律付けによって政府系金融機関の運営の効率性を高めることを狙いとする。③しかし同時に，場合によっては政府保証債の限定的発行や各機関の必要額を一括して政府（「財政融資資金特別会計」）による（財投債と呼ばれる）債券発行によって調達する方法も考慮する。④各機関が行う事業・政策についての将来にわたる総費用の現在価値を一定の仮定の下で計算（政策コスト分析）し，それを国民に公表（情報開示）する。⑤さらに，財政投融資の対象とする分野や事業についても継続を前提とせず，今後の金融システムや経済状況の変化に合わせて不断の見直しを行う。

　市場原理の導入による財投機関の効率化・規律化を目的とした制度改革のもと，財政投融資計画の規模は趨勢的に縮小している。一方で，資金調達面では，財投機関債に比べ，財投債の割合が改善傾向にあるが，依然として高い。さらに，経過措置（2007年度まで）として，郵便貯金資金や公的年金資金などによる財投債購入が多く，実態的にはあまり変化していないとの批判もあった。

2-4　金融自由化以降の金融制度改革

■金融の自由化への内圧と外圧

（1）内　圧

　1950年代前半までに確立されて後，約20年間安定していた戦後日本の金融システムは，1975年を境に変化し始めた。変動相場制移行（1973年）と第1次石油危機（1973年）によって陥った不況による歳入不足を補うために，政府は1975年にそれ以降も継続することになる国債の大量発行に踏み切った。シンジケート団引受方式に従って発行国債を一括して引き受け，保有していた銀行などの金融機関は，国債の保有額が多額になるにつれて資金

繰りなどに困難を感じ始め，政府に引受国債の市中売却を要望するようになった。政府は1977年にこの要請を入れて，既発国債を市中で転売することを認め，ここに市場の実勢によって債券（国債）の価格が決まる，自由金利の債券流通市場が誕生することになった。さらにその後，政府は国債の消化を容易にするために新種の国債を公募入札方式で発行し始めたため，発行市場にも自由金利の波が押し寄せることになった。

この自由金利の波は他の規制金利市場にも拡大していくことになった。すなわち，この新しい自由金利の公開市場の出現によって，預金などの規制金利市場から資金の流出（金融仲介の遮断という意味でディスインターメディエーション（disintermediation）と呼ばれる）が生じ，金融機関の間で，資金獲得のための金融商品開発競争を引き起こす契機となった。たとえば，債券現先取引市場の拡大や譲渡性預金（CD）の創設（1979年），中期国債ファンド（引出可能な公社債投資信託）の創設（1980年），さらにビッグ（収益満期受取型貸付信託）やワイド（利子一括払型利付金融債）の創設（1981年）などが相次いだ。こうした競争を通して，金利規制は実質的に崩れ始めていった。また低成長経済への移行による家計・企業の金利選好意識の高まりも，金利規制の緩和・撤廃への原動力のひとつとなった。自由金利の金融商品の出現は金融機関の競争を一層激化させ，さらに自由金利の定期預金である大口定期預金（1985年）の導入や国内コマーシャル・ペーパー（CP）市場の創設（1987年）などが相次いだ。金利規制の象徴でもあった預金金利は，定期性預金については1993年に，また流動性預金については当座預金を除いて1994年に完全自由化されるにいたった。さらに，金利の自由化の流れと同時に，新たな収益機会を求めて，銀行による公共債に限っての証券業務（国債の窓口販売やディーリング業務）が解禁（1983, 4年）されるなど業務分野規制も徐々に崩れ始めた。

（2）外 圧

以上はいわば金融自由化への国内要因（内圧）であるが，規制撤廃への外からの圧力（外圧）として，金融の自由化・国際化を求めた日米円ドル委員

会報告書（1984年）があげられる。さらに報告書に続いて大蔵省が公表した報告書「金融の自由化と円の国際化についての現状と展望」で，円の国際化，金利の自由化などの金融自由化・国際化に向けた諸施策の実施計画が示された。日本はすでに，経済大国化するにつれて海外から要請の強まっていた為替管理や対外資本取引（海外への直接投資や証券投資など）に対する規制緩和の要求を入れて，1980年の「改正外為法」によって，対外資本取引について「原則禁止」から「原則自由・有事規制」に転換していた。日米円ドル委員会報告書は，金融自由化とともに，内外市場での自由な資金運用・調達に向けた規制緩和の動き（金融国際化）を一層加速させる起爆剤となった。こうした金融国際化に向けた流れのなかで，報告書が発表された1984年には，先物為替取引における実需原則の撤廃や円転規制撤廃という重要な施策が相次いで実現している。実需原則撤廃とは，輸出入取引に基づかない先物為替取引を解禁することであり，円転規制撤廃とは銀行がユーロ市場等で借り入れた外貨を売却し，円に換えて国内で使用することを認めることをいう。

　さらに，低成長経済という新たな環境下での企業や家計の金融ニーズを満たすためにも，分業主義に基づく縦割りの金融制度の再検討が必要となり，1985年9月以降，金融制度調査会（大蔵大臣の諮問機関）で約6年にわたる検討の結果，「新しい金融制度について」（1991年）という答申が提出され，それに基づいて，業態別子会社方式による銀行，証券，信託の相互参入を認める「金融制度改革法」が1992年に成立し，翌年4月から施行されることになった。これによって，銀行，証券会社，信託銀行はそれぞれの業務に特化した子会社を通して異なる業務に参入することができるようになり，証券子会社，信託銀行子会社が多く設立された。こうして一定の制約内ではあるが，業務分野規制が撤廃されることになった。

■日本版ビッグバンとその背景

　金融の自由化・国際化が進む1980年代後半，日本は周知のバブル景気に突入することになる。1985年の主要5カ国蔵相会議（G5）での合意（プラ

ザ合意）となった国際政策協調のもと，日本は低金利政策を継続し，マネーサプライの膨張を容認した。銀行，生命保険をはじめとする日本の金融機関は金融緩和で膨らんだ巨額の資金量を持って積極的な海外進出を行い，海外から恐れられるまでになった。そうした雰囲気にまぎれて，将来を見据えた自由化・国際化対策に対する金融機関の関心や熱意は薄れたかのようであった。

1990 年代に入り，一転してバブルが破裂すると，バブル期の過剰貸出が一気に不良債権問題化し，金融機関の破綻が表面化して，金融システムの安定性が懸念されるようになった。さらに国際決済銀行（BIS：Bank for international settlements）による自己資本比率規制（BIS 規制）が 1993 年に実施されることになり，自己資本の一部として認められた株価の含み益がバブル崩壊によって一気に縮小してしまうという緊急事態を迎えることになった。BIS 規制の導入はそれまでの銀行の量的拡大経営に警鐘を鳴らすものでもあった。また当時続発した銀行や証券会社などの経営不祥事件に対する行政のあいまいかつ不透明な対応や金融・証券業界と監督官庁との癒着問題など，金融行政に対する批判が強まった。さらにロケット工学などにおける数理分析やコンピュータを駆使した高度な情報処理技術に基づく新しい金融技術面での国際競争力の立遅れなどが次第に明らかになっていった。規制緩和の立遅れから，金融取引が日本から海外へ流出してしまうという金融の空洞化現象も目に付くようになった。こうしたことから，日本の金融システムの抜本的な改革の必要性が叫ばれるようになった。

その具体的な表れが橋本政権による，日本版金融ビッグバンと呼ばれる金融システム改革プラン（1996 年）である。周知のように，橋本政権は，戦後 50 年を経た日本のシステムの総ざらいを目指して，6 つの分野での抜本的改革（行政改革，財政構造改革，社会保障構造改革，経済構造改革，金融システム改革および教育改革）を提言したが，金融ビッグバンはそのうちのひとつである。金融ビッグバンという名称は，1986 年のイギリスでの証券市場大改革の名称からとったものである。この提言のもと，さまざまな審議

会で検討され，提出された答申に基づいて，1998年4月の「改正外為法」施行に引き続き，同年12月に「金融システム改革法」が施行されることになった。この金融システム改革関連法で示されたスケジュールに従って，さまざまな改革が実行された。以下では，この金融ビッグバンの基本理念と改革案の概要を見ていこう。

■ 金融ビッグバンと競争力強化プラン

　金融ビッグバンの基本的理念を要約すれば，次のようにまとめられよう。すなわち，来たるべき21世紀の高齢化社会に向けて，国民の資産のより効率的な運用の場と次世代成長産業への潤沢な資金供給の場を構築することが不可欠であるとともに，金融グローバリゼーションが進捗するなか，日本が世界に相応の貢献を果たしていくためにも，東京を魅力ある国際金融市場にすることが必要である。そのために，フリー，フェア，グローバルの3原則を基本理念とした金融制度の抜本的改革を2001年までに断行するというものである。ここで，フリーとは，価格規制や参入規制を排し，市場原理が十分に機能するような金融市場の構築を目指すことである。フェアとは，市場原理の基本理念である自己責任原則が機能するように，公正な市場取引の実現に向けたさまざまな環境整備を目指すことである。グローバリゼーションとは，国際標準（グローバルスタンダード）と十分整合的な制度的枠組みを構築することを意味している。

　以上の基本的理念に基づいて，図2-3にまとめられているように，さまざまな改革が計画され，実施されている。金融ビッグバンに盛り込まれた主要な改革案は次のようにまとめることができる。

　　［1］　**投資家・資金調達者の選択肢の拡大**　　新たな金融商品の拡大（証券総合口座（決済機能付き投資運用口座），会社型投資信託，私募投信など），銀行による投資信託・保険の窓口販売の解禁，有価証券の店頭デリバティブ取引の導入など。

　　［2］　**仲介サービスの質の向上および競争促進**　　金融持株会社制度の解

2-4 金融自由化以降の金融制度改革

図2-3 金融ビックバン：内容と実施時期

主な改革事項	1997年度	1998年度	1999年度	2000年度	2001年度
1.投資家・資金調達者の選択枠の拡大					
証券総合口座の導入	97年10月より				
内外へ資金移動自由化		98年4月より			
銀行等の投信の窓販	店舗貸による窓販は97年12月より	98年12月より			
会社型投信の導入		98年12月より			
SPCによる特定資産の流動化		98年9月より			
銀行等の保険の窓販					2001年4月より
2.仲介者サービスの質の向上					
金融持株会社制度の導入		98年3月より			
株式売買委託手数料の自由化		98年4月 売買代金5千万円超について自由化	99年10月完全自由化		
証券会社の免許制から登録制への移行		98年12月より			
銀行系証券子会社の業務制限撤廃	97年10月一部撤廃		99年10月より		
保険会社と他業態との子会社による参入			99年10月〈保険→銀行〉	2000年10月より〈保険←銀行〉	
ノンバンクの社債・CPによる貸付資金調達			99年5月より		
普通銀行における普通社債の発行			99年10月より		
3.利用しやすい市場の整備					
取引所集中義務の撤廃		98年12月より			
4.信頼できる公正・透明な取引の枠組み・ルールの整備					
早期是正措置の導入		98年4月より〈国際統一基準行〉	99年4月より〈国内基準行〉		
投資者保護基金制度の創設		98年12月より			
保険契約者保護機構の創設		98年12月より			
5.その他					
有価証券取引税等の見直し		98年4月から引き下げ	99年4月から撤廃		
金融サービス法の検討		金融議会で検討中	99年12月中間整理		2001年4月より金融商品販売法施行

（出所） 大蔵省発表資料を基に郵政省貯金局作成

禁や業態別子会社方式のもとでの業務範囲見直しによる業務分野規制の撤廃，証券会社の免許制から登録制への移行，株式委託手数料の完全自由化など。

［3］ **利用しやすい多様な市場の整備**　証券市場の取引所集中原則の撤廃，私設取引システム（PTS：証券会社がコンピュータ・ネットワークを利用して，取引所を通さずに早朝や夜間に有価証券の売買を行う取引システム）の導入，店頭登録市場の機能強化など。

［4］ **公正・透明な取引ルールの整備**　関連法制度・会計制度の整備，投資家保護のための法的整備やディスクロージャー（情報開示）の促進，新しい金融機関監督体制の整備など。

これらの多岐多様な改革案の主要な意図は次のように要約できる。市場参入・退出の自由（業務分野規制撤廃）および価格の自由化によって市場競争を活性化して，価格の低下や新たな創意工夫による新金融商品や金融取引の開発を促すこと。その際，市場参加者が自己責任原則に基づいて取引に参加できるように，公正で透明な市場取引を保証する市場環境や監督体制および法的環境を整備することである。このように，金融ビッグバンは日本の金融システムを従来の銀行を中心とした相対型間接金融システムから公開市場中心の金融システムに移行することを目指し，来たるべき少子・高齢化社会に備えて，個人金融資産の効率的な運用や次世代産業への潤沢な資金提供の場を整備することを目的としている。

金融ビッグバンが実施され，プランに従って制度改革は進み，それなりの成果は認められたが，少子・高齢化社会に備えて金融市場を強化し，東京を国際的な金融市場にするという所期の目標を十分に実現したとは言い難い。また近年には国際的な市場間競争が激化しており，こうした状況のもと，2007年12月に，金融庁は日本の金融市場の競争力を一層強化するための改革プラン「金融・資本市場競争力強化プラン」を公表している。強化プランの骨子は次の4本柱である。すなわち，

① **信頼と活力ある市場の構築**　新型投資信託（株価指数連動型上場

投資信託（ETF）や不動産投資信託（J–REIT）：第3章参照）などの商品多様化，「プロ向け市場」の創設や市場の公正性・透明性の確保など。

② 金融サービス業の活力と競争を促すビジネス環境の整備　銀行・証券・保険間の業態間規制（ファイアーウォール規制）の見直し，銀行・保険会社グループの業務範囲の拡大など。

③ より良い規制環境（ベター・レギュレーション）の実現　監督官庁と金融機関との対話の充実，規制・監督の透明性・予見可能性の向上など。

④ 市場の周辺環境の整備　金融専門人材の育成・確保，国際金融センターとしての都市機能の向上など。

である。

■ICT 革命と金融革新

　これまで見てきたように，わが国における抜本的な金融システム改革を引き起こした要因として，先述した内圧，外圧による金融自由化・国際化の流れ，高度成長経済から低成長経済への移行，資金不足経済から資金余剰経済への移行，さらには少子・高齢化の進行など，さまざまな経済社会的要因をあげることができる。

　これらの要因のほかに，最も基本的な要因のひとつとして忘れてならないのは，現在ではICT（information and communication technology）革命と呼ばれるようになった，インターネットやコンピュータ・テクノロジーをはじめとする情報・通信技術の驚異的な進展である。この技術革新は金融取引コストを急テンポで引き下げただけでなく，近年のファイナンス理論の発展とあいまって，金融の諸機能をより効率的に満たすような新たな金融商品や取引形態をも驚くべきスピードで生み出している。後述する金融派生商品（デリバティブ）や証券化，さらにはクレジットカードや電子マネーなどにいたる決済システムの進展など一連の金融革新は，ICT 革命なしには実現できなかったといっても過言ではないであろう。これらの金融革新に十分に適

53

2　日本の金融システム

応できるように金融システムも変化していかなければならない。このことはしかし，金融システムだけがICT革命の影響を受けていることを意味しているのではなく，ICT革命の影響はそれこそ経済社会のほとんどすべての面にわたっているといっても過言ではない。金融がことのほか強い影響を受けているのは，金融という経済活動の本質がいわば情報の生産・加工・移転にあるからである。

　2000年代後半ごろからアメリカにおいて急速に発展してきたICT技術革新と金融との融合に関する一連の動きは，最近では「フィンテック」と呼ばれ，日本でも注目を集めている。このフィンテックは，基本的には，銀行，保険，証券などの伝統的な金融機関が担ってきた諸機能を一度分解（金融機能のアンバンドリング）したうえで，より効率的な形で，新たなかつ多様な形態として再統合（金融機能のリバンドリング）していく金融技術革新の流れとみることができよう。その意味では，フィンテックは，これまでの金融機関や金融システムのあり方を根本的に変革する起爆剤になる可能性を秘めているといえるのかもしれない。なお，金融機能のアンバンドリング・リバンドリングについては，一例として証券化に関して，第3章で言及している。

● 練 習 問 題

1. 戦後確立されたわが国の金融制度および金融構造の基本的特徴について整理しなさい。
2. 日本の金融機関にはどのようなものがあるか，民間金融機関と公的金融機関，民間金融機関は金融仲介機関とそれ以外の金融機関，さらに金融仲介機関は預金取扱金融仲介機関とそれ以外の金融仲介機関に分けて整理しなさい。
3. 2001年4月に実施された財政投融資制度の抜本的改革の概要について簡潔に説明しなさい。
4. 金融自由化・国際化への内圧と外圧とは何を指しているか，簡潔に説明しなさい。
5. 金融ビッグバンの3原則と改革案の4本柱とは何か，簡潔に説明しなさい。

第 3 章

金融機関の機能と証券化

　この章では，主要な金融機関を取り上げて，それぞれの現状やそれらが金融システムにおいて果たしている諸機能について見ていくことにする。とくにこれまで金融機関のなかでも中心的な位置を占め，特殊な役割を担ってきた銀行について詳しく述べる。また，金融機関のあり方に大きな影響を与えると考えられる金融革新のひとつであり，今回のサブプライムローン問題を端緒とする金融危機の一因ともなった証券化（securitization）についても説明する。証券化は第6章で言及する金融派生商品（デリバティブ）と並ぶ金融革新の2大潮流のひとつである。

3 金融機関の機能と証券化

3-1 金融仲介機関の基本的機能

■ 資産変換機能

　第1章の図1-2 (10ページ) および第2章の図2-1 (36ページ) でも見てきたが，金融仲介機関とは，自ら間接証券を発行することを通して資金仲介を行う，間接金融における専門金融機関である。ここで第1章の間接金融の図1-2を再度確認してもらいたい。この図は，金融仲介機関は最終的借り手から資金供給の見返りに本源的証券を受け取り，それをいわば原材料にして，最終的な貸し手のニーズに合うようなさまざまな間接証券を生産・販売することによって資金を調達しているとみなすことができる。本源的証券を間接証券に変換する金融仲介機関の機能は資産変換（asset transformation）機能と呼ばれる。

　一般に家計などの黒字主体（最終的貸し手）と企業などの赤字主体（最終的借り手）の金融ニーズは異なる。たとえば，借り手は将来の収益可能性が本来的に不確実である投資計画を実行するために長期での借入を希望している。しかし危険回避的な黒字主体は，相対的に高い収益は得られるとしても，リスクが高く，流動性が低い本源的証券を直接保有することは望まないであろう。金融仲介機関は相対的にハイリスク・低流動性の本源的証券を，最終的貸し手の嗜好（ニーズ）に合致するように，相対的にリスクが低く，流動性の高い，預金証書のような間接証券に加工・生産し，発行することで，最終的な借り手と貸し手との間の金融ニーズの不一致を埋め，資金貸借の流れを円滑にしていると考えられる。

　金融仲介機関は，その資産変換機能を通して，最終的貸し手が本源的証券を直接保有したら直面したであろうさまざまなリスクを軽減したり，あるいはさらに最終的貸し手に代わってそれらのリスクの一部または全部を負担しているということができる。こうしたことが可能なのは，後述の情報生産機

能のほかに，間接証券を小口化して広く資金を集める（すなわち，投資小口化および資金プール機能）ことで得た大量の資金を使って，投資（資金運用）先を分散化し，保有資産全体のデフォルト・リスクを軽減できるからである。保有資産の分散化によって保有資産全体のリスクを低下させる基本的な方法は，統計学でいう「大数の法則 (law of large number)」を利用したものである。「大数の法則」とは，何らかの確率現象に関する無作為（ランダム）に集めたサンプルの平均（標本平均）は，サンプルのサイズが大きくなればなるほど，真の平均値に近づくことを述べたものである。大数の法則の具体的な応用例は，以下の各節で言及されている。

■情報生産機能

その独自の機能である資産変換活動を円滑に行うために，金融仲介機関は最終的借り手の返済能力や支払努力などに関する情報を収集・分析している。こうした活動を情報生産機能という。このことはまた，金融仲介機関は黒字主体の委託を受けて，黒字主体に代わって，あるいはその代表として借り手に対する審査 (screening) や監視 (monitoring) といった情報生産活動を行っていると考えることができる。

金融仲介機関は個々の貸し手よりもはるかに効率的に借り手に関する情報生産活動を行うことができる。なぜなら，金融仲介機関は情報生産活動を専門的かつ大規模に継続することによって，情報生産における「専門化の利益」や「規模の経済 (economies of scale)」を十分に発揮できるからである。さらに継続的に情報生産を行うことを通して有用な情報や分析技術が蓄積され，それらはまた他の借り手や業種に関する情報生産活動についても利用可能であるという意味で，「範囲の経済 (economies of scope)」というコスト効率化要因も働きやすいと考えられる。こうした効率的な情報生産活動を通じて，金融仲介機関は情報費用の大幅な節約を実現すると同時に，借り手の信用リスクなどをより明確に把握し，管理する機能も果たし，資産変換にともなうリスクの軽減やリスク負担の再配分を可能にしているということ

3 金融機関の機能と証券化

ができる。

借り手に関する情報生産活動は金融仲介機関だけでなく，後述するその他の金融機関も同様に行っている。しかし，金融仲介機関はその情報生産活動によって得た情報そのものを貸し手に直接公開，販売するのではなく，資金運用のために仲介機関内部で利用し，その成果を間接証券という形で貸し手に間接的に販売していると見ることができる。金融仲介機関が自ら得た情報を直接販売せずに内部の生産要素として利用するひとつの理由は，ひとたび情報が販売・公表されると，その利用に関してただ乗り（フリーライダー：free rider）を排除することが非常に難しく，情報の販売によって情報の生産に要した費用を回収することが困難だからである。

以上見てきたように，金融仲介機関はその独自の機能である資産変換機能と情報生産機能を併せ行うことによって，資金仲介およびリスク配分機能という金融の基本機能を遂行していると考えることができる。そこで次節では，代表的な金融仲介機関として銀行，保険および信託について，それらが果たしている諸機能をより具体的に見ていこう。

☐ 3-2　銀行(預金取扱金融仲介機関)の機能 ☐

■銀行の受信・与信業務

第2章でも述べたように，銀行の主要な業務のひとつは預金を受け入れ，資金の貸出を行う，受信・与信業務にあり，これが銀行の伝統的な業務でもある。表3-1は，最近における主要な預金取扱金融仲介機関の預金残高および貸出残高を見たものである。以下では，預金取扱金融仲介機関を銀行と呼ぶことにしよう。銀行の貸出は手形割引（満期前の手形を割り引いて買い取ること）と貸付とに分かれるが，最近ではそのほとんどが後者の貸付である。貸付は手形貸付，証書貸付および当座貸越からなっているが，最大のシェア

3-2 銀行（預金取扱金融仲介機関）の機能

▶表 3-1　主要預金取扱金融仲介機関の預金・貸出残高

(単位：億円)

	預金等残高			貸出残高		
	2015年3月	2016年3月	2017年3月	2015年3月	2016年3月	2017年3月
都市銀行	3,067,377	3,235,087	3,433,657	1,883,529	1,908,530	1,905,205
地方銀行	2,432,306	2,482,863	2,543,180	1,778,464	1,852,563	1,925,353
第二地方銀行	632,560	642,280	657,873	474,984	492,112	507,988
信用金庫	1,319,433	1,347,476	1,379,128	658,015	673,201	691,675
ゆうちょ銀行	1,777,107	1,778,719	1,794,346	―	―	―

(出所)　地方銀行協会『地銀協月報』2017 年 6 月号

を占めているのは証書貸付である。証書貸付とは借用証書をとって貸し出す方式であり，設備資金や不動産担保貸付など，長期資金の貸出の際に多く利用されている。手形貸付は借り手が振り出した手形を担保として貸し付けるものであり，当座貸越とは，当座預金取引先に対して一定の限度枠内で残高以上の小切手による支払を認める形で貸し付けるものである。以下では，特に断らない限り，貸出と貸付はほぼ同義として扱うことにする。

　銀行が非預金取扱金融仲介機関とはっきりと異なるのは，銀行がその受信業務の際に提供する間接証券である預金が，同時に決済手段として利用される通貨でもあるという点である。すなわち，銀行は金融仲介と同時に決済サービスも提供するという意味で特殊な金融仲介機関である。銀行の提供する決済サービス機能は，金融仲介を含めたあらゆる経済活動を支える基礎を構成するものであり，極めて重要な機能である。しかしこの章では，銀行の金融仲介機能に焦点を当てて説明し，銀行の預金通貨提供，決済サービス提供機能については，金融政策や決済システムとの関連で第 9 章および第 10 章で詳述することにしたい。

■銀行の資産変換機能

　上で述べたように，銀行の伝統的かつ主要な業務は，受信・与信，すなわ

ち預金証書という間接証券を発行し，貸出活動（すなわち，本源的証券の購入）を行うことである。銀行の資産変換機能には説明しなければならない2つの問題がある。ひとつは，一方で貸倒れリスク（デフォルト・リスク）のある貸出をしながら，他方で預金というリスクの低い間接証券をなぜ提供できるのかという問題である。もうひとつは，比較的短期の預金で資金調達をしながら，長期の貸出ができるのはなぜかという，期間のミスマッチの問題である。

最初の疑問は，前節ですでに言及した問題であるが，次のように説明できる。第1に，預金という投資小口化・資金プール手段によって大規模に資金を集め，それによって貸出先を多様化することが可能になることである。これは保有資産の分散化を図ることで資産全体のリスクを軽減するという「大数の法則」を応用したリスク管理機能のひとつと考えることができる。大数の法則によれば，一定期間内にどの個別企業が実際にデフォルトするかは明確にはわからなくても，多くの企業が集まれば，そのうちの何％が一定期間内にデフォルトを起こすかは，ほぼ確実にわかるからである。第2に，銀行は貸出先を審査したり，監視したりするという専門的な情報生産活動によって，デフォルト・リスク（信用リスク）を軽減できるからである。なお，この銀行の情報生産機能についてはさらに後述する。そして第3に，以上の保有資産の分散化や情報生産機能を通しても残る信用リスクは預金者ではなく，最終的には銀行の株主が銀行の配当や株価の変動といった形で負担しているからである。

2番目の問題も，大数の法則の応用によって説明することができる。すなわち，何らかの理由ですべての預金者がいっせいに預金を引き出そうとする，銀行取付け（bank run）といった異常事態が生じない限り，一定期間内に個々の預金者が実際に預金を引き出すかどうかについてはわからなくても，預金者の数が増えれば増えるほど，全体の預金者のうち何％が一定期間に預金を引き出すかはほぼ確実に予想できる。さらに，預金を引き出す預金者がいる一方で，新たに預金をする預金者もおり，預金の増加額についても大数の法則が適用できる。かくして，預金者の数が多くなればなるほど，一定期

間に生じるネットの預金引出額はほぼ確実にわかるようになる。銀行はこの額に応じて支払準備を用意しておけば，預金の流出に対応することができ，預金の引出ごとに長期に貸し出した資金を回収する必要はなくなる。このように，銀行は多数の預金者から預金を集めることで大数の法則を利用し，個々の預金者自身が抱える将来支出の不確実性に起因するリスク（流動性リスク）を軽減し，さらには残ったリスクについても預金者に代わって負担していると考えることができる。

■銀行の情報生産機能とメインバンク制

　貸出先に対する銀行の審査・監視活動は黒字主体である預金者の委託を受けて，預金者の代表として行う情報生産機能であるとみなすことができる。専門的情報生産機関としての銀行が預金者の代表者として審査や監視を行うことで，個々の預金者が単独で行う場合に比べてはるかに効率的な情報生産が可能になることは明らかであろう。銀行は逆選択やモラル・ハザードなど，情報の非対称性から生じる問題を軽減ないし解消することを目的として，借り手の審査や監視活動を行っているが，それはまた借り手に対する規律付け機能（すなわち，企業経営者に対するインセンティブ管理機能）も果たしていると考えることができる。

　こうした銀行の情報生産機能は，わが国の相対型間接金融システムにおけるひとつの特徴であるメインバンク制を支える重要な機能でもある。日本のメインバンク制については第2章で触れたが，メインバンクは顧客企業と融資だけでなく，総合的かつ長期的な取引関係を結ぶことで，顧客企業に関するさまざまな情報を効率的に生産・蓄積することを通して，情報の非対称性を緩和することができる。さらにメインバンクは顧客企業の経営が悪化した場合には，役員等を派遣して監視を強めたり，経営者の更迭など積極的に経営改善策を主導するなど，企業の経営に対する規律付けの機能を果たしたと考えられる。

　メインバンクの顧客企業への監視，規律付け機能は，終身雇用制度や株式

3　金融機関の機能と証券化

持合いなどの日本的経営システムと補完的な関係にあるといわれている。株式持合いは株主や株式市場からの企業経営に対する圧力を遮断することで，長期的な視野に立った経営やそれにともなう終身雇用を可能にした。しかしその一方で，株式市場による規律付けが機能しないために，それに代わる規律付けメカニズムが必要とされ，その役割を担ったのがメインバンクであったといわれている。

　顧客企業に対する，こうしたメインバンクの監視および規律付けの機能はまた，その企業に協調融資をしている他の銀行の代表として行っていたという側面があることを指摘しておこう。ひとつにはある企業のメインバンクをその企業に対する代表監視者とすることで他の融資銀行が個々に情報生産活動を行った場合の情報生産の重複コストを避けることができる。そしてさらに，個々の銀行が互いに自行がメインバンクとなっている企業への協調融資団の代表メンバーとなることによって，メインバンクが顧客企業に対する監視・情報生産活動を注意深く行うよう動機付けることにもなる（相互監視メカニズム）。なぜなら，もしあるメインバンクが自行の顧客企業に対して十分な監視を怠ったために協調融資銀行団に多大な損失を負わせたとすれば，その銀行に対する評価は低下し，以降は他の協調融資団に参加できないなどの報復を受ける可能性があるからである。しかし最近では，資金余剰経済への移行，終身雇用制度の崩壊，株式持合いの解消，さらには相対型間接金融から市場型金融への大きな流れのなかで，こうした機能を持つ日本のメインバンク制も弱体化しつつあるといわれている。

　わが国の銀行は，バブル崩壊後，巨額の貸出が不良債権化し，破綻に追い込まれた金融仲介機関も少なくなかった。たとえば1991年から2001年度末までの10年間で約180件（信組，信金および銀行）の破綻があった。金融機関の不良債権処理問題は，金融庁による「金融再生プログラム」（2002年10月公表）や「産業再生機構」（2003年4月設立）などによって収束に向かったが，破綻を免れた銀行は大小を問わず，生き残りをかけて合併連衡を行い，新たな経営戦略を展開しようとしている。たとえば，かつて13行を数

図 3-1　主要国の銀行収益率と貸出利ざや

[a] 銀行部門の収益率

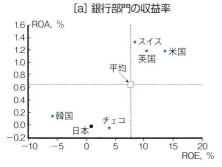

[b] 主要国における貸出利ざや

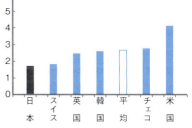

（注）　過去 20 年間の平均値（当期純利益ベース）。
（資料）　World Bank "Financial Structure Dataset"
（出所）　日本銀行『金融システムレポート』2010 年 3 月

（注）　過去 20 年間の平均値。
（資料）　World Bank "Financial Structure Dataset"

えた都市銀行は，金融持株会社 3 グループに統合・再編されている。これらのグループは，投資信託，保険および証券といった分野に進出するとともに，大企業向けのビジネス（ホールセール部門）だけでなく，中小企業および個人（消費者）向けのビジネス（リテール部門）を新たに開拓しようとしているが，必ずしも十分成功しているとはいえない。

　図 3-1 [a]，[b] は，過去 20 年（1988～2007 年）間の主要国の銀行収益率と貸出利ざやを示したものである。これを見ると，日本の銀行は，総資産利益率（利益/総資産：ROA）や自己資本利益率（利益/自己資本：ROE）は，極めて低く，貸出利ざや（貸出金利－資金調達コスト）も平均を下回っていることがわかる。

　さらにリーマン・ショック以降，日本銀行の金融緩和政策による低金利傾向が継続し，貸出利ざやの縮減傾向は現在も続き，2016 年 3 月には 0.23％（全国銀行協会調査）にまで低下している。このように，わが国の銀行は，低い貸出利ざやが示すように，貸出中心の業務だけでは十分な収益は上げられず，他業務（投信や保険販売，証券業務など）による手数料ビジネスやリテール部門の一層の充実，さらには海外進出や，最新の ICT 技術を取り入れた金融技術革新（すなわち，フィンテック）を駆使した新たなビジネス戦

略の積極的な開拓が必要不可欠となっている。そのため，フィンテックを促進するうえで必要な銀行法等の法整備が 2016 年以降整いつつあり，その整備速度も，近年加速されつつある。金融庁は，フィンテック普及のために，決済や送金などの業務について，これまでの業態別の金融関連業法を再編し，2018 年度以降に，新たな法体系を取り入れるとしている。(『日本経済新聞』朝刊，2017 年 10 月 13 日付)

■ 情報の非対称性と信用割当の均衡理論

　前節で，銀行はその情報生産機能によって情報の非対称性がもたらす弊害を軽減する機能を果たしていると述べた。しかし，銀行の専門的な情報生産技術によっても情報の非対称性を完全に除去することはできない。ここでは，銀行が借り手の質を完全には把握できない場合に，信用（貸出）市場にどのような影響を与えるかについて検討しよう。

　第 1 章でも言及したが，資金貸借取引において逆選択の問題が存在する場合には，銀行の貸出金利の上昇は必ずしも銀行貸出の期待収益率を比例的に高めることにならない。貸出金利を引き上げていくと最初は銀行の貸出収益を高めるが，次第に優良な借り手が借入を抑えたり止めたりし，代わって貸倒れリスクの高い不良な借り手による借入が増大する。したがって，貸倒れ損失を考慮すると，貸出からの期待収益率はかえって減少する可能性がある。このことを図示しているのが，図 3-2 の [a] である。この図は貸出金利（縦軸）の上昇とともに最初は銀行の期待収益率（横軸）も上昇するが，さらに貸出金利が r^* を超えて上昇すると，貸倒れ損失が増加し，期待収益率が低下することを示している。

　次に，銀行が貸出資金を調達する預金市場は完全競争市場であり，銀行の利潤はゼロ，すなわち預金金利は銀行の期待収益率に等しいと仮定する。なぜなら，完全競争市場では，もしある銀行が期待収益率よりも低い預金金利を付ければ，預金はより高い預金金利を付ける他の銀行に移動してしまい，結果として期待収益率に等しい預金金利が成立するからである。この仮定の

3-2 銀行(預金取扱金融仲介機関)の機能

図 3-2 非対称情報と信用割当

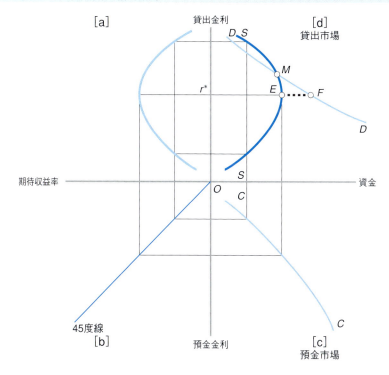

もとで信用（貸出資金）の供給曲線（[d] の SS 曲線）は次のように導出される。[b] は45度線によって期待収益率を預金金利に変換するための図である。[c] は預金市場を示し，預金金利に対応してどれだけの資金が調達できるかを示している。曲線 CC は預金金利の上昇とともに預金という形の資金供給（すなわち，銀行にとっての調達資金）が増加することを表している。かくて，貸出市場での供給曲線（[d] の SS 曲線）が得られる。SS 曲線は [a] に対応して，r^* までは右上がり（すなわち，貸出金利の増加関数）であるが，r^* を超えると，反転して右下がり（すなわち，貸出金利の減少関数）となることがわかる。

　いま，貸出に対する需要曲線が曲線 DD のように与えられているとする。銀行はこのもとで貸出からの期待収益率を最大にしようとして，r^* の貸出金

利をつけるであろう。この場合，貸出市場では [d] に示されるように EF だけの超過需要が残ったままで，信用割当が生じていることがわかる。信用割当とは，現行の利子率のもとで資金の供給量を超える需要量，すなわち超過需要が残り，金利（価格）以外の方法で過少な資金を割り当てなければならない状態を意味している。銀行は超過需要に直面しても貸出金利を上げて，交点である M を達成しようとはしない。なぜなら，貸出金利の上昇は貸倒れ損失を増加させ，銀行の期待収益をかえって低下させてしまうことを予想しているからである。こうして，貸出市場では，現行の利子率のもとで借りたくても借りられない借り手が残ってしまうことになる。

　従来の考え方では，こうした信用割当現象は金利規制などによって生じる不均衡状態であって，それらが存在しない完全競争市場では，生じたとしても一時的な現象とみなされていた。しかし上で説明した理論は，情報の非対称性が存在する場合には規制などがなくても，信用割当は銀行の合理的な行動の結果として生じ得る均衡現象であることを示しており，信用割当の均衡理論と呼ばれる。この理論は，価格の自動調節作用によって自動的に需給均衡が成立するという市場メカニズムが，情報の非対称性が存在する場合には，必ずしも成り立たないことを示唆している。

3-3　その他の金融仲介機関の機能

■保険会社の概要

（1）　保険会社とは

　保険会社は代表的な非預金取扱金融仲介機関であり，多数の保険加入者に保険証書という自らの間接証券を販売することによって資金を大量に集め，その資金を貸出や有価証券で運用し，その運用益を用いて保険というサービスを提供している。保険とは，病気，死亡，事故や天災といった将来におけ

▶表3-2　生命保険・損害保険の保険料収入と運用資産規模

■生命保険　　　　　　　　　　　　　　　　　　　　　　　　　　　　（単位：億円）

年度	2005	2010	2015
保有契約高	15,280,499	13,299,858	13,402,636
収入保険料	259,210	319,149	362,105
運用資産	1,960,742	2,997,996	3,493,059
（有価証券）	1,426,334	2,371,351	2,909,376
（貸付金）	353,969	421,743	340,330

■損害保険　　　　　　　　　　　　　　　　　　　　　　　　　　　　（単位：億円）

年度	2005	2010	2015
元受保険料	86,670	78,407	94,647
（火災保険）	14,991	13,329	16,621
（自動車保険）	35,335	34,751	40,626
運用資産	345,363	266,109	284,799
（有価証券）	280,529	204,974	233,421
（貸付金）	27,238	21,679	10,978

（出所）保険研究所『インシュアランス損害保険統計号』

る不測の事態から生じる損失（保険リスクまたは純粋リスク）に備えようとする多くの人々に対して，保険料を徴収して，所定の事態が発生した場合にその損失を保障（補償）する（すなわち，保険金を支払う）という業務であり，保険加入者の保険リスクを本人に代わって負担するサービスを提供している。保険会社は徴収した保険料を保険金の支払準備（責任準備金）として積み立てておくが，支払までの間，その長期かつ安定的な資金を専門的に運用する機関投資家でもある。

　保険会社は保障（補償）の対象となる保険リスクの種類によって，人の生死に関する保険リスクに対する生命保険と火災や事故等の損害補償に関わる損害保険に分けられる。生命保険には個人保険・個人年金保険と団体保険（団体年金を含む）がある。個人保険が死亡保障を中心とした保険であるの

3　金融機関の機能と証券化

に対し，個人年金保険は老後の生活を保障する（長生きリスク保障）保険である。団体保険は従業員の死亡保障や年金を目的に企業等団体と結ぶ保険契約である。一方，損害保険には火災保険や自動車保険，さらには地震保険などがあり，さまざまな保険リスクに対応している。このほか，疾病や不慮の事故にともなう所得の損失や不時の出費（医療費など）を保障する，第3分野の保険（医療保険，傷害保険や介護保険など）がある。表3-2は生命保険と損害保険の保険料収入と運用資産規模の推移を示したものである。生命保険が運用資産規模において圧倒的に大きいことがわかる。また，生命保険の保有契約高が全体として減少傾向にあることが示されている。

(2) 保険業界の規制緩和

　保険は，人々の将来のリスク保障という公共性が高く，保障内容も多様かつ複雑なサービスである。そのために従来から銀行と同様に競争制限的な規制が行われてきた。しかし，社会経済環境の変化や金融自由化・国際化の流れは保険業界にも及び，規制緩和の一環として，1996年の「改正保険業法」が施行された。これにより，従来禁止されていた生命保険と損害保険の兼営が，子会社方式による相互乗り入れによって解禁された。また，外資系保険会社の独壇場であった第3分野についても，生命保険会社と損害保険会社による参入が認められた。さらに保険会社の健全性を確保すべく，保険金支払のために積み立てた責任準備金を上回る支払余力を測るソルベンシー・マージン基準が導入され，銀行に対する早期是正措置（第10章参照）の保険版といえる，保険会社の監督・指導体制が確立された。また金融ビッグバンにともない，保険商品の銀行窓口販売や，保険会社の子会社方式による銀行や証券業務への参入も可能になっている。

　損害保険の保険料については，法律に基づいた料率算定会制度によって一律に決められた算定保険料率に従う義務があった。しかし，日米保険協議の合意に基づき，算定保険料率は単なる参考値にすぎないものとなり，1998年に損害保険料の自由化が実現することとなった。近年，損害保険業界では，競争激化に対抗するため，合併や経営統合が進み，少数の大規模グループに

再編された。また，生命保険業界でも，今後の資本強化や事業展開を考慮して，従来の保険契約者を社員とする相互会社から株式会社に転換する大手会社が現れるなど，国内保険業界の再編成が急速に進んでいる。

■保険のリスク負担機能

　保険は疾病や死亡，事故などによって生じる損失のリスク（保険リスク）に対する保障を提供するものであるが，個々の保険加入者の保険リスクをプールして，全体のリスクを軽減し，加入者に代わって保険リスクを負担していると見ることができる。これが可能なのは，疾病や死亡，事故などの発生確率は，前にも触れた「大数の法則」によってほぼ確実にわかるからである。すなわち，個々人にとっては偶発的な事故や病気であっても，まれにしか起こらない大惨事を除けば，大量に観察すれば（すなわち，保険加入者が多数になれば），全体としての事故や病気の発生率はほぼ確実に予測できるからである。保険会社は多数の保険加入者を持つことで，大数の法則に従って全体としての保険リスクを低下させた上で，個々の加入者に代わってリスクを負担しているのである。そのリスク負担料が保険加入者の支払う保険料にほかならない。このように，保険の本質的機能は保険リスクの管理・配分機能にあると考えることができる。

　保険に付きものの問題として情報の非対称性の問題，すなわち逆選択とモラル・ハザードがあることは指摘しておく必要がある。実際，逆選択やモラル・ハザードという言葉はもともと保険分野から生まれた用語であるといわれている。保険における逆選択とは，たとえば自動車保険の場合を例にとれば，情報の非対称性のために個々の保険加入者の運転技術に応じた保険料を提示することができず，平均的な一律の保険料を課すために，結果として事故を起こしやすいドライバーにとって保険に加入することが有利となってしまう現象である。また，モラル・ハザードとは，保険に加入して事故の補償が受けられるために，安全運転への注意を怠りがちになってしまうという現象である。保険会社がその本来の機能を十分に発揮するためにはこうした問

題に対して何らかの対策を講じることが必要不可欠である。たとえば、保険料は高額だが被害の全額を補償するタイプの保険と、保険料は低いが、被害の一定限度額までは補償の対象としない保険など、数種類の保険から被保険者に選択してもらう「自己選択」といった方法があげられる。

さらに、保険会社は保険料として集めた資金を機関投資家として運用しており、その意味で資金仲介機能をも担っている。それだけに機関投資家としての保険会社は資産運用に関する高い金融技術が必要とされていることは当然である。

■信託の概要とその機能

ここでは信託の機能と信託に関係する金融仲介機関について説明する。信託とは第3者に財産の管理・運用等を委託して、その運用益を受け取る契約を意味し、その種類は多岐にわたる。ここでは、先述した市場型間接金融の中核のひとつである、金銭信託、（証券）投資信託および企業年金信託について説明する。表3-3に種類別に信託残高の推移を示した。

[1] 金銭信託　金銭信託とは、金銭を信託財産とし、返還時にも金銭で返還する信託であり、広い意味では、以下で取り上げる（証券）投資信託や企業年金信託も、金銭信託の一種といえる。しかし金銭信託といえば、一般的には、多数の委託者から信託された金銭を信託銀行が合同で運用する「合同運用指定金銭信託」を指し、「元本補填型」、「ヒット（1カ月据置型）」や「スーパーヒット（1年据置型）」など、さまざまなタイプがある。信託銀行は自らの発行する間接証券を販売することによって集めた資金をプールして合同運用し、その運用益を投資家に還元している。

[2]（証券）投資信託　証券投資信託には株式投資信託と公社債投資信託があるが、その基本的な仕組みは図3-3に示されている。証券投資信託委託会社（委託者）が、証券投資信託という金融商品（投資信託受益証券と呼ばれる間接証券）を企画し、証券会社など（販売取扱会社）

▶表3-3　金銭の信託および年金信託(信託銀行)残高

(単位：億円)

年度末	金銭信託	年金信託	貸付信託	投資信託
2005	1,617,053	351,847	29,612	737,801
2010	1,580,490	335,608	2,486	1,063,751
2011	1,564,758	326,187	1,437	1,032,676
2012	1,580,263	341,646	817	1,114,390
2013	1,605,494	382,528	323	1,247,646
2014	1,569,682	399,149	140	1,452,957
2015	1,641,619	383,322	121	1,672,279
2016年9月	1,531,140	345,052	113	1,741,858

(資料)　信託協会「信託勘定残高推移」による。

図3-3　証券投資信託の基本的仕組み

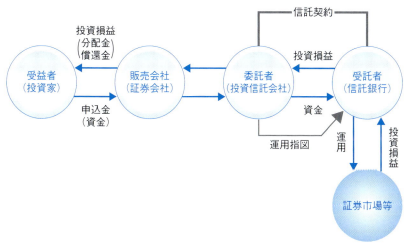

を通して一般投資家に販売して資金を集め，信託銀行（受託者）と投資信託契約を結び，その資金の保管・管理を依頼する。信託銀行は投資信託委託会社の指図どおりに資金を運用し，その結果得られた投資収益を

3　金融機関の機能と証券化

投資家（受益者）に還元するという仕組み（委託者指図型）である。一般投資家に投資・運用のアドバイスを行ったり，投資一任契約を結んで証券投資を行う投資顧問会社も，1995年から証券投資信託委託業務の兼営が認められようになった。さらに金融ビッグバンの流れのなかで，販売取扱も証券会社だけでなく，保険会社や銀行の窓口でも取り扱えるように規制緩和されている。

従来の「証券投資信託法」（1951年6月制定）から1998年12月施行の「証券投資信託及び証券投資法人に関する法律」への法改正によって，従来の契約型の投資信託に加えて，会社型の投資信託や私募投信も認められるようになった。会社型の投資信託とは，証券投資専門の法人組織（投資法人）を作り，投資家はその法人の株式（出資証券）を購入する形で投資する形態である。私募投信とは，機関投資家など比較的少数の投資家を募って設定する投資信託で，公募による投資信託より商品設計が自由で，運用規則が緩やかになっている。2000年11月には，「投資信託及び投資法人に関する法律」へ法改正が行われ，新たに，信託銀行自身が資産運用を行う「委託者非指図型」が導入された。さらに，運用資産が拡大され，不動産を対象とする「不動産投資信託（REIT：Real Estate Investment Trust）」やその価格が特定の株価指数に連動し，取引所で売買可能な「株価指数連動型上場投資信託（ETF：Exchange Traded Funds）」も新設された。

さらに，2004年11月には「改正信託業法」が成立し，金融機関に限られていた信託業務を一般事業会社にも開放し，受託財産も従来の金銭，有価証券，不動産などから，知的財産権を含むように改正された。このように，法整備とともに，投資信託は市場型間接金融の要のひとつとして発展している。

［3］　**企業年金信託**　　企業年金信託は企業年金の管理・運用の受け皿として設けられた信託である。企業年金は，民間企業や法人団体がその従業員に対する年金支払のために，企業が独自に原資を外部の受託機関

に積み立てる私的年金制度であり，適格退職年金（2012年3月廃止）と厚生年金基金および確定給付企業年金がある。これらの企業年金の運用はこれまで，信託銀行および生命保険会社に限られていたが，最近では投資顧問会社も可能になった。また，年金という資金の性格上，安全な運用を義務付ける規制が課せられていたが，この規制も1997年に撤廃されており，より自由な投資運用が可能になっている。

上述の企業年金は給付額があらかじめ確定されている「確定給付型」であったが，2001年10月に，アメリカの401（k）と呼ばれる制度に模した「確定拠出年金法」が導入された。これは，拠出金をまず確定し，給付額は各個人が選択する拠出金の運用実績に応じて決定される企業年金であり，日本版401（k）とも呼ばれている。

以上のような仕組みを持つ信託の基本的な機能は，投資を小口化して資金をプールすることによって資金仲介の流れをより太く，より円滑にすることにあるといえよう。さらに専門的な投資運用技術を生かして，分散投資によって市場リスクや信用リスクの分散化を図り，ミドルリスク・ミドルリターンの運用手段を提供している。しかし銀行や保険会社と異なって，一部の元本保証型の信託を除いて，投資信託委託会社や信託銀行が自らリスクを負担するわけではない。こうした市場型間接金融手段の発展は証券市場の厚みを増し，証券市場の機能向上にも貢献すると期待されている。信託の仕組みは，後述する証券化でも利用され，市場型間接金融の中心的な役割を担うものと考えられる。

3-4　その他の金融機関の機能

■証券会社の役割

前節では，間接金融を担う金融仲介機関を説明したが，ここでは直接金融

3　金融機関の機能と証券化

に関わる金融機関を見ていこう。その代表は証券（資本）市場の機能を担う証券会社であり，その主要な業務（本来業務）としては以下の4種類がある。

① **引受（アンダーライティング）業務**　新規証券の発行，売出を自らリスクを引き受けて行うこと。すなわち，新規発行証券の売れ残りがでた場合は，引き受けた証券会社が引き取ることになる。

② **売出（セリング）業務**　新規発行の証券を投資家に売り捌く業務。しかし，売れ残りが生じても証券会社で引き取る義務はない。

③ **自己売買（ディーリング）業務**　自己の勘定（資金）で，すなわち自己の責任で取引の一方の当事者として証券売買を行うことで，証券売買を成立させたり，一層容易にするという働きを持つ。

④ **委託売買（ブローキング）業務**　一般顧客からの売買委託を受けて売買を取り次いだり，媒介すること。

以上の業務のうち，①引受業務および②売出業務は発行市場，③自己売買および④委託売買業務は流通市場での業務である。これらの業務の一部だけを行う証券会社とすべての業務を扱う総合証券会社がある。発行市場では，証券会社は新規発行証券を引き受け，売り捌くことを通して，資金仲介機能を果たしており，①の引受業務では，発行企業のリスクの一部も負担している。また流通市場では，③ディーリング業務や④ブローキング業務を通して，既発証券の流動性を高め，投資家が証券取引に参加しやすい環境を提供しており，これを証券会社の市場流動性提供機能ということがある。以前はこれらの業務を行うには監督官庁（旧大蔵省）による免許が必要であったが，1998年12月から，高度の専門知識やリスク管理が必要とされる分野（たとえば，引受や後述するデリバティブ）を除いて登録制となり，新規参入が容易になった。そしてインターネットによる証券取引の仲介だけを低い手数料で行うディスカウンター（手数料割引業者）と呼ばれるネット証券会社も出現している。なお，2004年12月には，証券仲介（株式等売買注文を証券会社に取り次ぐ）業務が，銀行等にも解禁された。

証券会社はこうした諸業務を通して，取引費用を削減したり，投資関連情

3-4 その他の金融機関の機能

▶表3-4 国内証券会社の営業収益の内訳

(単位:百万円)

	2011年3月期		2012年3月期		2013年3月期		2014年3月	
会社数	266		252		237		234	
		(構成比)		(構成比)		(構成比)		(構成比)
営業収益	2,751,231	100.0%	2,604,070	100.0%	3,107,000	100.0%	4,012,548	100.0%
受入手数料	1,807,109	65.7%	1,555,656	59.7%	1,743,725	56.1%	2,403,891	59.9%
(売買委託手数料)	467,200	17.0%	370,312	14.2%	465,980	15.0%	861,058	21.5%
(引受け・売出し手数料)	142,461	5.2%	73,178	2.8%	115,075	3.7%	170,044	4.2%
(募集・売出しの手数料)	443,941	16.1%	415,472	16.0%	469,634	15.1%	513,787	12.8%
トレーディング損益	515,885	18.8%	631,949	24.3%	902,636	29.1%	1,102,014	27.5%
金融収益	375,321	13.6%	383,433	14.7%	419,163	13.5%	457,636	11.4%
(信用取引収益)	58,189	2.1%	49,914	1.9%	51,983	1.7%	93,367	2.3%

(出所) 日本証券業協会ホームページ

報を生産・提供したり，市場流動性を高めて，より円滑な市場取引を実現することを通して，適正な証券価格の形成に寄与するといった重要な役割を担っていると考えられる。

　一般に証券会社の営業収益は景気の動きによって大幅に変化する。たとえば，1999年から2000年にかけてのIT景気，2001年のデフレ不況（第3次平成不況）を経て，2002年からの戦後最長といわれる「いざなみ景気」に移り，2005年度には，2002年度の2倍強の営業収益を記録したが，2008年度になると，後述するサブプライムローン問題やリーマン・ショックを端緒とする金融危機および株式市場の低迷により，大幅な落ち込みを示した。表3-4を見ると，2014年3月期の営業収益は約4兆円と，2012年3月期の約1.5倍に伸びている。またその内訳では，受け入れ手数料が2兆4千億円で，全体の約60%を占めている。一方トレーディング損益，すなわち自己売買による収益は約1兆1千億円と全体の約28%を占めている。

3 金融機関の機能と証券化

▶表 3-5 格付けの記号の定義の例

格付記号	R&I	格付記号	ムーディーズ
AAA	債務履行の確実性が最も高く、多くの優れた要素がある。	Aaa	極めて優れている。一般的に一流債券と呼ばれ、対象債券としてのリスクは最小である。
AA	債務履行の確実性が極めて高く、優れた要素がある。	Aa	総合的に優れていると判断された債券。Aaa とともに一般的に上級債券と総称される。
A	債務履行の確実性が高く、部分的に優れた要素がある。	A	投資対象として数多くの好材料が認められ、中級の上位と判断される。
BBB	債務履行の確実性は十分であるが、将来環境が大きく変化した場合、注意すべき要素がある。	Baa	中級。現時点では元利払の確実性が認められる。しかし、長期的な観点からは特定の要素についてその確実性が低いかあるいは信頼性の低い性質のものがある。
BB	債務履行の確実性は当面問題ないが、将来環境が変化した場合、十分注意すべき要素がある。	Ba	投機的要素を含む。将来の安全性に不確実性がある。元利払の安全性は中位で長期的には、情勢によってその安全性が維持されない。
B	債務履行の確実性に問題があり、絶えず注意すべき要素がある。	B	好ましい投資対象としての適切さに欠ける。長期的な観点から見ると、元利払および契約条項の遵守の確実性は低い。
CCC	債務不履行になる可能性が大きく、将来の履行に懸念を抱かせる要素がある。	Caa	安全性が低い。債務不履行に陥っているか、元利払を困難にする要素が認められる。
CC	債務不履行になる可能性が極めて大きく、将来の履行に強い懸念を抱かせる要素がある。	Ca	非常に投機的である。債務不履行の状態にあるか、重大な危険性が認められる。
C	最低位の格付けで、債務不履行に陥っているか、またはその懸念が極めて強い。	C	最も低い。有効な投資対象となる見込みは極めて薄い。

(出所) 岡東務「債券格付けの意味と役割」(『証券経済研究』第 18 号, 1999 年 3 月, 125 頁)

■格付機関

　格付けは 20 世紀初頭のアメリカで、金融アナリスト・投資家であったジョン・ムーディーが鉄道債券の信用リスクを格付けしたことから始まったと

される。代表的な格付会社として，ムーディーズ，スタンダード＆プアーズ（S&P）や，日本では，格付投資情報センター（R&I）や日本格付研究所（JCR）がある。

格付機関は，投資対象機関（債券発行機関）の信用力（より具体的には，発行債券の信用リスク（債務履行可能性））に関する正確でわかりやすい情報を生産し，表3-5にあるように格付けを記号化して提供している。債券の発行に関する従来の諸規制が撤廃されるにつれて，正確な格付情報は，投資家の投資判断材料としてますます重要なものになっている。格付機関は，その情報生産・提供機能を通して，発行体の将来リスクや情報の非対称性から生じる問題を軽減し，証券市場の効率化・円滑化に貢献しているという意味で，ひとつの金融機関であると考えられる。さらに格付情報が公開されることで，債券発行企業の経営者に対する規律付けの契機ともなり，企業経営者に対するインセンティブ管理機能を併せ持つと考えることができる。

現在では，格付対象は社債だけでなく，投資信託や後述する証券化商品，さらには銀行や保険会社自体の財務能力・保険金支払能力など多岐にわたっており，それだけに正確な格付情報がますます重要になっている。しかし，2001年に破綻したエンロン社に対する高格付けや2007年以降のサブプライムローン問題での証券化関連商品の高格付けなどで，格付機関に対する批判が高まり，格付機関に対する国際的な規制強化の流れが強まった。

3-5 金融の証券化：金融革新 I

■証券化（狭義）と債権の流動化

本節では，後述する金融派生商品とともに，金融革新のひとつである証券化（securitization）および資産の流動化について説明する。証券化とは，広義には相対型間接金融から市場型直接金融へのシフトを意味するが，狭義に

3　金融機関の機能と証券化

は資産の流動化を意味する。ここで資産の流動化とは，一般の貸付債権や住宅ローン債権など，本来は流動性（市場性）を持たない相対型間接金融手段を他者に移転あるいは売却できるように，流動性を付与することをいう。資産の流動化には大きく2つの方法がある。ひとつは貸付などの原債権を担保に新たな証券（資産担保証券（ABS：asset backed security）と呼ばれる）を組成しこれを市場で投資家に売却する方法であり，これをとくに「証券化（狭義）」と呼ぶことがある。もうひとつは，原債権を狭義の意味で証券化せず，投資家との相対取引を通して譲渡する方法であり，狭義の証券化に対して，これをとくに「債権の流動化」という。

後者の債権の流動化については，たとえば，銀行の貸出債権そのものを譲渡・売却するローン・セールがある。また，貸付原債権そのものの譲渡はともなわず，その債権のキャッシュフロー（元利金）の一部または全部を受け取る権利を市場取引でなく相対型契約により投資家に売却するという方式はローン・パーティシペーションと呼ばれる。

前者の証券化は，アメリカでは1970年代初頭に住宅ローン債権の証券化（モーゲージ担保証券（MBS：mortgage backed security））を端緒として発展し，クレジットカード債権や自動車ローン債権，一般の貸付債権などに拡がった。近年では，裏付けとなる資産が一層拡大し，後述する債務担保証券（CDO）などさまざまな証券化商品が生まれて急発展してきた。しかし2007〜2009年にかけて，アメリカの低所得者向けの住宅ローン（サブプライムローン）問題を端緒とする世界的な金融危機が発生し，その原因のひとつに証券化が挙げられた。

日本では，1993年から法制化が始まり，2000年11月には「資産流動化法」（SPC法）が成立し，流動化対象資産が不動産などを含む財産権一般に拡大されるなど，証券化の利用範囲が拡大に向けた法整備が進んでいる。このように法整備が進むにつれて，最近では，住宅ローン担保証券（RMBS：residential mortgage backed securities）や商業用不動産ローン担保債券（CMBS：commercial mortgage backed securities），社債や貸付債権を証券

3-5 金融の証券化：金融革新 I

図 3-4 住宅ローンの証券化の仕組み

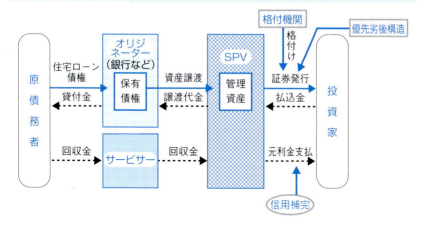

（出所）池尾和人『現代の金融入門（新版）』(2010年) ちくま新書に基づき，若干修正

化した債務担保証券（CDO：collateralized debt obligation），さらには先述した不動産投資信託（REIT）など，多様な証券化商品が生まれている。

■証券化の仕組みとそのメリット

ここでは，証券化の原型ともいえる住宅ローンの証券化商品，MBSの場合について図3-4を参考にしながら説明する。他の証券化についても，裏付けとなる資産が変わるだけで基本的な枠組みは同じである。原債権者（オリジネーターと呼ばれ，具体的には銀行など）は保有している多くの住宅ローン債権をまとめて，自ら設立したSPV（特別目的事業体：special purpose vehicle）に譲渡する。SPVは証券化のためのペーパー・カンパニーであるが，そこに債権を譲渡するのは，オリジネーターが倒産した場合の影響が及ばないように譲渡債権を隔離（倒産隔離）するためである。SPVは譲渡された債権を裏付けとしてさまざまな形態の新しい証券（MBS）を発行し，機関投資家（さまざまな投資ファンドや年金基金，投資銀行（証券会社）や銀行など）に売却し，その代金をオリジネーターに支払う。こうすることでオリジネーターは早期に資金を回収することができる。原債務者（住宅ロー

ンの借り手）からの元利金支払等，資金回収や債権管理などはサービサーと呼ばれる代理人（代行会社）がSPVに代わって行う。一般にサービサーはオリジネーターが兼ねることが多い。

発行されるMBSの信用リスクについては，個々の住宅ローン債権の信用リスクは測り難くても，大量の住宅ローン債権をプールすれば，大数の法則によって個々の異質性は相殺し合って，信用リスクを下げることが可能である。加えて，追加的な信用補完をすることで，さらに信用リスクを下げることも可能である。そのひとつは保険会社による信用保証を付けることである。また，投資家への元利金支払いに優先順位（優先劣後構造）を付けて，信用リスクの異なる数種類のMBSを発行することも行う。そうすることで，優先順位の高いMBSは，格付機関から高い格付けを得ることができる。大数の法則の応用や信用補完は，いわば，証券化が信用リスク・コントロール機能を持つことを示している。

こうした証券化のメリットとして，①オリジネーターの資金の早期回収，②資産のオフバランス化による財務状況の改善，③原債権のリスク負担の再配分，④新たな資金調達・運用手段の提供，といった諸点をあげることができよう。特に③および④については，さまざまな原債権や原資産を組み合わせて新たなリスクパターンを持つ合成証券を実現することが原理的に可能であり，証券化は柔軟なリスク・コントロール手段としての機能を持つことを意味している。

■証券化と金融機能のアンバンドリング

上の例が示すように，証券化は銀行が行っている住宅ローンなどの貸出（与信）機能を，それを構成する一連の諸機能に分解する働きを持つ。銀行の与信活動は，実は以下のようなさまざまな活動から構成されていると考えることができる。すなわち，①貸出先の審査，②貸出後の監視など，債権の保全活動，③信用リスクをはじめとするさまざまなリスクの負担，④資金の仲介・提供，などである。証券化はこうした与信機能を個々の機能に分解す

る。たとえば，一般貸付債権の証券化の場合，貸出先の審査や監視などの情報生産機能はオリジネーターである銀行が担当し，債権保全や資金回収などはサービサーが，新たな資産担保証券を組成する上では，この仕組みを考案，実現するアレンジャー（証券会社等）やさまざまな信用補完機関が加わり，債権のリスク負担や資金提供は資産担保証券の買い手である投資家がそれぞれ担い，全体として，従来の銀行の与信形態より効率的な形で信用供与機能を再構成していると考えることができる。

　このように証券化とは，従来の銀行，証券や保険会社といった金融機関の形態（業態）を，それらが果たしてきた諸機能にいったん分解，あるいは細分化したうえで，それら分解・細分化された諸機能を新たに組み替え，再編成すること，さらにはその組替えに対応する新たな金融機関の出現を意味している。こうした金融機能の分解および再編成を金融機能のアンバンドリングとリバンドリングと呼ぶ。こうした現象が生じた背景には金融機関の業務規制の撤廃や金融工学の進歩およびICT革命の驚異的な進展があることはいうまでもない。証券化の進展は，金融派生商品（第6章）や決済サービス（第10章）とともに，規制緩和や金融技術革新（すなわち，フィンテック）の進むなかで，金融の基本的機能やそれを支える細分化された諸機能をどのような手法や形態で満たすことが可能であり，また効率的なのか，という機能主義的なアプローチから金融を見ていかなければ，動態的な金融の進展を十分にとらえることはできないことを示唆している。

■金融危機と証券化

　アメリカのサブプライムローン問題に端を発した世界的金融危機の一因として，証券化が批判を浴びている。ここでは，証券化商品に注目しながら，今回の金融危機の発生メカニズムを概観しておこう。

　アメリカの低金利政策と世界的な資金（貯蓄）過剰のもとで，住宅金融専門会社が提供する低所得者向けの住宅ローン（サブプライムローン）が急拡大し，住宅バブルが2003年から2006年にかけて生じた。サブプライムロー

ンは投資銀行や銀行の子会社によって証券化され，その回収資金はさらに住宅ローンに注入された。さらに，MBS や他の債券等を裏付けとする債務担保証券（CDO）も競って組成され，世界中に販売され，高収益を生んだ。高収益を追求した金融機関はこの証券化ビジネスを本格化させていった。多くの機関投資家は，CP 市場や債券レポ市場（第 4 章参照）で短期資金を調達して，証券化商品にレバリッジを利かせた巨額の投資を行った。これは後に，銀行でない投資ファンドや投資銀行などが，厳しい銀行規制を回避して銀行類似の業務を行ったということから「影の銀行システム（shadow banking system）」と呼ばれ，今回の金融危機の一因とされている。さらに銀行自身も，自らの簿外投資子会社（SIV：structured investment vehicle）などを使ってレバリッジを利かせた投資を行った。また企業や金融機関等の信用リスクを売買する新たな金融派生商品（クレジット・デフォルト・スワップ：CDS）も急拡大し，さらにそれを証券化した「合成 CDO」も急増し，この証券化ビジネスの流れを一層促進させた。

2004 年から始まった金利上昇を受けて，さしもの住宅価格上昇も 2006 年後半から下落傾向に転じ，住宅価格バブルの崩壊が始まった。サブプライムローンの信用リスクが顕在化すると，裏で支えた上記の金融プロセスも逆回転し，証券化商品の投売りが始まった。しかし，多くのサブプライムローンを裏付け資産に含み，何重にも複雑に証券化された証券化商品には適正な価格は成立困難となり，レバリッジを利かせて投資していた多くの金融機関は資金繰りに窮して，破綻したり，破綻の瀬戸際まで追い詰められ，最終的には公的な救済措置がとられることになった。その中で，米大手投資銀行リーマン・ブラザーズが 2008 年 9 月に破綻するに及んで，金融危機は世界的な規模に拡大し，実体経済への影響も，多くの国々で経済成長がマイナスを記録するなど甚大なものとなった。

こうした世界規模の金融危機が発生したメカニズムに関連して，MBS や CDO などの証券化商品のリスク評価の妥当性が問題視され，甘い住宅ローン審査，複雑きわまる証券化プロセスにおける不正確な信用リスク評価分析，

甘い格付けなどが原因として挙げられた。証券化商品が今回の金融危機発生の一因であることは間違いないと思われるが，そうなった原因が証券化プロセスの技術的な問題なのか，運営上の人的，経営的な問題なのか，あるいはまた証券化を取り巻く制度的，行政的な問題なのか，それらすべてについての徹底した分析・解明が必要であろう。

3 金融機関の機能と証券化

● 練習問題

1. 次の文の（ ）内に最も適切な語句を入れなさい。
   (1) 金融仲介機関の基本的機能には，赤字主体の発行する（　　）証券を自らの発行する（　　）証券に変換するという（　　）機能と，黒字主体の委託を受けて，借り手に対して審査や監視を行う（　　）機能がある。
   (2) 証券会社の主要4大業務とは，発行市場における（　　）業務と（　　）業務，そして流通市場における（　　）業務と（　　）業務である。
   (3) 資産の流動化とは，貸付債権や住宅ローン債権などの相対型間接金融手段を他者に移転ないし販売できるように，（　　）を付与することをいう。
   (4) 貸付などの原債権を担保に新たな証券，すなわち（　　）証券を組成し，市場で投資家に販売する資産の流動化をとくに狭義の（　　）と呼ぶ。この一連のプロセスは，銀行などが担ってきた金融機能をより効率的に遂行できるように分解・再統合するプロセスと見ることができ，このことを金融機能の（　　）および（　　）と呼ぶことがある。
2. 銀行がデフォルト・リスクのある貸出を行いながら，同時に預金というリスクのない間接証券を発行できるのはなぜか，説明しなさい。
3. メインバンク制は株式持合いや終身雇用制度などの日本的経営システムと補完的関係にあったといわれるが，それはどのような意味か，簡潔に説明しなさい。
4. 保険における逆選択やモラル・ハザードとはどのような現象をいうか，簡単な例をあげて説明しなさい。保険会社はこれらの問題に対処するためにどのような対策をとっているだろうか。
5. 信用割当の均衡理論が市場メカニズムが成り立たない場合のひとつの例になっているとはどのような意味か，簡潔に説明しなさい。

第 4 章

金融市場

　第2章，第3章では金融仲介機関の概要を見てきたが，資金仲介およびリスク配分機能を果たすもうひとつのメカニズムが金融市場（市場型金融）である。そこで，本章では，金融市場について学んでいこう。最初に，金融市場の一般的な分類基準について説明する。次に一般的な分類に従って，短期金融市場および長期金融市場における個々の金融市場について説明した後，外国為替市場と為替レートの決定理論についても言及する。ただし，金融派生商品（デリバティブ）に関する市場については，第6章で別個に取り上げることにする。

4-1 金融市場の分類

■金融市場の分類基準

取引が行われる場を市場というのであるから，金融市場の意味を最も広くとれば，そこで金融取引が行われる限り，金融市場と呼ぶことができる。図4-1は，一般的な金融市場の分類を図示したものである。

［1］　分類基準①：市場取引（オークション市場）と相対型取引

第1章で言及したように，金融取引には，市場型取引のほかに，貸出取引や預金取引に代表される相対型取引がある。したがって，金融市場を最も広く解釈すれば，市場型取引の場だけでなく，相対型取引の場も金融市場に含まれるのはいうまでもない。しかしながら，金融市場という場合，市場型取引市場のみを指すことが多い。ここでもこの慣例に従い，市場型取引の場としての金融市場を，（狭義の）金融市場と呼ぶことにしよう。

［2］　分類基準②：短期金融市場と長期金融市場

国内の（狭義）金融市場は，金融商品の満期期間を基準にして，満期が1年以内の金融商品の市場を短期金融市場，1年を超える場合を長期金融市場として2つに分類される。短期金融市場は，さらに市場参加者の範囲によって，金融機関だけが参加できるインターバンク市場と，一般事業法人，地方公共団体なども自由に参加できるオープン市場に分けられる。一方，長期金融市場は，証券市場あるいは資本市場とも呼ばれるが，売買する証券（債務証書）によって，債券（または公社債）市場と株式市場に分けるのが一般的である。

なお，図4-1に示されているように，短期金融市場と長期金融市場のほかに，外貨の売買市場である外国為替市場と金融派生商品市場および証券化商品市場がある。本章では，短期と長期の金融市場を説明した後，外国為替市

4-1 金融市場の分類

図 4-1 わが国の金融市場

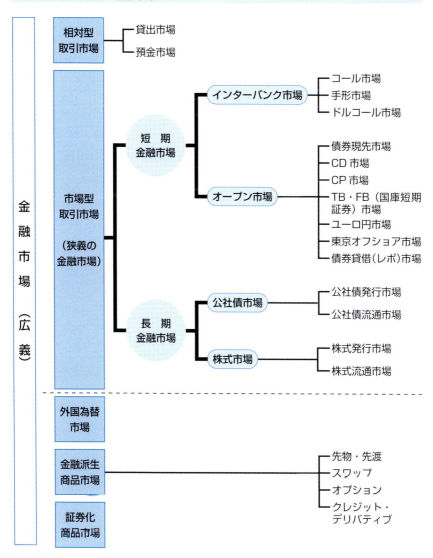

場についても言及する。証券化商品市場については，第3章で言及した。金融派生商品（デリバティブ）の市場については第6章で別途紹介する。

4-2 短期金融市場

■ 短期金融市場とは

短期金融市場とは，満期が1年以内の金融資産を取引する市場である。短期資金の融通が主たる目的なため，マネー・マーケット（money market）とも呼ばれる。短期金融市場も以下に見るように，1980年代以降の金融の自由化・国際化の進展に合わせて，市場の需給実勢による金利決定ルール（オファー・ビッド（Offer-Bid）制と呼ばれる）への移行や新市場の創設，取引期間の多様化，各種取引慣行の見直しなど，さまざまな市場整備・改革措置が講じられてきた。また第9章で詳しく見るように，短期金融市場は日本銀行が金融政策の一環として行っている金融調節の場としても重要な役割を担っている。

短期金融市場は金融機関だけが参加できるインターバンク市場と一般企業や地方公共団体なども参加するオープン市場に大別される。以下，表4-1を参照しながら，各市場の概要を説明する。

■ インターバンク市場

[1] コール市場　コール市場とは金融機関が短期資金（主として1日～1週間）を相互に融通し合う市場であり，自然発生的に生まれた，わが国で最も古い（1902年前後）短期金融市場である。コール市場という呼び名は money at call，すなわち呼べばすぐ答えるという言葉に由来しており，それだけ短期の資金取引であることを意味している。担保の有無により，有担保市場と無担保市場に分けられる。従来は有担保市場のみであったが，1985年から無担保コール取引が認められるようになった。

コール取引には，半日物（取引当日中に決済），オーバーナイト物

▶表 4–1　短期金融市場残高

(単位：兆円)

	2010年3月末	2011年3月末	2012年3月末	2013年3月末	2014年3月末	2015年3月末	2016年3月末
インターバンク市場合計	15.9	17.6	19.4	17	16.8	19.3	8.3
コール市場	15.9	17.6	19.4	17	16.8	19.3	8.3
有担保コール	3.9	3.7	6	5.7	5.2	5.6	7.1
無担保コール	12	13.9	13.4	11.3	11.6	13.7	1.2
オープン市場合計	285.5	306.8	321.7	334.7	334.0	323.5	323.9
CD 市場	35.1	35.6	37.1	39.0	46.9	48.5	34.8
CP 市場	15.6	16.5	16.2	15.0	16.4	16.4	14.9
国庫短期証券	150.1	164.2	175.5	158.4	137.0	124.4	117.4
債券レポ市場	72.3	68.7	72.2	94.4	98.7	103.8	121.1
債券現先市場	12.3	21.7	20.7	27.9	35.0	30.4	35.7
短期金融市場総合計	301.4	324.4	341.1	351.7	350.8	342.8	332.2

（注）　コール市場，CD，国債短期証券は日本銀行『金融経済統計月報』。
（注）　CP は証券保管振替機構。
（注）　債券レポは，日本証券業協会「債券貸借取引状況」債券貸付（現金担保のみ）。
（注）　債券現先は，日本証券業協会「公社債投資家別条件付売買月末残高」残高合計。

（取引の翌日に原則決済）と期日物（2日物〜6日物（取引日の2日〜6日後を決済期日とする），1〜3週間物，1〜11カ月物および1年物）があるが，有担保，無担保ともにオーバーナイト物が取引の中心を占めている。取引ルールとしては，5億円以上1億円刻みのオファー・ビッド制を採用している。オファー・ビッド制とは，市場参加者がそれぞれの取引希望条件（売買額，金利，期間など）を専門仲介業者である短資会社に出し，取引条件が合致した段階で取引が確定するもので，金利（コール・レートと呼ばれる）は市場の実勢によって決定される。このオフ

ァー・ビッド制は金利の自由化にともない，それまでの<u>気配値方式</u>（短資業者が市場での資金需給等に基づいて取引レートを決定・提示する方式）に代わって 1990 年から採用されている。

各種のコール・レートのなかでも，とくに「<u>無担保コール翌日物金利</u>」は短期金融市場における資金需給の実勢を表すものとみなされており，さらにまた，日本銀行の金融調節の誘導対象金利となっているために，重要視されている。

［2］ 手形売買市場　　手形売買市場は，コール取引のうち比較的長期の取引（2 カ月以上）を吸収する形で，1971 年 5 月に創設された。手形売買市場は金融機関が振り出した手形を売買することを通して資金を運用または調達する市場であり，手形の売り手（買い手）が資金の取り手（出し手）となる。売買の対象となる手形は主として，企業が振出した優良な商業手形など（原手形という）を担保として金融機関が振出した自己引受かつ短資会社あての為替手形（いわゆる表紙手形）である。しかし近年では企業の手形取引自体が減少してきたこともあり，金融機関間の取引（プロパー取引）はほぼ皆無となり，手形市場は自然消滅の形となっている。

［3］ ドルコール市場　　ドルコール市場は，国内金融機関のドルをはじめとする外貨資金の短期的な過不足を調整する場として 1972 年 4 月に創設され，1980 年 12 月の外為法改正による資本取引の自由化にともない，順調に発展してきた。しかし，1986 年 12 月に東京オフショア市場（JOM）が創設されたことにより，その重要性は低下して 2000 年以降取引はほとんど行われていない。

■オープン市場

オープン（公開）市場とは，市場参加者が金融機関に限らず，一般の事業法人や地方公共団体などが参加できる短期金融市場である。オープン市場の金利は市場の実勢によって決まる自由金利である。第 2 章で見たように，わ

が国のオープン市場は，大量に発行した国債の消化のために国債流通市場が誕生したことをひとつの契機とし，さらには金融自由化・国際化の流れのなかで新たな市場が創設されたことで発展してきた。

［１］　債券現先市場　　債券の買い切り・売り切りと呼ばれる無条件債券売買取引（アウトライト取引）と異なり，一定期間後に一定価格で債券を買い戻す（または売り戻す）ことをあらかじめ当事者間で約定して行う条件付き債券売買取引の市場である。こうした条件付き債券売買取引を現先取引と呼ぶ。資金運用のための売り戻し条件付きの債券購入（「買い現先」）と資金調達のための買い戻し条件付き債券売却（「売り現先」）とがある。現先取引は債券の売買取引というより，実質的には債券（主として国債，とくに後述する TB，FB）を担保とする短期の資金貸借取引であり，その意味で債券市場には分類されていない。戦後，証券会社の債券在庫ファイナンス手段として形成された，わが国で最も歴史の古いオープン市場である。

　1976 年に大蔵省証券局長通達によって取引ルール等が整備されたことなどを背景に，1980 年前後まではオープン市場に占めるシェアは高かったが，取引に有価証券取引税が課されるという問題や新しい市場の出現などもあって，その後はオープン市場に占める債券現先市場のシェアは低下した。しかし，1999 年 4 月に有価証券取引税が撤廃され，さらには 2001 年 4 月にはグローバル・スタンダードに合わせた市場システムの整備を目指した制度改革（「新現先取引」の導入）が実施されたことによって，現先市場は再び重要なオープン市場として復活している。

［２］　ＣＤ市場　　CD（または NCD）とは，銀行が発行する譲渡可能な定期預金証書（negotiable certificate of deposit）のことである。この CD 市場は 1979 年 5 月に創設された。CD は当初，債券現先市場に大口の企業預金が吸収されたこと（すなわち，ディスインターメディエーション（disintermediation））に対する銀行の対抗手段として生まれた自由金利型の預金であった。発行期間や最低発行単位などの制約は，

93

発足当初は「3カ月以上6カ月以内，5億円以上」と規定されていたが，市場ニーズに応じて段階的に緩和され，1998年6月にはその大部分が廃止された。CD市場は，当初は一般事業法人の資金運用の場として活用されてきたが，1985年に自由金利の大口定期預金が解禁されてからは，顧客向け商品としての性格は次第に薄まり，現在では主として金融機関による資金運用・資金調達の場あるいは資金繰りの調整弁としての性格を強めている。流通市場での売買は，買い切り・売り切りのほか，現先取引（CD現先）も行われている。

[3] CP市場　CP（コマーシャル・ペーパー：commercial paper）とは信用力のある企業が短期資金の調達のために発行する短期・無担保の約束手形のことであり，そのための市場が1987年11月に創設された。近年になるにつれCPの発行に関する規制が順次緩和されて，当初発行が認められていなかった銀行，証券会社，保険会社，リース会社，信販会社等ノンバンクなども発行できるようになっている。当初は短期・無担保の約束手形（「手形CP」）であったが，2002年からは電子的に発行されており，「電子CP」または「短期社債」と呼ばれている。表4-1に見られるようにCP市場は安定的な規模を保っており，またCPの流通市場も銀行や証券会社，短資会社を流通取扱業者として発展している。取引は，CD流通市場と同じく，買い切り・売り切りのほか，現先取引（CP現先）も行われている。

[4] TB・FB（国庫短期証券）市場　TB（treasury bills）は国債の大量償還・借換のために1985年度から導入されることになった「割引短期国債」である。償還期限は3カ月，6カ月および1年である。TBは借換債であることから，日本銀行引受は認められず，公募入札制（入札利回りが低い（入札価格が高い）順に落札されるという「コンベンショナル方式」）によって市中消化されている。TBは政府の債務証書であることから信用度が高く，発行規模も大きいので流動性の面でも優れており，重要な短期金融市場のひとつである。

一方，FB（financing bills）は国庫金の受払いなどによって生ずる一時的な資金不足を補うために政府が発行する「融通債（政府短期証券）」である。償還期間は，それまで60日であったが，1999年4月以降は原則として3カ月となっている。FBはTBとともに発行規模も大きく，また政府債務であることから信用度も高いので，短期金融市場の中核的商品として内外からのニーズも高い。

こうした内外からのニーズや期待に対応するために，FBについても発行方式の見直しが実施され，1999年4月に，現在の日本銀行がほぼ全額を引き受けるという「定率公募残額日銀引受方式」から，TBと同じ公募（コンベンショナル）入札方式が採用され，市場消化の方向へ段階的に進むこととなった。TBが借換債であるのに対してFBは資金繰（融通）債という違いがあるが，市場流動性などの商品性はTBに近い。従来実際に発行されていたのは大蔵省証券（蔵券），外国為替資金証券（為券）および食糧証券（糧券）の3種があったが，1999年4月から，政府短期証券として統合された。さらに，2009年2月からは，TBとFBを統合して，国庫短期証券（treasury discount bill）として発行されることになった。

[5] **債券貸借（レポ）市場**　アメリカのレポ市場をモデルに1996年4月に創設された日本における最も新しいオープン市場が債券レポ市場である。レポとは本来repurchase agreement，すなわち買戻し条件付き債券売買を意味するが，実質的には現金担保付きの債券貸借取引である。レポ取引では，債券（主に国債）の貸し手は同時に資金（担保現金）の借り手でもあり，一方，国債の借り手は同時に資金の運用者である。すなわち，債券の借り手は現金を担保として，債券を借り入れる。そして決済日には，債券の借り手は差し入れた現金担保に付く金利から借り入れた債券の賃借料を差し引いた分を債券の貸し手から受け取ることになる。すなわち，このレポ取引で，債券の借り手は「担保現金の付利金利－債券賃借料」のレートで現金を運用でき，債券の貸し手（資金

調達者)はそのレートで資金を調達していることになる。このレートはレポ金利と呼ばれている。なお，債券担保の資金取引（債券現先）と現金担保の債券調達（レポ取引）をまとめて，「債券と資金を相互に融通する取引」として，広義レポ取引と呼ぶことがある。

　わが国には1989年以来，国債のショート・カバー（空売りした国債を手当てすること）のために作られた貸債（かしさい）市場があるが，債券レポ市場はこれを発展的に改変したものと考えることができる。債券レポ取引は債券現先取引と異なり，債券の貸借取引なので，有価証券取引税（1999年4月に廃止）がかからないこともあって，創設当初から重要な短期市場として発展した。なお債券レポ取引は，2018年ごろを目途に，前述のグローバル・スタンダードに合わせた「新現先取引」に一本化される予定である。

[6]　ユーロ円市場　　ユーロ円市場とは日本以外で保有されている円建ての金融資産（主として海外の金融機関（日本の海外支店を含む）に預けられている円預金）が取引される市場であり，ロンドン，ニューヨーク，シンガポール，香港などに点在するが，ロンドンが中心的な市場となっている。ユーロ円市場には，国内預金に課せられる預金準備や利子源泉徴収課税などの適用外といった利点があるほか，本来的に規制が少ないために，取引費用を削減することができたり，柔軟な取引や金融商品開発が可能であるといった種々の利点がある。

[7]　東京オフショア市場（JOM）　　国内に特別に隔離された形で設置され，国内取引に適用される種々の制約や規制をはずして非居住者との金融取引を行うことが可能な市場で，オフショア（沖合い）市場と呼ばれる。オフショア市場には，国外・国内市場が完全に一体化しているロンドン市場型と国内市場と分離して，IBF（international banking facility）という特別勘定によって非居住者との取引のみを分離・限定する内外分離型市場があり，その代表はニューヨーク市場であるが，東京オフショア市場は後者に属する。金融市場のグローバリゼーションが進展

するなか，日本においても，ロンドン，ニューヨークに並んで，東京を国際金融センターとすることを目指して，1986年12月に創設された。

4-3 長期金融市場

■証券市場とその機能

長期金融市場とは満期期間が1年を超える金融資産を取引対象とする市場と定義される。長期金融市場は証券市場，あるいは資本市場とも呼ばれ，債券や株式などの有価証券の新規発行や既発証券の売買が行われる市場である。相対型間接金融が中心であったわが国の金融システムでは，直接金融の場である証券市場は十分に発達してきたとはいえず，これまで副次的な位置にとどまっていた。しかし金融ビッグバンにおける抜本的な金融制度改革以降，市場型の金融システムの発展を目途にさまざまな市場整備・改革が実施されてきている。

証券市場は取り扱う証券によって，債券市場，株式市場に大別される。そして，それぞれが新規の発行を扱う発行市場（primary market）と既発証券の売買を扱う流通市場（secondary market）を持つ。発行市場はいうまでもなく，証券発行による資金調達を円滑化することを通して資金仲介およびリスク配分という金融の基本的機能を果たしている。一方，流通市場は既発証券の売買を容易にする，すなわち証券の流動性を高めることを通して，金融の基本的機能を一層促進するという重要な補完的機能を果たしている。必要な場合にはいつでも流通市場で適正な価格で売買できるという保証がなければ，投資家は証券に投資しようとはしないからである。また，流通市場で成立する価格が新規発行証券の発行価格と影響し合い，証券の適正な価格付けが市場取引を通して形成されていくという意味で，証券市場は情報形成・伝播機能という重要な機能も担っている。

4　金融市場

　証券の適正な価格付けは効率的な資金（資源）配分の前提条件である。さらに，証券の適正な価格は，証券発行企業の経営状態を正確に反映するものと考えられ，その意味で企業経営に対する市場を通じた規律付け機能を果たす背景となっていると考えることができる。たとえば，非効率な経営を行っている企業の証券価格は低下し，新たな資金調達が困難になったり，あるいは他の企業に買収されたりする恐れが生ずるからである。

■債券と株式

　ここで，債券と株式の基本的な相違について説明しよう。債券とは企業や政府などの発行主体が通常は長期の資金を調達するために発行する有価証券の一種で，一般に満期が確定しており，期間中は確定した利息を定期的に支払い，満期時には元本を償還するものである。一方，株式は株式会社が自己資本を調達するために発行する有価証券であり，満期はない。株式の購入者（株主）はその企業の出資者となり，企業の利益に応じて配当を受け取る権利（株式の利益配当請求権を体化した利潤証券としての側面）と出資した企業の経営に参加する権利（株式の株主総会議決権を体化した支配証券としての側面）を持つことになる。株主が受け取る配当は債券の確定利子とは異なり，企業業績に応じて変化する。また債券の保有者（債権者）は株主のような企業の経営に参加する権利は持たない。

　債券も株式も，将来の状態に応じた支払を要求できる権利（条件付請求権）を表したものであるが，債券と株式がもたらす収益の特色がどのようなものかを図 4-2 で確かめておこう。いま，ある企業が一単位の資金を得てある投資プロジェクトを実行するとして，得られる成果（利潤）を横軸にとる。縦軸は投資家が得る収益を表している。図中の OL 線は 45 度線で，企業の成果がすべて資金を提供した投資家に帰属することを示している。

　企業が資金の一定割合を債券発行で，残りを株式発行で調達したとしよう。債権者の得る収益プロフィールは OBK で示される。すなわち，債権者は，通常の場合，企業の成果水準にかかわりなく，あらかじめ決められた債券の

図 4-2 債券と株式の収益プロフィール

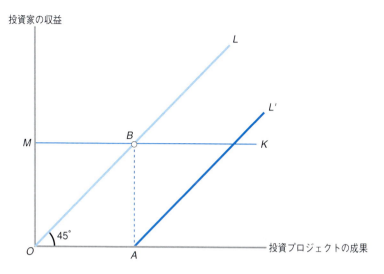

確定利子という特徴から一定の元利合計（OM で示される）額を得るが、企業が全額を返済できない（すなわち，倒産した）場合には，返済に充当可能な（線分 OB で示される）額しか得られないからである。

一方，株主の利益は OAL' で示される。倒産した場合の株主の取分はゼロである（すなわち株券は紙くずとなる）が，成功した場合には債権者に支払う OM を除いた残余の利潤を手に入れることになるからである。このように，同じ証券でも，その収益プロフィール，さらにはリスクのパターンは異なっており，投資家は，こうした収益プロフィールの違いを考慮しながら，投資を行うことになる。なお，この図では企業の投資プロジェクトからの成果はその資金調達方法とは無関係であると仮定したが，この仮定が常に成立するとは限らない。これについては第 8 章の企業金融で再び触れることにする。

4　金融市場

■債券市場
(1)　債券の種類

　債券は収益パターン別に見ると，あらかじめ決められた表面利率（クーポン・レートともいう）に従って毎期一定の利息が支払われる利付債券（coupon bond）とそうした利息の付かない割引債券（discount bond）とに大別される。債券はまた，発行主体別に公共債と民間債に大別される。公共債には中央政府の発行する国債，地方公共団体の発行する地方債がある。そのほか，公社，公団，公庫など政府関係機関が発行する債券（政府関係機関債）があり，そのうち政府の元利金支払い保証付きの債券を政府保証債，保証なしの債券を財投機関債と呼ぶ。国債については，満期別に2カ月から1年の国庫短期証券，2年から15年の中長期債，20年から40年の超長期債と多様化が進んでいる。

　民間債は民間事業法人が発行する債券で，代表的なものに社債がある。社債には普通社債，転換社債（転換社債型新株予約権付社債），ワラント債（新株予約権付社債）とがある。転換社債はあらかじめ決められた価格で株式に転換可能な債券であり，ワラント債はあらかじめ決められた価格で新株を購入できる権利が付いた債券である。このほかに，特殊債として商工中金など限られた金融機関がそれぞれの根拠法に基づき発行を認められている金融債がある。なお，公共債と民間債のほかに，外国の政府や企業など非居住者が発行する債券（外国債）があり，円建て（円表示）で発行される外国債は「円建て外債（サムライ債）」，外貨建て（外貨表示）で発行される外国債は「外貨建て外債（ショウグン債）」と呼ばれる。

(2)　発行市場と流通市場

　国債の発行方式には，1978年に導入された公募入札方式があるが，それ以前からシンジケート団引受方式（シ団引受）と呼ばれた方式があった。シ団引受は銀行や証券会社に引受シンジケート団を組ませ，一定の配分比に従って発行額を引き受けさせる方式であったが，2006年3月に廃止された。一方，公募入札方式は多数の応募者の競争入札によって，発行価格を決める

▶表 4-2　公社債発行額

(単位：10億円)

年度	普通国債	国庫短期証券	金融債	普通社債
2000	105,391	190,613	21,042	8,946
2005	180,691	367,665	8,755	10,901
2010	121,098	494,411	3,776	9,933
2011	125,471	620,599	3,437	8,277
2012	128,243	650,042	3,000	8,152
2013	138,463	657,821	2,618	8,142
2014	138,263	701,745	2,499	8,715
2015	137,476	676,190	2,364	6,941

（出所）　日本銀行『金融経済統計月報』

方式であり，市場の実勢が反映される。代表的な公募方式は，価格競争入札コンベンショナル方式と呼ばれ，入札価格の高いものから順次割り当て，発行予定額に達するまで募集するものである。

　社債の現在の発行方式は1991年から採用されたもので，発行に関して有利な諸条件を出した証券会社が引受の主幹事会社に指名（「プロポーザル方式」と呼ばれる）された後，市場の実勢予測に基づいて決めた発行価格によって売り捌くという「均一価格販売方式」がとられている。参考のために，表4-2には公社債の発行額の推移が示されている。

　債券の流通市場については，店頭での相対取引（店頭市場取引）が中心であり，それも国債の売買がほとんどである。これは債券の発行時期，残存期間，表面利率などによって種類（銘柄数）が多く，標準化が難しいためである。こうした点を考慮して適正な売買価格形成に資するため，日本証券業協会は，「公社債店頭売買参考値」などを公表している。

（3）　債券市場における規制緩和

　国債市場については，第2章でも述べたように，1975年の大量国債発行を契機に流通市場が発展し，国債消化のために国債の多様化や公募による競

争入札制が導入された。さらに 1981 年の銀行法改正で，銀行に公共債に限って証券業務を認めることとなり，1983 年に国債窓販（新規国債の銀行窓口での販売）が認可，翌年には銀行による公共債のディーリング業務が認可されるなど，国債の発行・流通市場の自由化は進展した。しかし，流通市場では「指標銘柄」と呼ばれる特定の国債銘柄に取引が集中しすぎるなどの問題点も指摘されている。

　一方，社債市場については，従来から主として投資家保護の観点から厳しい規制が加えられてきた。すなわち，社債の引受証券会社と，募集や社債担保の管理・事務を担当する受託銀行（銀行および信託銀行）から構成される起債会が，適債基準と呼ばれる厳しい発行資格条件や低金利規制に基づいて，社債の発行を細かく規制，調整していた。その結果，社債市場は未発達なままにとどまっていた。またそこには，長期信用銀行が発行する金融債との競合を避ける意味合いもあった。

　しかし，国債流通市場の発展や内外金融市場分断規制が撤廃されるにつれて，社債の国内発行に関する厳しい諸規制も緩和・撤廃されるようになった。たとえば，1985 年には無担保社債が復活し，またプロポーザル方式による社債発行も拡がっていった。

　1993 年には商法改正にともない，社債発行限度額の撤廃や，受託銀行に代わる社債管理会社制度の導入が図られた。社債管理会社は，社債の発行事務代行業務を通じて実質的に社債発行をコントロールしてきた受託銀行に代わって，発行後の社債管理を本来業務とする会社であるとされ，発行事務代行は銀行だけでなく，証券会社にも解放されることになった。さらに 1996 年には適債基準も撤廃されるなど，さまざまな規制緩和・弾力化が行われ，発行額も拡大した。しかし，発行市場の整備に比べて，社債の流通市場は未発達なままにとどまり，国債偏重型の流通市場となっているという問題も残されている。

■ 株式市場

(1) 発行市場と流通市場

　株式の新規発行（増資）方式は，発行価格と募集の形態によって分けられる。最も一般的な形態は，①時価発行公募増資である。これは不特定多数の一般投資家に向けて時価で新株を発行するものである。②株主割当増資は，既存の株主に持株数に応じて新株引受権を割り当てるものである。このほかに，③第三者割当がある。これは発行企業に何らかの関係のある第三者に特定して新株の発行を行う方式で，時価発行が基本とされている。第三者割当については株主総会の特別決議による承認が必要とされる。以上は有償増資と呼ばれるが，このほかに，払込金を必要としない無償増資（株式分割）といわれる形態がある。

　株式市場には取引所市場と店頭市場とがある。取引所市場とは，東京証券取引所などのように取引所で取引を行う市場であり，投資家の依頼を受けた証券ブローカー（証券会社）が大量の売りと買い注文を集中させて取引するので，売買の成立が容易になり，しかも適正な価格が形成されやすいとされている。取引所に上場される株式は，一定の上場基準を満たした企業の株式に限られる。これは，上場証券を標準化・規格化することによって借り手企業に関する情報の非対称性を軽減する手段となっている。

　店頭市場は未上場株式の相対取引を組織化するために1963年に創設された市場である。その後，店頭市場は，1983年にアメリカの店頭市場システムのナスダック（NASDAQ）をモデルに抜本的な制度改革を実施し，ジャスダック（JASDAQ）となった。1998年の金融システム改革法では，取引所市場の補完的市場というこれまでの性格付けから，対等の市場として位置付けられた。2004年12月には，ジャスダックは店頭市場からジャスダック証券取引所に転換し，市場機能の面でさまざまな充実化が図られた。したがって現在，日本では店頭市場は存在していない。なお参考のために，株式の発行額の推移が表4-3に示されている。

4　金融市場

▶表4-3　株式の発行額

(単位：億円)

年	株主割当	公募	第三者割当	新株予約権行使	優先株	合計
2000	82	4,941	9,228	1,056	1,073	16,381
2005	37	6,508	7,781	1,669	11,678	27,673
2010	7	33,089	5,356	246	736	39,433
2011	—	9,678	3,952	261	693	14,584
2012	4	4,518	1,593	218	12,755	19,088
2013	10	11,137	3,719	1,904	1,200	17,970
2014	—	13,780	3,928	1,087	2,242	21,037
2015	1	9,620	1,635	815	7,513	19,583
2016	2	2,577	6,230	901	1,480	11,191

(出所)　日本証券業協会HP,「上場会社資金調達額」より作成。

(2)　株式市場の変遷と規制緩和

　戦後，1949年に証券取引所が再開された当初は，投機性の強い取引が行われていたといわれている。1965年の証券不況を契機に，登録制に代わる免許制の採用など，証券業に対する規制が強まった。また証券会社もリスクの大きいディーリング業務から手数料収入を狙ったブローキング業務を中心とする経営に転換した。

　また，1960年代後半からの資本自由化の進展のなかで，株式買収を回避するための株主安定化工作として，グループ内企業同志が相互に株を持ち合うという「株式持合い」構造が明確になっていき，1970年代後半以降，金融機関と事業法人による株式保有率は60～70％台に達し，株式の流通市場の発達を妨げる背景ともなった。

　発行市場では，1970年代から次第に時価発行増資が増加し，大企業を中心に徐々に銀行借入から株式発行をともなう資金調達（エクイティ・ファイナンス）にシフトし，1980年代後半のバブル期に急増したが，バブル破裂後は一転して縮小した。

4-3 長期金融市場

　金融ビッグバンでは，証券市場関連の抜本的な改革も多く含まれている。たとえば，（1965年の証券不況の時に規定された）証券業の免許制の廃止から登録制への移行（参入規制の緩和），取引所で株式売買を行わなければならないという取引所集中原則の撤廃（市場規制の撤廃），さらには株式売買委託手数料の完全自由化（価格の自由化）などの大きな改革が相次いで実施された。取引所集中義務の撤廃によって，認可を受けた証券会社が設置したコンピュータ・ネットワークを利用して取引所外で株式を自由に取引する私設取引システム（PTS：proprietary trading system）が実現している。また，新興ベンチャー企業向けの株式市場として，1999年11月にはマザーズ（Market of the high-growth and emerging stocks）が東京証券取引所に，そしてさらに2000年6月にはナスダック・ジャパン（のちヘラクレス）が大阪証券取引所に創設されている。なお，ヘラクレスは，大阪証券取引所が吸収合併したジャスダック証券取引所と統合されて，2010年10月から，新ジャスダック市場に衣替えしている。また，新興企業育成のため，取引所で取引されていない未上場株の市場として，グリーン・シート市場が1997年7月に日本証券業協会の管理・運営のもと開設されている。なお，東京証券取引所と大阪証券取引所は，2013年に経営統合し「日本取引所グループ」となり，現在現物取引は前者に，市場デリバティブ取引は後者（大阪取引所に改名）に一本化されている。

　ビッグバン後に実施された法制面の整備としては，投資家保護を目的として，金融商品の販売・勧誘に関する諸規定を定めた「金融商品販売法」(2001年4月施行) や，証券取引法を抜本的に改正した「金融商品取引法」（2007年9月施行）がある。後者は，これまでの金融商品ごとの法律体系（たとえば，証券取引法など）を抜本的に改正して，資本市場で取引される金融商品（有価証券とデリバティブ）の取引全般を包括的に規制する法律である。

105

4 金融市場

4-4 外国為替市場と為替レート

■外国為替取引と外為市場

本章の最終節では，円と外貨との交換の場である外国為替市場について見ていこう。海外との貿易や資金貸借取引にともなう債権・債務関係を決済するためには，自国通貨と外貨との交換が可能でなければならない。こうした異種通貨（たとえば，円とドル）の交換取引を外国為替取引と呼び，外国為替取引が行われる（電話やインターネットも含めた）場を外国為替市場（外為市場）という。外国為替市場は銀行間取引の場であるインターバンク（銀行間）市場と銀行が個人や企業などと取引を行う対顧客市場とに大別できる。通常外為市場という場合は前者の銀行間市場を指す。

わが国ではこれまで，外国為替の売買は必ず銀行（外国為替取引公認銀行）を通さねばならず，個人や企業間で直接取引をすることは法律的に禁じられていた。これを「為銀主義」という。しかし，金融ビッグバンにともない，1998年4月に施行された改正外為法で，為銀主義が撤廃され，銀行でなくても自由に外為取引を行うことができるようになった。

■さまざまな為替レート

為替レートは，外国為替市場で成立する2つの通貨間の交換比率を意味する。どちらの通貨を基準にするかで，2通りの示し方がある。自国通貨建ては，外貨1単位が自国通貨でいくらになるかで交換比率を表す場合であり，日本の場合ではたとえば1ドル＝100円という円建て表示となる。一方，外貨建てとは，逆に自国通貨1単位が外貨でいくらになるかで表す場合であり，上の例に従えば，1円＝1/100ドル（＝1セント）というドル建て表示となる。

外国為替の取引には直物取引と先物取引があり，それに応じて為替レート

106

にも直物為替レートと先物為替レートがある。直物取引は契約と同時に外国為替の交換が行われる取引で、スポット取引とも呼ばれる。この直物取引に適用される為替レートが直物為替レートである。先物取引は将来のある時点での外国為替の交換を現時点で契約するものであり、契約は現在取り決めても、外国為替の交換は将来の決められたある時点（たとえば、いまから3カ月先など）で行われるものである。この先物取引に適用される為替レートが先物為替レートである。この先物レートと直物レートの差を直先スプレッドと呼ぶ。たとえば、現在の直物為替レート1ドル＝105円50銭、3カ月物の先物為替レートが103円50銭だとすると、この差（103.50－105.50＝－2）が直先スプレッドである。この例ではドルの価値が先行き低下（円の価値が上昇）することを意味している。

■金利平価式と直先スプレッド

　それでは直先スプレッドはどのようにして決まるのだろうか。それは、海外との資本取引（金融資産の国際間取引）が自由な場合、両国間の金利差によって決まると考えられる。たとえば仮設例として、米国の金利を3％、日本の金利を1％、直物ドルレートが1ドル＝100円、1年物の先物レートが105円（すなわち、直先スプレッドは5円）であるとしよう。投資家はこうした状況のもとで、両国の金利格差を利用して、利益を上げることができる。図4-3を見てみよう。この場合、手持ちの資金を100万円として、これを日本資産で1年運用すると、元利合計で101万円（100×(1＋0.01)）である。しかし一方、100万円を1万ドルの資金に換えてドル資産で運用すると、1年後1万300ドルを得る。1年先のドルレート（先物レート）は現在、105円であるから、10,300×105＝1,081,500円となる。この場合投資家は、円資産での運用からドル資産での運用に切り替え、直物ドル買いと同時に先物ドル売り（先物為替予約）を行うことで、為替レートの変動にともなうリスク（為替リスク）を回避（ヘッジ）した上で、すなわち確実に、差し引き7万1,500円の利益を得ることができる。こうした金利差を利用して利

図 4–3　円・ドル運用と裁定利益

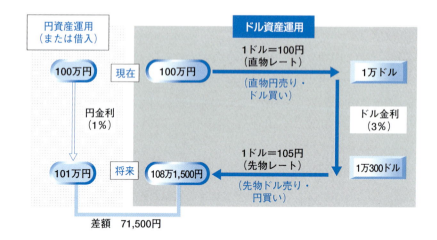

益を得ようとする取引を金利裁定取引といい，この場合の裁定取引は先物カバー付きの金利裁定取引と呼ばれる。一般に裁定取引とは，2つの商品間に生じた一時的な価格差を利用して，元手なしで確実に利益が得られる取引を意味する。たとえば，上記の例では，投資資金を持たない投資家でも，1％の金利で借り入れることで，7万1,500円の利益を確実に得ることができる。なお上記のように，直物為替と先物為替で同時に反対売買を行う取引を為替スワップ（最近では，フォワード）取引と呼ぶ。

当然のことながら，こうした状況は長くは続かない。この裁定利益を狙って直物ドルに対する需要が増大する一方で，先物のドル売りが増加し，直先スプレッドは縮小する。また円建て債券からドル建て債券へと需要のシフトが起こり，円金利は上昇し，ドル金利は低下する。そして最終的にはどちらで運用しても無差別であるような水準，すなわち，もはや裁定機会が存在しない水準にいずれは落ち着く（均衡する）ことが予想されるからである。こうして得られる両国の金利格差と直先スプレッドの関係式を金利平価式（または金利裁定式）と呼ぶ。日本の金利を r_j，米国の金利を r_u，直先スプレッドを $f-e$ で表すと，金利平価式は，近似式で，次のように示される。

$$r_j - r_u = \frac{f-e}{e} \qquad (4\text{-}1)$$

この式は，裁定取引が行き着く結果，円で運用しても，ドルで運用しても投資金額1単位あたりの収益は最終的に同一となることを意味している。なお実際の取引では，金利差（r_j-r_u）と直物レート（e）のもとで，(4-1) 式を満たす直先スプレッドを求め，そこから先物レート（f）が決まることになる。

すべての取引が先物カバー付きで行われるわけではなく，為替リスクをカバーせずに行われる取引もある。投資家が将来の為替レート予想について強い確信を持っている場合には，ヘッジせずに為替リスクをとることで，予想が実現すれば為替差益を得るチャンスもあるからである。しかしその場合でも，理論的には市場の参加者の期待が収斂してある水準 f^e（期待為替レート）になったとすると，最終的には先の f を f^e に換えた金利平価式が成立すると予想される。この場合の金利平価式はカバーなし（アンカバー）の金利平価式と呼ばれるが，その第2項は直先スプレッドではなく，為替レートの期待変化率を意味することになる。ただし金利平価式に関する上記の議論は，円建て資産もドル建て資産も金利以外の諸側面については同一と仮定するか，あるいは無視していることに注意されたい。

■為替レートの決定理論

ところで，為替レート自体は一体どのようにして決まってくるのであろうか。為替レートの決定要因についてはさまざまな理論があり，現在でも完全に解明されたとはいえない。しかしここではそのうちでも，外国為替市場に焦点を当てて為替レートの決定を説明する理論について，その基本的な見方を説明する。

為替レート，すなわち外貨の相対価格も他の財の価格と同様に，外貨（たとえばドル）に対する需要と供給で決定されると考えられる。対外資本取引が少なかった時代では，ドルに対する日本の需給は貿易から派生する，すな

図 4-4 ドルの需給曲線図

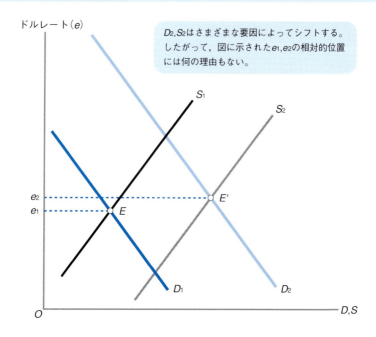

わち，自国の輸出はドルに対する供給を，輸入はドルに対する需要を構成すると考えられた。いま貿易財の価格が与えられたものとすると，ドルレートの上昇（下落）は，自国の輸出量を増大（減少）させる一方で，輸入量を減少（増加）させる。このことから，ドルレートが上昇するにつれて，ドルに対する供給量は増加し，ドルに対する需要量は減少するとみなすことができる。これを描いたのが，図 4-4 の D_1, S_1 曲線である。そして，この需給曲線の交点（E）で均衡為替レートが決まると考えられる。こうした考え方は，貿易財の価格が不変のもとでは，為替レートは貿易収支，あるいは経常収支を均衡させる水準で決まると考えるもので，フロー・アプローチと呼ばれる。

しかし，国際金融取引が瞬時に可能となり，資本取引による外貨（ドル）の需給が圧倒的に大きくなった現在では，外貨の価格である為替レートは，外貨も含めたさまざまな内外金融資産に対する経済主体の資産選択行動の結

果として決定されるという考え方（アセット・アプローチ）が主流となっている。これは，先のフロー・アプローチとは異なる見方である。資本取引が広く行われている状況では，貿易から派生するドルの需給に，ドル建て資産の売買から派生するドルの需給が追加される。現在では後者によるドルの需給は貿易によるものよりもはるかに巨額に上っている。これを便宜的に貿易に基づく需給曲線に加えたものが，D_2およびS_2曲線であり，この場合の新しい均衡はE'点で示される。

　アセット・アプローチに従えば，外貨の需給は実にさまざまな要因の影響を受けると考えられる。たとえば，両国の実体経済の状況や政治状況はもちろん，両国の金利差，将来の経済動向や金利動向，経済政策の将来予想などといった極めて予測しがたい要因も含まれる。したがって，D_2，S_2曲線も変化しやすい。場合によっては，実体経済の状況（ファンダメンタルズ）とは無関係な何らかの要因によって市場参加者の将来の予想が変化し，D_2，S_2曲線がシフトし，その変化に基づいて取引が行われることで，実質的に経済状況には大きな変化がないにもかかわらず，その予想が実際に実現してしまい（自己実現的予想），それが逆に実体経済に影響を及ぼすといった可能性すら考えられる。こうしたことが，為替レートの決定理論の構築を一層困難なものにしている一因であるといえよう。

4　金融市場

● 練習問題

1. 次の文の（　）内に最も適切な語句を入れなさい。
   （1）債券は収益パターン別には，毎期一定の利子が支払われる（　　）債券とそうした利子のない（　　）債券に大別される。発行者別では，国債や地方債などの（　　）債と民間事業会社が発行する（　　）債があり，その代表に社債がある。社債には，普通債のほか，（　　）や（　　）が含まれる。
   （2）金融ビッグバンでは，証券業の免許制から（　　）への移行，（　　）原則の撤廃，（　　）手数料の完全自由化など，抜本的な株式市場改革が実行された。さらに，ベンチャー企業向けの株式市場として，1997年には，日本証券業協会が管理・運営する未上場株を対象とする（　　）市場，東京証券取引所には1999年に（　　）が創設された。大阪証券取引所には2000年に（　　）市場が創設されたが，2010年に（ a ）証券取引所を吸収合併して，新（ a ）証券取引所となった。なお，東京証券取引所と大阪証券取引所は，2013年に経営統合して，「（　　）グループ」となった。
   （3）為替レートは経常収支を均衡させる水準に決まるという考え方を（　　）アプローチといい，これに対して，内外金融資産の選択行動の結果として為替レートは決定されるという考え方を（　　）アプローチと呼ぶ。
2. 短期金融市場にはどのようなものがあるか，整理しなさい。このうち，最も古い市場と最も新しい市場はどれか。
3. (4-1)式の記号を使って，r_j, r_u がそれぞれ3％, 1.5％, 直物レート（e）が100円とすると，先物レート（f）はいくらになるか。
4. 債券と株式の収益パターンの違いを簡潔に説明しなさい。

第 5 章

利子率と資産価格

　この章では，金融に関する理論的な基礎である利子率と金融資産（債券および株式）の価格について取り上げる。第1節では，利子率とは何か，また利子率に関連する重要な諸概念を説明する。第2節では，債券の利回りと債券価格の決定について説明する。そこでは裁定の考え方が強調される。第3節では債券利回り（金利）の期間構造理論についての基本的な考え方を取り上げる。第4節では，株式の価格と収益率に目を向ける。最後の第5節では，資本市場に関する重要な仮説である効率的市場仮説と発生頻度が高くなったといわれるバブル現象について言及する。

5-1　利子率とその決定要因

■利子率とは何か

利子率または金利とは，最も一般的には貸借取引における資金の価格である。資金貸借取引において，現時点での貸出金額と将来時点での返済金額との差額を利子または利息と呼び，これが資金供給者（貸し手）にとっての報酬となる。この利子を資金提供額で割ったものが利子率（金利）にほかならない。

たとえば，100万円を1年間貸して，1年後に105万円の返済を受けるという貸借取引の場合，1年当たりの利子率（年利と呼ばれる）は，

$$\frac{105-100}{100}=1.05-1=0.05$$

すなわち，5％ということになる。これは現在のお金と将来のお金との交換比率から（元本部分に相当する）1を引いたものと考えられる。ここで，元本分を含んだ利子率1.05を粗利子率と呼ぶことがある。

この利子は貸出金額1円当たり0.05円の貸し手の収益を意味するから，利子率とはまた収益率（rate of return）ともいえる。100万円をある金融資産で運用して1年後に105万円を得たとすれば，この差額の5万円が運用収益であり，それを運用資金で割って求めた5％が収益率（または利回り（yield））ということになる。

■利子率の本質

利子が生じる要因は何だろうか。まず借り手について考えてみよう。借り手がある投資計画を実現するために資金を借りる場合を考えよう。もし，1単位投資することから得られる収益がプラスならば，その範囲内で利子として支払ったとしても資金を借りた方がよいであろう。利子支払後の残余収益

は借り手に帰属するからである。したがって，借り手側から考えると，利子率の発生する要因として，投資から得られるプラスの収益が考えられる。この追加的投資分から得られる収益の増加分のことを投資の限界効率（marginal efficiency）あるいは限界生産力（marginal productivity）と呼ぶことがある。

　一方，貸し手側についてはどうだろうか。古典派経済学の考えによれば，人間には将来の消費に対して現在の消費を重視する傾向がある。この将来消費に対して現在消費を重視する程度を時間選好（time preference）と呼ぶことがある。そこで，資金を提供するためには，現在の消費を我慢して貯蓄をする必要があるが，利子とはこの消費を一定期間我慢し貯蓄にまわすことに対する報酬であると考える。したがって，利子率とは，現在消費で測った将来消費の価格を反映していると考えることもできる。これについては，第7章で言及する。

　また，ケインズの流動性選好理論によれば，利子率とは「流動性（liquidity：いつでもどこでも価値を減ずることなく貨幣に変換できるという性質）を手放すことに対する報酬」と定義される。すなわち，人々は将来の不確実性がもたらす不安を和らげるものとして流動性（すなわち貨幣）を保有しようとするが，利子率とはその流動性を一定期間手放すことに対する対価であると考えるわけである。このように，ケインズは利子を生み出す要因として，古典派の時間選好（人々の現在消費を重視する傾向）よりも人々の将来の不確実性に対する関心（不安）をより重視した議論を展開している。

　しかし，第1章で述べたように，時間という要素も将来の不確実性という要素もともに金融にとって本質的なものであり，それらが利子率を形成する本質的要素であることはいわば当然といえる。このように，利子率をどのように理解するかについてはさまざまな考え方があるが，いずれにしても，利子率が現在の購買力と将来の購買力との間の交換比率（相対価格）であることは確かである。ケインズは，貨幣は現在と将来を結ぶ鎖であると述べたが，それはまた利子率についてもあてはまる。

5　利子率と資産価格

■現在価値と将来価値

　先の例に戻って，さしあたり不確実性が存在しない世界を考え，現在の100万円を年利5％の金利で1年間運用（たとえば，預金）して，1年後に105万円になると確実にわかっているとしよう。これは，100万円という現在価値（present value）は金利5％のもとでは，1年後の将来価値（future value）が105万円になることを意味する。あるいはまた，将来を基点とすれば，1年後の105万円という将来価値は金利5％のもとで現在価値で表せば100万円であることを意味する。式で示せば，現在価値を将来価値に変換する式，$100(1+0.05)=105$ を書き直して，将来価値を現在価値に変換する式，すなわち，$100=\left(\dfrac{1}{1+0.05}\right)105$ を得ることに等しい。この後者の式に基づいて，この金利5％のことを，将来価値を現在価値に割り引く（引き直す）場合の利率，すなわち割引率（discount rate）と呼ぶ。

　次に上記の例で，2年間連続して運用した場合を考えれば，2年後の元利合計は $100(1+0.05)(1+0.05)$ で示されることは明らかだろう。なぜなら，1年後の将来価値 $100(1+0.05)$ をさらに1年運用するから，$100(1+0.05)$ にさらに $(1+0.05)$ を掛ければよいからである。そこで以上のことを一般的に示そう。現在 X 円を年利 r％で n 年間連続して運用したときの n 年後の価値（将来価値）Y は，図5-1にもあるように，

$$Y=(1+r)^n X \qquad （現在価値から将来価値を求める場合） \qquad (5\text{-}1)$$

で示される。逆に，n 年後の円の価値を，年利 r％で現在価値に割り引く場合の式は，

$$X=\dfrac{1}{(1+r)^n}Y \qquad （将来価値から現在価値を求める場合） \qquad (5\text{-}2)$$

と示すことができる。ここで，$\dfrac{1}{1+r}$ は割引ファクター（要因）と呼ばれる。

　たとえば，いま，n 年間にわたって毎年 C 円が得られるとした場合，この現金の流列（キャッシュフロー）の現在における価値はいくらになるだろうか。(5-2)式を使えば，このキャッシュフローの現在価値（PV）は，割引率が r で一定として，次のように求めることができる。

図5-1 現在価値と将来価値

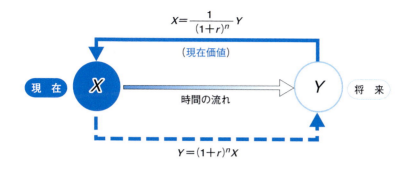

$$PV = \frac{C}{1+r} + \frac{C}{(1+r)^2} + \cdots + \frac{C}{(1+r)^n} = \sum_{t=1}^{n} \frac{C}{(1+r)^t} \tag{5-3}$$

ここで，記号 $\sum_{t=1}^{n}$ は，シグマと呼ばれる総和記号で，$t=1$ から n まで順次代入して求めた各項の総和をとることを意味している。この現在価値と将来価値との関係は資産の価格を考える上で，後述するように決定的に重要である。なぜなら，金融資産とは，いってみれば，何らかの将来のキャッシュフローを約定するもの（証書）にほかならないからである。

■リスク・プレミアム

上の議論では，現在と将来という時間軸にのみ焦点を当てて，将来の不確実性は排除していた。しかし金融取引では将来の不確実性が必ずつきまとう。借り手が約束どおり返済できないかもしれないというデフォルト・リスク（または信用リスク）や金融資産の価格や金利が変動するというリスク（すなわち，市場リスク）がある場合を考えよう。こうしたリスクがほとんど存在しないと考えられる金融資産を安全資産（たとえば，預金や国債）と呼ぶ。一方，それらのリスクが存在する金融資産を危険資産（たとえば，一般事業会社の社債や株式など）と呼ぶ。安全資産の利子率を r とすれば，同程度の流動性をもち，同一満期を持つ危険資産の利子率はその危険度（リスク度）を反映して，r を上回るのが普通であり，その超過分を危険資産のリスク・

プレミアム（risk premium）と呼ぶ。これは，投資家がその危険資産を安全資産と同等なものとして受け入れるために必要な，リスクに対する補償部分に相当する。したがって，ある危険資産の利子率は，満期など他の面でほぼ同等である安全資産の利子率にその危険資産のリスク・プレミアムを加えたものと見ることができる。

安全資産は，信用リスクも極めて低く，その価格や金利も安定的あるいは固定的であるという意味ではリスクはないといえる。しかし，ほかの金融資産の価格や金利が変動する以上，価値貯蔵手段として相対的に見る場合には，安全資産であっても，相対的な価値の低下というリスクを避けることはできない。たとえば，一般物価水準が継続的に上昇するインフレ期や株価など資産価格が上昇するバブル期などでは，預金などの安全資産の価値貯蔵手段としての相対的な価値は低下するというリスクが生じていると考えることができる。

■名目利子率と実質利子率（フィッシャー仮説）

上で触れたように，貸借取引期間中にインフレーションやデフレーションがあるような場合，同一金額でもその購買力は異なってくる。このような場合には金利を表すときにも，名目利子率（nominal interest rate）と実質利子率（real interest rate）とを区別することが望ましい。名目利子率とは通常われわれが新聞や雑誌などで目にする金利（貨幣額で表示された元本に対する貨幣額で表示された利子の比率）のことである。これに対して，実質利子率とは，貸借期間中の物価の変動を考慮して計算した金利のことである。

たとえば，元本を A，名目利子率を i，1年間の物価の変化率を π とすると，この場合の実質利子率（r）とは，

$$\frac{(1+i)A}{1+\pi} = (1+r)A \tag{5-4}$$

で与えられる。つまり，元利の名目価値 $(1+i)A$ を，物価の粗変化率 $(1+\pi)$ で割って，実質値に変換したものである。上式を変形すると，

$(1+i)=1+r+\pi+r\pi$

となるが、最後の項（$r\pi$）は無視できるとして、通常は次のように簡略化して示される。

$$i=r+\pi \tag{5-5}$$

この関係式は考案者フィッシャー（I. Fisher）の名前を冠して「フィッシャー仮説（またはフィッシャー効果）」と呼ばれている。また上式では、π は現時点から将来に向かってのインフレ率という意味で、予想インフレ率（または期待インフレ率）とされることが多い。この式に従えば、たとえば名目利子率がいかに高くても、予想インフレ率 π も高率ならば、実質利子率はマイナスとなる場合もある。ただし、名目利子率（i）の下限は0である。もし i が負の値をとるとすれば、それは名目利子率を払って資金を借りてもらうことを意味するが、もしそうだとすれば最初から誰も貸出を行わないからである。

5-2　債券の種類と利回り概念

■利付債券と割引債券

　第4章でも触れたが、債券とは、国債や社債のように、満期があり、毎期間の利子が確定している借用（債務）証書である。債券は利付債券（利付債：coupon bond）と割引債券（割引債：discount bond）とに大きく分かれる。利付債とは債券に記された一定の利息を毎期支払い、満期がくれば、所有者に額面価格を支払って償還される債券である。毎期支払われる一定の利息のことをクーポンと呼び、額面に対するクーポンの比率を表面利率またはクーポン・レートと呼ぶ。

　これに対して割引債とは、確定利子がなく（すなわち、クーポン・レートが0％で）、額面以下の価格で発行され、満期に額面価格で償還される債券

5 利子率と資産価格

である。現在，一般的な社債（普通債）は確定利付債であり，国債の場合も，満期が1年以下の短期国債は割引債であるが，満期が2年以上の中・長期債および超長期債は利付債である。以下，わが国で使用されている債券のさまざまな利回り（yield）概念と債券価格との関係について見ていこう。

■債券の利回り

債券投資の収益率のことを通常，利回りと呼ぶので，ここでもそれに従うことにする。債券利回りはまた債券利子率と呼ばれることもある。債券の利回りにも，購入時期や保有期間などに応じてさまざまな概念があるが，基本的な定義は共通である。わが国では単利方式による利回り概念が使われている。単利方式とは以下で見るように，毎期のクーポン収入の再投資による利子分（孫利子）を考慮しない，単純（算術）平均に基づく計算方法のことである。

利回りの基本式は，期間当たりの単純平均収益額を投資金額で除したもので，通常は年単位の年間利回りで示される。利付債券の最終利回りを例にとって，基本的な定義を説明しよう。最終（満期）利回りとは，すでに発行された債券を満期まで保有した場合の利回りをいう。そこで，債券の市場価格を P 円，n を満期までの残存期間（年），額面を V 円，確定利子を C 円（したがって，クーポン・レートを α とすれば，$C = \alpha V$）としよう。最終利回りを計算する際の分母は投資金額に当たる市場価格 P である。また，分子の年当たり収益の単純平均は $C + \dfrac{V-P}{n}$ である。C は毎期の利子収入であり，$\dfrac{V-P}{n}$ は償還差損益の年平均を表している。したがって，最終利回りの定義式は，

$$\text{最終利回り} = \frac{C + \dfrac{V-P}{n}}{P} \tag{5-6}$$

で示される。なお，C/P の部分は確定利子に基づく収益率の部分を表しており，直接利回り（直利）と呼ばれている。この (5-6) 式から，最終利回

りと市場価格とは逆比例の関係にあることがわかる。すなわち，P の下落は，分子を大きく，分母を小さくすることによって，最終利回りを上昇させる。この利回りと債券価格との逆比例の関係は以下に述べる他の利回り概念についても成立する。

　最終利回りのほかに，応募者利回りや保有期間利回りがある。応募者利回りとは新規発行の債券を満期まで保有した場合の利回りをいい，保有期間利回りは一定期間保有して償還前に売却する場合の利回りをいう。これらの利回り概念は (5-6) 式の各変数の定義を変えるだけでそのまま利用できる。たとえば，応募者利回りの場合には，P を発行価格，n を満期と再解釈すればよい。また，保有期間利回りは，n を保有期間，V を売却価格（P_s）に入れ替えればよい。この場合，分子の第 2 項はプラスであれば，年当たりのキャピタル・ゲイン（資本利得），マイナスであればキャピタル・ロス（資本損失）を意味する。

　なお，最終利回りや応募者利回りは満期まで保有することを前提に計算されるので，現時点の市場価格や発行価格がわかれば確定した値を求めることができる。しかし，現時点での保有期間利回りは，将来の売却価格は不確定であり，売却価格の予想値が用いられることになる。したがってこの場合は，将来の予想市場価格によって投資家ごとに異なる予想保有期間利回りがあることになる。

　利付債券の利回りがわかれば，割引債券の利回りは簡単に定義できる。利付債の利回り式のうち，直利の部分，すなわちクーポン収入 C を 0 としたものに等しい。かくして，割引債の利回りの一般式は，

$$\frac{\frac{V-P}{n}}{P} \tag{5-7}$$

で与えられる。利付債の場合と同じように，この式の n および P の解釈を変えたり，さらには V を売却価格に置き換えることにより，割引債の最終利回り，応募者利回りおよび保有期間利回りを定義することができる。

5　利子率と資産価格

■複利による利回り概念

　以上説明した単利方式による利回り概念は計算が容易であるが，先に述べたように孫利子を考慮していないことから，厳密性に欠けるという欠点がある。単利方式に対して，毎期のクーポン収入の再投資による孫利子分も考慮した上で計算するのが，複利による利回り概念である。これは先述した将来価値と現在価値の関係を利用したものにほかならない。最終利回りを例にとって説明しよう。

　市場価格が P で与えられているとすると，複利最終利回りを r で表せば，満期までの n 年間保有したときの将来価値は，先の将来価値の (5-1) 式から，$P(1+r)^n$ となる。一方，債券保有にともなう将来のクーポン収入の流列や満期償還（すなわち，この債券の満期までのキャッシュフロー）の将来価値は，1年目のクーポンの満期時における将来価値が，再投資の利率が同じ r であるという仮定のもとでは，$C(1+r)^{n-1}$ となることを考えれば，キャッシュフロー全体の将来価値は，

$$C(1+r)^{n-1}+C(1+r)^{n-2}+\cdots+C(1+r)+C+V=\sum_{t=1}^{n-1}(1+r)^t C+C+V$$

と示すことができる。債券を満期まで保有したときの将来価値とその債券の保有から得られる満期までのキャッシュフローの将来価値は等しいはずであるから，

$$P(1+r)^n=\sum_{t=1}^{n-1}(1+r)^t C+C+V \tag{5-8}$$

が得られる。すなわち，複利で計算した最終利回りは，この式を満たすような r にほかならない。

　ところでいま，両辺を $(1+r)^n$ で割れば，(5-8) 式は次のように変形することができる。

$$P=\frac{C}{1+r}+\frac{C}{(1+r)^2}+\cdots+\frac{C+V}{(1+r)^n}=\sum_{t=1}^{n-1}\frac{C}{(1+r)^t}+\frac{C+V}{(1+r)^n} \tag{5-9}$$

この式は，先の現在価値を求める (5-2) 式や (5-3) 式から明らかなように，債券の市場価格は複利最終利回りに対応する利率が r で与えられたときに，

債券の将来のキャッシュフローをその r で割り引いた現在価値の合計に等しいことを示している。満期のない利付債のことを<u>永久債券（コンソル債券）</u>というが，コンソル債の市場価格は，(5-9) 式を用いて，n を無限大にすることから，

$$P = \frac{C}{r} \tag{5-10}$$

と簡単な形で示すことができる。この式の導出にあたっては，初項 $\frac{C}{1+r}$，公比 $\frac{1}{1+r}$ として，<u>無限等比級数の和の公式</u>を利用している。一般に，初項を a，公比を x とする無限等比級数とは，$a + ax + ax^2 + ax^3 + \cdots$ を意味し，$|x| < 1$ である場合，$\frac{a}{1-x}$ に収束することがわかっている。

一方，割引債の場合の複利最終利回りは，クーポン収入を 0 として，

$$P = \frac{V}{(1+r)^n} \tag{5-11}$$

で与えられることは明らかだろう。この割引債の最終利回りのことを<u>スポット・レート</u>（spot rate）と呼ぶ。スポット・レートは，キャッシュフロー（流入）が満期に一回だけ生じるような投資の収益率を意味しており，デフォルト・リスクがなければ，満期までの残存期間に対応する純粋な年収益率を示すと考えられる。割引債という考え方を使えば，利付債は各クーポンと額面という，それぞれ期間の異なる別個の割引債を合成したものとみなすことができる。

■債券価格の決定と裁定

前項での最初の説明では，債券の市場価格は P で所与と考え，そのもとで複利最終利回りを求める関係式 (5-8) を導いた。それでは，債券の価格 P はどのように決まるのだろうか。債券の市場価格は通常の財と同じように，その債券に対する需要曲線と供給曲線の交点で決まると考えることもできるが，ここでは近年の標準的な立場である「<u>裁定</u>（arbitrage）」あるいは「さや取り」の考え方を使って説明しよう。裁定の機会とは何らかの価格差を利

用して確実に儲けられる機会をいう。そして，裁定機会がとり尽くされ，価格差がなくなった状態，言い換えれば一物一価が成立したときの価格があるべき価格（理論価格）と考えることができる。

利付債券の理論価格を考えてみよう。利付債券は満期まで毎期一定の利子受け取りと満期に額面の償還というキャッシュフローに対する所有権を表す。したがってその価値，すなわちあるべき市場価格（理論価格）は，そのキャッシュフローを何らかの適切な割引率で割り引いた現在価値，すなわちその所有権の現在価値になっているはずである。

裁定の考え方に従えば，(5-8) 式を変形した (5-9) 式は，債券の理論価格は，与えられた適切な割引率を r としてその将来キャッシュフローを割り引いた現在価値に等しいと解釈することができる。(5-9) 式は割引率が全期間についてすべて同一と想定した場合だが，通常は期間ごとに異なるのが普通である。各期間に対応する適切な割引率としては各期間に対応するスポット・レートが使われる。したがって，各期間に対応するスポット・レートを R_t $(t=1, 2, 3, \cdots)$ とすると，債券の理論価格は以下の式で示される。

$$P = \frac{C}{1+R_1} + \frac{C}{(1+R_2)^2} + \cdots + \frac{C+V}{(1+R_n)^n} = \sum_{t=1}^{n} \frac{C}{(1+R_t)^t} + \frac{V}{(1+R_n)^n} \quad (5\text{-}12)$$

このキャッシュフローの現在価値と裁定という考え方は，第 4 章の金利平価式の説明でも若干触れたが，金融商品の価格や実物資産，投資プロジェクトなどの価格や価値を理論的に考える上での基礎ともいえるものであり，本書でもこの後も繰り返し使われる。

5-3　金利の期間構造

■ 純粋期待仮説

種々の債券間の利回り（すなわち，価格）格差は，満期までの期間や，ク

ーポン・レートの違いはもちろんのこと,各債券の信用リスクの程度や市場での売買の容易さ(市場流動性の程度)などで説明されると考えられる。いま,クーポン・レートや信用リスク,市場流動性の相違などをさしあたり無視して,債券の残存期間の違いだけに注目してみよう。短期債券と長期債券の利回りの関係は金利の期間構造(term structure)と呼ばれるが,そこには何らかの秩序だった関係があるのだろうか,それとも偶然に左右される関係しかないのだろうか。純粋期待仮説は金利の期間構造に関する基本的な仮説であり,債券の利回りにはそれぞれの債券の残存期間に関連してある秩序だった構造(関係)があることを主張する。

いま単純化のため,債券市場は自由に取引でき,取引コストもかからない完全市場であると仮定すると,合理的な投資家が行う裁定取引の結果,長期債券による運用も短期債券の繰り返し運用も同じ収益を生むはずである。そこで,残存期間 n 年の債券の利回りを R_n(長期利子率),各期の1年物短期利子率を r_t ($t=1,2,3,\cdots,n$) とすると,裁定機会がとり尽くされた状態では,長期金利と短期金利との間には,次のような関係が成り立っているはずである。

$$(1+R_n)^n = (1+r_1)(1+r_2)(1+r_3)\cdots(1+r_n) \qquad (5\text{-}13)$$

この左辺は長期債券による運用の元利合計を表し,一方,右辺は1年物短期債券の買い替えによる運用からの元利合計を示している。もし上式が成立しておらず,たとえば左辺が右辺よりも小さいとすると,合理的な投資家は,長期債券を売って,短期債券を買うことによって収益をあげることができる。こうした債券に対する需要のシフトは,長期債券の価格を低下(利回りは上昇)させ,短期債券の価格を上昇(利回りは低下)させるように働き,このプロセスは最終的に両辺が等しくなるまで続く。かくて,こうした自由な金利裁定取引が可能であれば,最終的には(5-13)式が成立すると考えられる。この式から,R_n は短期利子率の一種の平均,より厳密には,次のような短期粗利子率の幾何平均から1を引いた値に等しくなることがわかる。

$$R_n = \sqrt[n]{(1+r_1)(1+r_2)\cdots(1+r_n)} - 1 \tag{5-14}$$

ところで,残存期間の異なる長期債が存在していれば,R_n および r_1 は現時点で観察または推定可能な金利であるが,$r_2, r_3, \cdots, r_n$ は現時点では観察できない将来の予想金利であることに注意しよう。しかし,上式の仮説(すなわち,純粋期待仮説)が成り立っているとすると,観察または推定可能な利子率(たとえば,R_t $(t=1,2,3,\cdots,n)$)のデータから市場における将来の予想短期金利(r_t $(t=2,3,\cdots,n)$)に関する情報を抽出することが可能となる。こうして抽出される将来の短期金利はインプライド・フォワード・レート(implied forward rate)と呼ばれる。

上式は純粋期待仮説を複利方式で示した関係式であるが,単利方式で示すこともできる。単利方式を使うと,純粋期待仮説のもとでは,長期金利は予想短期金利の算術平均に等しくなっている。すなわち,

$$R_n = \frac{r_1 + r_2 + \cdots + r_n}{n} \tag{5-15}$$

である。これは技術的には,(5-13)式の線形近似をとることによって得られる。またこれから,各年の予想短期利子率 r_j は,$r_j = jR_j - (j-1)R_{j-1}$ $(j=1,2,3,\cdots)$ として求められる。かくて,金利の期間構造に関する純粋期待仮説は,完全市場のもとでは,長期運用であろうと,短期運用のくり返しであろうと,投資1単位あたりの収益は最終的には(すなわち,裁定機会がとり尽くされた後では)同じになることを意味している。

■ イールド・カーブ(利回り曲線)

図5-2にあるように,横軸に残存期間をとり,縦軸に利回りをとって,残存期間に応じた債券の利回りをグラフ化したものをイールド・カーブ(yield curve)または利回り曲線と呼ぶ。イールド・カーブには,各期間の純粋な収益率(したがってまた,割引率)を示すスポット・レートを用いることが望ましい。純粋期待仮説によれば,長期金利は将来の予想短期金利の平均に等しくなるので,利回り曲線の形状は将来の短期金利の動向によって決まっ

図5–2　イールド・カーブ

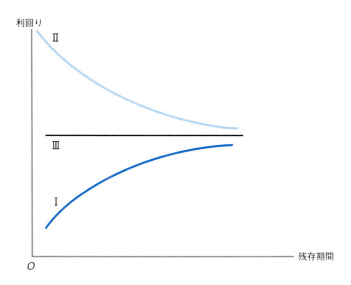

てくると考えられる。たとえば，市場が将来の短期金利が上昇すると予想しているような場合の利回り曲線は，図の曲線Ⅰのような右上がりの形状で示される。このようなケースは順イールドと呼ばれ，残存期間が長いほど，利回りは高くなる。これはたとえば，金融緩和の最終局面で，将来，短期金利が上昇すると予想されるような場合である。逆に，将来の短期金利が下落すると予想されるような場合には，利回り曲線は右下がりの曲線Ⅱで示される。この場合は逆イールドと呼ばれる。この場合は，利回りは長期になるほど低くなる。これはたとえば，金融引き締めの最終局面のように，将来，短期金利が下落すると予想されるような場合に対応する。また，現在の短期金利が将来も続くと予想されるような場合には，曲線Ⅲのような現行金利のもとでの水平線で示される。このようにイールド・カーブの形状は，市場参加者の将来の金利予想の形成に影響を与える諸要因（たとえば，金融政策の動向など）によって変化すると考えられる。

　純粋期待仮説は金利の期間構造を決定する基本的な要因を示したものであ

り，ほかにいくつかの要因を追加した，以下に説明するような仮説がある。

■期間構造に関するその他の諸仮説

（1） 市場分断仮説

　市場分断仮説とは，基本的な純粋期待仮説に加えて，取引コストや規制などにより，あるいは投資家自身の選好により，特定の期間の債券が選好され，長期債市場と短期債市場との間で完全な裁定が働かず，市場は各期間ごとに分断され，したがって利回りもある程度各市場の状況によって独立に決定されるとする仮説である。たとえば，銀行や年金基金，生命保険といった機関投資家などのように，それぞれ異なった期間選好を持っているような場合が考えられる。この仮説のもとでは，投資家の特定期間への選好を反映して，たとえば，ある残存期間の範囲でへこんでいたり盛り上がっていたりするような，特殊な形状を持つ利回り曲線を説明することが可能である。

（2） 流動性プレミアム仮説

　一般に長期債を保有する場合の価値の変動リスクが短期債の変動リスクよりも高く，また流動性も短期債に比べ低いので，危険回避型の投資家が長期債を保有する場合にはそのリスク格差（または流動性格差）の分だけ短期債よりも高い利回りを要求する。その部分をリスク（または流動性）・プレミアムという。流動性プレミアム仮説では，残存期間が n 年の債券に対するリスク・プレミアムを β_n で表すと，長期金利と予想短期金利との関係式は，単利型の場合，

$$R_n = \frac{r_1 + r_2 + \cdots + r_n}{n} + \beta_n \tag{5-15}'$$

と修正される。この β_n は長期になるほど大きくなると考えられるので，たとえば，将来の短期金利予想が不変の場合でも，純粋期待仮説の場合とは違って，順イールド（右上がりのイールド・カーブ）が観察されることを説明できる。

5-4　株価の決定理論

■配当割引モデル

　これまで，債券の利回りと債券価格について検討してきたが，ここでは株式について考えよう。株式の理論価格に関する標準的な基本理論は配当割引モデル（dividend discount model：DDM）である。DDM を最も簡単な形で説明するために，いま保有する株式から得られる予想配当を D とし，この D は毎期一定であるとしよう。さらにまた，毎期の代表的な債券の市場利子率（利回り）も r で一定であるとする。DDM では，債券の理論価格と同様に，今期（t 期）の株価（理論価格）P_t は，毎期得られる配当の流列を代表的な市場利子率で割り引いた現在価値の合計額に等しいと考える。すなわち，

$$P_t = \frac{D}{1+r} + \frac{D}{(1+r)^2} + \frac{D}{(1+r)^3} + \cdots = \frac{D}{r} \tag{5-16}$$

である。かくて，上に述べたような単純な仮定のもとでは，株価は，初項を $\frac{D}{1+r}$，公比を $\frac{1}{1+r}$ とした場合の無限等比級数により，配当を市場利子率 r で割った値で示される。この式は DDM の最も基本的な考え方を表している。この関係式は先述したコンソル債券の価格決定式（5-10）と基本的に同じである。

　しかし，より現実的には，債券の利子が確定であるのに対し，株式配当は基本的に不確実であるので，株式に投資した場合に投資家が期待する収益率は債券利子率をリスク・プレミアム分だけ上回ると考えられる。そのリスク・プレミアムを δ とすれば，株式期待収益率 r_e は，

$$r_e = r + \delta \tag{5-17}$$

で示される。そこで，（5-16）式の r をこの株式期待収益率 r_e で置き換えることによって，（5-16）式は，

$$P_t = \frac{D}{1+r_e} + \frac{D}{(1+r_e)^2} + \frac{D}{(1+r_e)^3} + \cdots = \frac{D}{r_e} = \frac{D}{r+\delta} \tag{5-18}$$

と示される。この式は，株価は，株式期待収益率を割引率として配当の流列を割り引いた現在価値に等しいことを意味している。なお，株式期待収益率は，第8章で議論する自己資本コストにほかならない。

さらにまた，配当が毎期一定の率（g）で成長すると仮定した場合の株価は，無限等比級数の和の公式を使って，

$$P_t = \frac{D}{1+r_e} + \frac{D(1+g)}{(1+r_e)^2} + \frac{D(1+g)^2}{(1+r_e)^3} + \cdots = \frac{D}{r_e - g} = \frac{D}{r + \delta - g} \tag{5-19}$$

と示すことができる。これは定率成長モデルと呼ばれている。ただし，$r_e > g$ である。

■株価と裁定

先のDDMの基本式（5-16）に戻って，その意味を考えよう。いま，$t+1$期の予想株価を P_{t+1}^e で表そう。株式投資による期待収益率（株式投資収益率）r_e は，次のように示すことができる。

$$r_e = \frac{D + (P_{t+1}^e - P_t)}{P_t} \tag{5-20}$$

すなわち，株式投資収益率は2つの要素から成り立っている。右辺の第1項 $\frac{D}{P_t}$ は，配当からの収益を表す部分で，インカム・ゲインと呼ばれる。第2項 $\frac{P_{t+1}^e - P_t}{P_t}$ は，株価の値上がり益を表す部分で，プラスの場合はキャピタル・ゲイン（資本利得），マイナスの場合はキャピタル・ロス（資本損失）を意味する。なお，(5-20) 式は，株式だけでなく，土地など，他の資産への投資期待収益率としても解釈できることに注意しよう。

ところで，この株式投資収益率は，完全市場を仮定すれば，裁定関係によって債券の利回り r と等しくなることが予想できる。すなわち，裁定機会がとり尽くされた後に成立する裁定均衡関係は，単純化のためリスク・プレミアムを無視すれば，r_e を r で置き換えた次式で示すことができる。

$$r = \frac{D + (P_{t+1}^e - P_t)}{P_t} \tag{5-21}$$

これを変形して、株価の式を求めると、

$$P_t = \frac{D}{1+r} + \frac{P_{t+1}^e}{1+r} \tag{5-22}$$

が得られる。そして、将来も裁定機会はとり尽くされると仮定すると、P_{t+1}^e についても、上式で示される関係が成立していると考えられる。すなわち、

$$P_{t+1}^e = \frac{D}{1+r} + \frac{P_{t+2}^e}{1+r} \tag{5-23}$$

である。この関係式は、$t+2$ 期以降も同様に成立すると考え、それらを、もとの (5-22) 式に順次代入していき、整理すると、次式が得られる。

$$P_t = \frac{D}{1+r} + \frac{D}{(1+r)^2} + \frac{D}{(1+r)^3} + \cdots + \frac{D}{(1+r)^n} + \frac{P_{t+n}^e}{(1+r)^n} \tag{5-24}$$

n を大きくとって、最終項が無視できるほどに小さくなると仮定すれば、この式は、DDM の基本式である (5-16) 式に等しいことがわかる。言い換えれば、DDM の基本式は、債券と株式との間の裁定後に成立する関係（裁定均衡関係）と見ることができる。また、以上のことから、株価の決定要因は、予想配当、株価の予想価格、代表的な債券の利回り、そして株式のリスク・プレミアムであることが示唆される。これらの要因が変化すると、債券と株式の裁定関係を通じて、(5-22) 式が再び成立するように株価が調整されることになる。

■株式投資に関する収益性指標

以上では株価の決定に関する基本的な理論を説明してきたが、ここでは、株式投資に関してよく言及される収益性指標（投資尺度）について簡単にまとめておこう。

　［１］　配当利回り（または株式利回り）

　　配当利回りは１株当たり配当を株価で割った値であり、株式利回りともいう。企業がその当期純利益のうち配当として株主に還元する割合（配当性向）が高い場合には、有効な投資尺度である。しかし、配当性

▶表5-1　最近のPER，PBRおよび株式利回り（東証1部上場）

年	PER	PBR	株式利回り
2010	―(a)	0.9	1.91
2011	21.7	0.8	2.03
2012	16.6	0.8	2.17
2013	21.7	1.0	1.66
2014	19.4	1.1	1.59
2015	19.0	1.2	1.48
2016	17.2	1.1	1.81

(a)　1株当たり純利益が負。
　　（単位）　PER, RBRは倍，株式利回りは％。
　　株式利回り：月次単純平均利回りの年単純平均。
　　PER，PBR：月次数値の年単純平均。
（出所）　日本証券業協会ホームページ

向が低く，企業が純利益の大部分を将来の投資に回すような場合には，配当利回りは投資尺度としてはあまり有効ではない。しかし，株の値上がり益が期待できない近年では，配当が重視され，配当利回りも見直されつつある。

［2］　株価収益率

　これはPER（price-earnings ratio）と呼ばれることが多いが，株価を1株当たりの当期純利益で割った値であり，1株当たりの当期純利益が株式市場で何倍に評価されているかを示している。PERの逆数は株式益回りと呼ばれ，債券の利回りと比較される。株式益回りは，投資金額1円当たりの当期純利益（言い換えれば投資収益）を表している。PERはその株価が割安か割高かを予想する指標として用いられことがある。

［3］　株価純資産倍率

　株価純資産倍率はPBR（price to book value ratio）と呼ばれ，株価を1株当たりの純資産額で割った値で示される。これは企業が生み出す収益の源泉は企業が所有する資産であるという考えに基づく投資尺度で

ある。純資産は株主資本（すなわち，株主の持分）に相当するので，この指標は（株式時価総額/当期純利益）×（当期純利益/株主資本）となり，PER に株主資本純利益率（return on equity：ROE）を掛けたものに等しいことがわかる。すなわち，

　　PBR＝PER×ROE

である。この ROE は株主資本（または，自己資本）1 単位当たりの純利益を表しており，株主にとっての投資収益率として重要視されるようになっている。表 5-1 は，これらの指標の最近の値を示している。

□ 5-5　効率的市場仮説とバブル現象 □

■合理的期待と効率的市場

　ミクロ経済学が教えるように，取引コストがなく，十分に競争的な市場，すなわち，完全かつ完全競争的な市場のもとでは，各経済主体が自己の利益を最大化するように行動（取引）することによって，社会的に見ても最適な資源配分が達成されるが，このことは資本市場でも同様に成立すると考えられる。すなわち，投資収益の最大化を狙う合理的な投資家は利用可能なすべての情報を使って最良の株価予想をたてて取引を行うので，結果として利用可能な情報はすべて株価に反映され，平均的に見れば，誰も正常以上の利益（超過利益）を継続的に得ることができないような適正な株価（言い換えれば，理論価格）に落ち着くと考えられる。合理的な経済主体は利用可能な情報をすべて使って最良の予測をするという考え方を「合理的期待（rational expectations）」仮説と呼ぶ。この合理的期待仮説が成立している市場のことを「効率的市場」（efficient markets）と呼ぶ。

　株式市場が効率的であれば，一期先の株価の最良予測は今期の株価になる。なぜなら，今期の価格にはその時点で利用可能なすべての情報が反映されて

いるからである。そして一期先の株価がこの予想と違ったとしても，現時点では誰もこの予測誤差を前もって予想することはできない。したがって，現実の株価の動きは，あらかじめ予想できない，ランダムなものとなり，どんな投資家もその動きを予想して継続的に超過利益を得ることはできないと考えられる。株式市場などの資本市場が効率的であるとする仮説は効率的市場仮説と呼ばれる。資本市場に関する多くの理論はこの効率的市場仮説に基づいて組み立てられており，その意味で重要な仮説であり，この仮説の妥当性をめぐって現在も多くの理論的・実証的研究が行われている。

最近では，金融データが蓄積されてきたこともあり，効率的市場仮説のインプリケーションと矛盾する実証研究も多く生まれており，そうした研究の多くは行動ファイナンスと呼ばれている。行動ファイナンスとは，効率的市場仮説では説明困難な金融に関する事象（アノマリー）の存在を実証し，アノマリーの主要な発生原因が，市場の不備などにあるのではなく，投資家は効率的市場仮説が前提とするような合理的経済人（ホモ・エコノミカス）ではなく，認知や判断の癖や誤りを持つ普通の人間（ホモ・サピエンス）であることにあるとする考え方に基づく研究であり，近年注目を浴びている行動経済学の一分野である。

■バブル現象とは

1980年代後半から1990年代前半にかけて，わが国に起こったバブル（bubble）の生成・膨張と破裂は永く記憶に残るであろう。図5-3はそのバブルの生成・破裂を図示している。1985年に平均12,565.62円であった日経平均株価指数は1989年12月29日には38,915.87円という史上最高を記録した後，急激に低下し，1993年8月18日には約3分の1にあたる14,309.41円まで低下した。株価だけでなく地価についても同様のバブルの膨張と破裂が観察されている。バブル（泡）を厳密に定義することは難しいが，一般的には，株価や地価などの資産価格が企業本来の収益性や土地の利用価値といったファンダメンタルズ（基礎的諸条件）に基づく正常価格（ファンダメン

5-5 効率的市場仮説とバブル現象

図5-3 株価・地価の動きとその背景

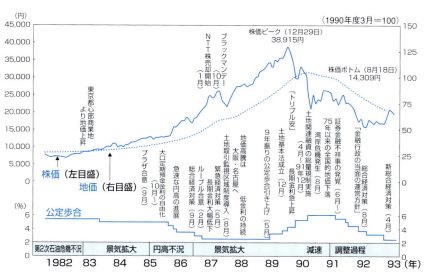

(備考) 株価は日経平均株価、地価は市街地価格指数の六大都市全用途平均。
(出所)『経済白書』(平成5年版)

タルズ価格あるいは理論価格)を超えて上昇し、投資家の値上がり期待感を生み、期待が期待を生んで、自己実現的な資産価格の上昇が継続的に生じる現象を指す。ファンダメンタルズによって規定される価格(理論価格)を超える価格部分が、いわば裏付けのない泡、すなわち、バブルに当たる。付け加えれば、名目貨幣もバブルかもしれない。

ところで、資産価格だけが永久に上昇し続けることは不可能だから、膨張したバブルはいつか必ずはじけると予想される。しかし、それがいつ起きるかは誰もわからない。そして資産価格が上昇し続けている限りは、価格上昇を想定して市場に参加することが合理的なのである。とくにプロの投資運用マネジャーには、運用業績に強く依存する報酬制度などからそうした傾向が強いと考えられる。市場参加者はいつバブルが破裂するかを考えながら、価格上昇を想定した取引を行っていると考えられる。こうした考え方は「合理的バブル」と呼ばれる。

135

5 利子率と資産価格

　先の株式の期待収益率を表す (5-20) 式に戻って，バブルのメカニズムについて考えてみよう。いま何らかの理由で，予想株価が上昇したとしよう。すると，その予想は，(5-20)～(5-22) 式に従って，ただちに現在の株価に反映される。こうした株価の上昇は，将来の株価のさらなる上昇を期待させる効果を持つだろう。こうして，バブルの膨張を生み出す自己実現的な株価上昇の期待がセット・インされ，配当や利子率などによって決まるファンダメンタルズ価格を超えて株価は膨張することになる。いったんバブルが膨らむと，たとえそれがバブルとわかっていても，いつ起こるともわからない株価下落に賭けて空売りを続けることは資金的にも困難であろう。さらに今度は何らかの理由で一転して株価下落の予想が生じると，同じメカニズムがいっせいに逆方向に働き出し，バブルの破裂が生じることになる。

　実際に観察される価格上昇のどこまでがファンダメンタルズによって説明され，どの部分がバブルなのかを皆が納得するような形で明確にすることはやさしいことではない。ファンダメンタルズ価格を正確に求めるには，予想配当の流列やその資産のリスク・プレミアム，さらには安全資産の金利動向などを正確に把握（予想）することが必要だが，それは実際にはきわめて難しいのが現状であり，それだけに人々の思惑を醸成しやすく，バブルが生じやすい背景となっているのかもしれない。それにいったん価格上昇が起これば，たとえそれがバブルかもしれないと思ったとしても，上で述べたように，それに抗うよりも乗る方が合理的な場合があり，かくてバブルが膨張し続けることになる。なお，バブルの研究については，過去のデータによる実証研究だけでなく，コンピュータを使って株式市場を模した実験的研究も行われている。

● 練習問題

1. 次の文の（ ）内に最も適切な語句または数値を入れなさい。
   （1） 株価を1株当たりの純利益で割ったものを（ a ）といい，その逆数は（ ）と呼ばれている。さらに，この（ a ）に株主資本純利益率を掛けたものは，（ ）にほかならない。
   （2） 配当割引モデルに従えば，1株当たりの予想配当が毎期一定の40円とし，株式の予想収益率を8％とすると，株価は（ ）円と予想される。また，配当割引モデルの基本式は，債券と株式との裁定均衡関係とみなすことができることから，株価の主要な決定要因として，（ ），（ ），（ ）および株式の（ ）の4つが考えられる。
   （3） 金利の（ ）を示す曲線をイールド・カーブ（利回り曲線）というが，それが右上がりの形状を示している場合を（ a ）イールドと呼ぶ。純粋期待仮説によれば，この（ a ）イールドは，市場で将来の短期金利が（ ）すると予想されている場合に生じる。しかし，（ ）仮説によれば，将来の短期金利が一定であると予想されている場合でも，（ a ）イールドを説明できる。

2. フィッシャー仮説に従えば，名目利子率も期待インフレ率もともに3％とすると，実質利子率はいくらになるか。

3. 2年後の121万円の現在価値は，割引率を10％とするといくらになるか求めなさい。

4. 未来永劫にわたって毎期100円を得られる債券（コンソル債券）の市場価格は，収益率を5％とするといくらになるか求めなさい。

5. 額面100円，クーポン・レート4％，残存期間2年の債券の市場価格が99円であったとする。このときの単利最終利回りを求めなさい。

6. 額面100円，残存期間3年の割引債券の市場価格が88円であったとする。このときの単利最終利回りを求めなさい。

7. 2年物割引債のスポット・レートが4％，3年物割引債のスポット・レートが5％であったとする。このとき，3年目の1年間の予想短期金利（インプリシット・フォワード・レート）はいくらになるか。複利の場合と単利の場合について求めなさい。

5　利子率と資産価格

8. 配当割引モデルの定率成長モデルに従うと，株式期待収益率が 4 %，配当成長率が 2 %，配当を 100 円のときの理論株価はいくらか。

第 6 章

金融派生商品(デリバティブ): 金融革新 II

　デリバティブは変動相場制移行および金融自由化とともに拡大した為替リスク,金利リスク,価格変動リスクに対するヘッジ手段,あるいはコントロール手段として1970年代に生まれたが,その後現在に見るように急成長を遂げ,いまや証券化と並んで,金融革新の中核を形成するにいたっている。また新たなデリバティブも急拡大している。本章では,デリバティブの基本的な仕組みを中心に説明する。第1節では,新しいデリバティブも含めて,デリバティブの概要を見る。第2節では先渡・先物取引,第3節ではオプション,第4節ではスワップと,3種類のデリバティブについて,それぞれ説明する。

6 金融派生商品(デリバティブ):金融革新Ⅱ

6-1 デリバティブとその意義

■金融派生商品(デリバティブ)とは?

1980年代以降,今日「金融の米」といわれる新しい金融商品,「金融派生商品(デリバティブ)」が飛躍的に増大している。デリバティブ(derivatives)とは,その価値ないし価格が,外国為替,株式,債券,金利などといった,より基本的な金融商品(原証券と呼ばれる)の価値ないし価格に依存して派生的に決まる金融商品であり,通常,それら原証券の売買に関する権利・義務に関わる契約を表している。このように,デリバティブは原資産の売買に関して何らかの付帯的な条件を付けた契約と考えることができ,原証券がもたらす将来のキャッシュフローに対する条件付き請求権にほかならない。デリバティブは3種類に大きく分けることができる。すなわち,現時点で将来の売買契約を約定する「先渡(フォワード)・先物(フューチャーズ)」,将来の一定時点,あるいは一定期間内において原資産を売買する権利を売買する「オプション」,および異種通貨間あるいは異種金利間の交換取引である「スワップ」の3種類である。

最初のデリバティブ取引は金融商品ではなく,農産物の先物取引であったといわれている。農産物の収穫は天候などの不確実な要因によって大きな影響を受け,そうしたリスクをどう回避(ヘッジ)するかは農家にとって大きな問題であった。先物取引は農産物の将来価格をあらかじめ決めることによって,リスクの回避を可能にする。こうした例からも明らかなように,デリバティブはリスクをヘッジし,さらにはより広い意味で,リスクをコントロールする有効な手段であると考えられる。

1980年代以降,デリバティブ取引が急激に拡大し背景としては,次のような諸点をあげることができる。

① 変動相場制への移行や金融の自由化・国際化にともない,金利や為

替レートが変動するようになり、また取引規模も拡大して、金利リスクや為替リスクが飛躍的に高まり、そうしたリスクに対処するためのリスク管理手法が求められたこと。
② 金融資産の蓄積が進み、リスクのヘッジや資産運用および投機など、利用者の金融に対するニーズが拡大したこと。
③ こうした多様化した金融ニーズに応えられるような、コンピュータに代表される情報通信に関する技術革新（ICT革命）が生じたこと。それとともに、オプションに関するブラック=ショールズ・モデルに代表されるような、新たな金融商品を開発するためのファイナンス理論の目覚ましい発展が生じたこと、などである。

なお最近では、上記のデリバティブの定義には必ずしもうまく当てはまらない、「クレジット・デリバティブ」と呼ばれる新種のデリバティブも生まれている。これは信用リスクに対する保険契約ともいえるデリバティブで、1990年代からあったが、近年になって急速に発展している。その代表例がクレジット・デフォルト・スワップ（credit default swap：CDS）である。CDSは、対象とする企業（参照企業）の対象債務（社債など）でデフォルトが生じた場合の損失補てんの権利（プロテクション）をプレミアム（手数料）を払って購入する取引、言い換えれば、信用リスクの掛け捨て保険契約ということができる。さらに、プロテクションの買い手は、参照企業に対する実際の債権を持っている必要はないので、信用リスクのヘッジだけでなく、投機にも利用できる。CDSは、2004年ごろから急拡大し、CDSをプールし、裏付けとした証券化商品（合成（シンセティック）CDO）とともに、2008、9年の金融危機発生の一因ともいわれている。

■デリバティブの市場規模

デリバティブの取引には取引所で行われる公開市場型（レディメード）取引と相対で行われる店頭市場型（オーダーメード）取引がある。国際決済銀行（BIS）が各国の協力を得て行った初めての包括的な調査では、1995年3

6　金融派生商品（デリバティブ）：金融革新II

▶表6-1　世界のデリバティブ取引残高（想定元本）

（単位：10億ドル）

	2000年末	2005年末	2010年末	2013年末	2015年末
OTC取引合計	95,199	299,261	601,044	710,338	492,707
外為関連	15,666	31,360	57,796	70,553	70,446
金利関連	64,668	211,970	465,260	584,799	384,025
エクイティ関連	1,891	5,793	5,635	6,560	7,141
商品関連	662	5,434	2,922	2,204	1,320
CDS関連	―	13,908	29,898	21,020	12,294
その他	12,313	30,794	39,534	25,202	17,481
取引所関連	15,278	57,816	62,945	57,432	63,463
先物	8,360	21,619	21,242	24,503	25,071
オプション	6,919	36,197	41,703	32,929	38,392

（出所）　BIS Quarterly Review

　月末の時点で，想定元本による統計で，店頭市場（OTC：over-the-counter）取引残高は世界全体で47.5（うち日本，8.3）兆ドル，取引所取引残高では世界全体で16.6（うち日本，4.3）兆ドルであった。ここで，想定元本とはデリバティブ取引で実際に受け渡されるキャッシュフローを計算するために想定される元本を指し，ほとんどの場合，想定元本自体は取引されることはない。以下に示す統計も想定元本による数値である。

　最近のBISによるOTC取引残高は表6-1にある通り，2000年末で95兆ドルであったものが，2013年末では，実に2000年の7.5倍の710兆ドルに達したが，2015年には493兆ドルに減少している。内訳では，金利関連の取引シェアーが一貫して一番高く，2015年では78%を占めている。最近急成長したCDSも，表にはないが2007年には58兆ドルにも上ったが，その直後からの金融危機で減少に転じ，2015年は12兆ドルとなっている。OTC取引に比べて，取引所取引は小さく，OTC取引の1割から2割弱に相当する規模である。また，日本の統計については，日本銀行が半年ごとに主要金融機関を対象に実施している調査があり，その最近の結果が表6-2に示されている。これによると，わが国主要ディーラーによる店頭デリバティブの想

142

▶表6-2　わが国のデリバティブ取引残高（想定元本）

(単位：兆ドル)

	2000年12月	2005年12月	2010年12月	2015年12月	2016年12月
OTC取引合計	13.3	16.5	45.5	48.9	52.8
うち金利関連取引	11.2	14.2	40.3	41.7	44.5
うち外国為替および金関連取引	2.1	2.3	5.0	6.9	7.6
取引所取引合計	8.6	6.6	4.4	5.8	4.6
うち金利関連取引	8.5	6.6	4.3	5.5	4.3
(参考) クレジット・デフォルト・スワップ		0.1	1.1	0.5	0.4

(出所)　日本銀行『デリバティブ取引に関する定例市場報告』

定元本残高は2016年12月末で52.8兆ドル（対前年比8％増），取引所取引残高は4.6兆ドル（対前年比21％減）であり，2000年12月と比べて，それぞれ4倍弱，0.5倍強となっている。内訳では，世界の取引と同じように金利関連取引のシェアが圧倒的に高いことがわかる。表では示していないが，そのうちでとくにOTC取引では金利スワップ，取引所取引では金利先物のシェアーが高いことが知られている。金利スワップや金利先物については後述する。

　デリバティブの取引所取引はアメリカで1970年代前半から始まっているが，日本におけるデリバティブの取引所取引の発展について簡単に見ておこう。わが国では，1985年10月に東京証券取引所で始まった債券先物取引が最初である。そして1988年には株価指数先物取引が開始され，さらに1989年には東京金融先物取引所（TIFFE）が設立されて，短期金利先物，および円通貨先物取引が始まっている。オプション取引については，1984年に通貨オプション取引が店頭ベースで開始され，1989年にはやはり店頭ベースで債券オプション取引が開始された。取引所での最初の上場オプション取引は，1989年の大阪証券取引所での株価指数オプション取引である。さらに同じ1989年に，東京証券取引所でTOPIX（東証株価指数）を対象とする株価指数オプションが導入された。1997年7月からは，東京証券取引所および大阪証券取引所で個別株のオプション取引が「株券オプション」という名

称で開始されている。東京証券取引所で行っていた市場デリバティブ取引は，2013 年の日本取引所グループ創設以降は大阪取引所で一括して行われている。なお，2007 年 9 月施行の「金融商品取引法」によって，デリバティブ取引が市場デリバティブ取引，店頭デリバティブ取引および外国市場デリバティブ取引に分類，整理されている。

■デリバティブの機能と特徴

　先述したように，デリバティブは原資産の売買に関してさまざまな条件をつけた売買契約である。たとえば，先渡取引や先物取引では，対象原資産の将来のある時点での売買価格を現時点で決め，その受渡は将来の決められた時点で行うという条件が付加されている。これは，売買の契約時点と受渡時点が同時で，しかも売買価格はそのときの市場価格であるという通常の取引（現物取引，スポット取引などと呼ばれる）と違って，多くの柔軟性を持った取引形態である。このような特徴を持つデリバティブを種々組み合わせることによって，スポット取引という制約を超えて，原理的には時間および将来の状態に応じて，無限の取引パターン，すなわち無限の将来のキャッシュフロー・パターンを生むことが可能となる。こうした特徴を持つデリバティブが果たしている主要な機能としては，次のようなものがある。

　［1］　リスク・コントロール機能（リスク・ヘッジ，保険機能）　デリバティブの最も重要な機能は将来の価格や金利の変動リスクなどに代表される，種々のリスクを売買可能にすることで，リスクをコントロールする機能であろう。すなわちデリバティブは，為替，金利および株式など原資産の売買に関してさまざまな付帯条件を加えることによって，それら原資産の価格変動リスク（すなわち，市場リスク）を分解・抽出して，リスクに対する選好が異なる経済主体間でのリスクの再配分を効率的に，すなわち低コストで行うことを可能にする。最近急拡大したクレジット・デリバティブは，企業の信用リスクを売買するデリバティブである。

　［2］　価格発見機能（価格形成の効率化機能）　デリバティブ取引では原

資産の将来価格を予想して取引を行うため，原資産の価格に対する豊富で質の高い情報が入手可能になり，さらに現物市場とデリバティブ市場との間の裁定取引が活発化することで，より適正な価格が形成されやすくなるといえよう。この意味で，デリバティブは金融商品の価格や金利などに関する有用な情報を生産・伝播する機能を促進すると考えられる。

［3］ **市場の流動性向上機能（市場の深化・相互関連強化機能）**　デリバティブ市場は現物市場との裁定取引を活発にすることを通して現物市場での取引を拡大し，それによって市場の流動性を高める機能を持つといわれる。そして現物市場の厚みが増すことで，それが今度はまたデリバティブ市場の一層の拡大を促すといった，市場の相互補完的な深化・拡大を促進する機能を持つ。

［4］ **デリバティブのレバリッジ効果**　デリバティブ取引は，原則として，想定元本自体の受渡は行われず，企業の貸借対照表に載らない取引（オフバランス取引）である。したがって元本自体の授受を必要とする通常の取引（オンバランス取引）と同等の結果（利益の確保やリスクの回避など）を，元本を必要とせず，極めて小額の資金で実現することができる。こうした効果を梃子の原理になぞらえて，レバリッジ（梃子）効果という。デリバティブを使えばこのレバリッジ効果を強く利かせた取引が可能となる。しかし，デリバティブは，このゆえに切れ味の鋭い刃物に似て，多くの実際の失敗例が示すように，いったんリスク・ヘッジ（回避）や投機に失敗すれば逆方向にレバリッジ効果が働き，多額の損失をこうむる可能性がある。以下では，それぞれのデリバティブについて説明しよう。

6-2 先渡・先物取引

■先渡取引とリスク・ヘッジ機能

先渡取引（forward）は，デリバティブのなかで最も古くからある取引である。先渡取引は，取引当事者間で，あらかじめ定めた将来時点で，あらかじめ定めた価格で，ある証券を受け渡す相対型の取引契約である。この先渡取引は，次項で説明する先物取引と基本的に同じであるが，先物取引が取引所取引（市場取引）であるのに対して，先渡取引は相対取引であるという点，および先物取引では現物の資産を受け渡す必要はないが，先渡取引では原則として現物資産の受渡をともなうという点が大きな違いである。

ここでは，先渡取引の代表的な例として，先物為替予約を取り上げて，為替リスクをどのようにヘッジできるかを図6-1の損益図を使って説明しよう。ある輸出業者が今から3カ月後に代金100万ドルを受け取る輸出契約を結んだとする。現在の直物レートは1ドル＝122円としよう。図6-1は横軸に3カ月後の為替レートを，縦軸は1ドル当たりの為替損益をとっている。横軸の122を通り，傾き45度のA直線は，輸出代金を3カ月後に受け取った場合の輸出業者の為替損益を示している。A線は3カ月後の為替レートが122円よりも円高になればその円高分の損失が生じ，円安になれば円安分だけの利益が得られることを示している。

いま輸出業者は将来円高の可能性が高いと予想しており，為替リスクをヘッジするために，銀行と3カ月後に1ドル＝118円で100万ドルを売る先物為替予約を締結したとしよう。この先物為替の売り（ショート・ポジション（short position）という）の損益は横軸118を通り，負の傾き45度の直線Bで示される。B線は，この先物為替を売ると予約する（売り建てる，という）ことによって，3カ月後のレートが118円より円高になれば，その差額分だけ利益を得，逆に円安になればその差だけ損失が生じることを示してい

図6-1 先渡取引による為替リスク・ヘッジ（輸出業者のケース）

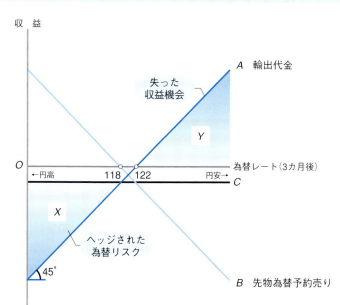

る。この先物為替予約を締結した輸出業者の最終的な損益曲線は，A と B を合成した水平線 C 線で与えられる。すなわち収益を y，為替レートを x とすると，A 線，B 線はそれぞれ

$A : y_A = x - 122 \qquad B : y_B = -x + 118$

と示せる。したがって A 線と B 線を合成した C 線は，

$C : y = y_A + y_B = x - 122 - x + 118 = -4$

と示される。C 線は，輸出代金の為替差益・差損の可能性が先物為替の売りによって相殺されていることを示している。

こうして，輸出業者は，1ドルにつき4円は現時点のレートから見れば400万円の損失であるが，円高予想が当たったとしても，それ以上の為替リスク（すなわち，図の領域 X）はヘッジできたことを意味している。輸入業者についても，基本的に同様の議論ができることは明らかだろう。

ところで，この先物為替予約の例では，領域 X の為替リスクは回避できたが，同時に，輸出業者の予想に反して円安になった場合の為替差益（図の領域 Y）も放棄しなければならないことがわかる。そこで輸出業者としては，できれば，円高のリスクは回避しながら，円安による為替差益の可能性は維持したいと考えても無理はないであろう。これを実現する取引が後述するオプション取引にほかならない。

■先物取引とその仕組み

先物取引（futures）も先渡取引と同じく，将来の特定の時点で特定の資産をあらかじめ決められた価格で売買する契約である。しかし，相対型取引である先渡取引と違って，先物取引は，取引所（東京金融先物取引所（TIFFE），大阪取引所）において不特定多数の参加者間で，株価指数や標準化された架空の証券を売買する取引所取引である。たとえば，債券先物取引では，標準物と呼ばれる，クーポン・レート6％，額面100円，満期10年の架空の長期国債が使われている。また，先渡取引では受渡日に実際に現物資産を受け渡すが，先物取引では，受渡日前でも反対売買による差金決済が可能であり，現物資産の受渡は通常行われない。さらに，先物取引では決済時点での債務不履行回避のために，取引開始時に証拠金（売買契約金額（すなわち，想定元本）の数％にすぎない）の積立が義務づけられている。さらに，毎日の先物の値動きに応じて評価差損益を証拠金に加算・調整することを行っている。これを値洗い（marking-to-market）という。こうすることで，先物取引の決済時における債務不履行のリスクを最小限に抑えている。

先物取引はリスク・ヘッジとしても利用可能だが，現物を持つ必要がなく，投機（speculation）にも利用できる。投機とは将来の価格変動から利益を得るために行う取引をいう。

たとえば，ある企業が債券の値上がりを予想して，額面100円の先物国債を1枚当たり135円で，額面価格で1億円（すなわち，100万枚）分を買い建てたとしよう。これをロング・ポジション（long position）という。この

取引を実際に行うとすると総額1億3,500万円が必要だが，先物取引で必要となる委託証拠金はこの総額の数％（たとえば，2％とすると，270万円）で済む。これは先に述べたレバリッジ効果の一例である。

　このロング・ポジションの損益図は，先の図6-1のA線と基本的に同じである。横軸を期日までの先物価格をとり，A線と横軸との交点を135円として解釈し直せばよい。先物取引では期日前に決済が可能だから，もし，満期までに予想通り債券価格が135円を超えて上昇すれば，価格の上昇分だけ，反対売買による差金決済をすることで利益を得ることができる。たとえば，先物価格が137円になったとすると，その時点で先物国債を同じ1億円分売ることによって，ロング・ポジションを解消して，（(137－135)×1億円÷100円＝）200万円の利益をあげることができる。債券価格の下落を予想した場合でも，先物国債を売り建てる（ショート・ポジション）ことで，予想が当たった場合は利益を上げることが可能である。どちらの場合でも，予想が外れた場合は損失をこうむることはいうまでもない。

■金利先物取引のヘッジ機能

　ここでは，取引所取引のなかでも取引シェアーの高い金利先物取引によるリスク・ヘッジの例を図6-2で説明しよう。日本の代表的金利先物は東京金融先物取引所に上場されているユーロ円金利先物取引である。これはTIBOR（Tokyo Inter-Bank offered Rate：タイボー）と呼ばれる東京市場の銀行間の3カ月物金利を将来の特定日に一定の価格で売買する契約を現時点で行うことである。この場合も，先の図と同じような損益図を利用すれば，理解しやすい。図6-2を見てほしい。横軸には金利先物の価格表示法にならい，「100－金利（％表示）」をとっている。

　いまある企業が，3カ月後に変動金利による1億円の借入を計画しているとする。企業は，現時点の金利は1％であるが，将来は上昇すると予想している。このとき，この企業は銀行に対して変動金利による1億円の融資（3カ月後）を申し込むと同時に，同額分の3カ月物のユーロ円金利先物を，

図6-2 ユーロ円金利先物取引によるリスク・ヘッジ

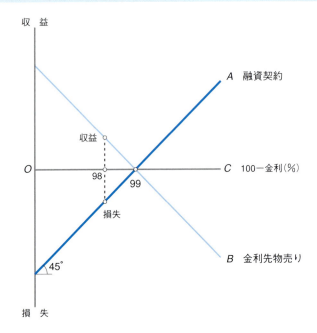

先物価格99（金利 1％）で売り建てるとしよう。

　図の正の傾き45度の A 線は，銀行との融資契約による損益曲線である。A 線は，期日に金利が現時点の金利 1％ 以上に上昇すれば，（すなわち，金利の先物価格が99以下になる領域では），損失（金利リスク）が生じることを示している。一方，図の B 線は，円金利先物の売却（ショート・ポジション）を示しており，金利の先物価格が下落すれば（すなわち，金利が上昇すれば），その下落分だけの利益を得ることができる。かくて先の図と同様に，A 線の損益は B 線の損益とちょうど相殺されて，合成損益曲線（C 線）は，この場合は横軸と一致する。たとえば，3カ月後の変動金利が予想通り上昇して，2％ になったとしても，満期時の先物価格98（＝100−2）で反対売買することで，金利上昇分の損失を金利先物による利益分で相殺することができる。こうして，ユーロ円金利先物取引を利用することで，この企

■先物の理論価格

これまでの説明では，先物の価格そのものがどのように決定されるかについては述べてこなかった。そこでここでは，先物の理論価格はどのように決定されるかについて説明しよう。ここでも以下に述べるような裁定取引の働きによって，先物の理論価格は，現物を購入して，それを先物満期決算期日（限月：ゲンゲツと読む）まで保有する費用（持越費用）を加えたものに等しくなることがわかる。すなわち，

　　先物理論価格＝現物価格＋持越費用

である。ここで，持越費用とは，以下に見るように，現物を限月まで保有することの機会費用（すなわち，現物価格分の資金を市場で運用した場合の金利収入分，あるいはそれを借り入れた場合は借入金利分）から限月まで保有することから得られる利子収入を引いたものに等しい。すなわち，先物価格を F，現物価格を P，先物期間に対応する金利を r，先物期間における利子収入を C とすると，持越費用は $rP-C$ となり，

$$F = P + rP - C = P(1+r) - C \qquad (6\text{-}1)$$

が成立する。債券先物の場合，C は期間中の確定利子収入に当たる。また，rP は，この債券を限月までの期間保有することによって諦めなければならない利子収入分（あるいは，P だけの資金を借り入れた場合には，借入金利分）を示している。この (6-1) 式は直先パリティと呼ばれる。

ところで，この直先パリティが成立するのは，以下のようにしてわかる。いま直先パリティが成立せず，$F > P(1+r) - C$ となっているとしよう。このとき，金利 r で借金して現物を買うと同時に，先物を売るという裁定取引を行えば，上の不等式の差，すなわち，$F - (P(1+r) - C)$ だけの利益を得ることができる。したがって，現物に対する需要が増加し，現物価格が上昇すると同時に，先物に対する供給が増加し，先物価格は下落し，最終的には

直先パリティが成立するはずである。また逆に，$F<P(1+r)-C$ ならば，現物を P で売って得た資金を r で運用すると同時に，先物を買うという裁定取引によって，やはり上の不等式の差，$(P(1+r)-C)-F$ だけの利益を手にすることができる。この裁定取引によって現物価格は下落する一方，先物価格は上昇し，やはり最終的には直先パリティが成立する。

　以上のような裁定取引を通じて，実際の先物価格と現物価格との差（ベーシスという）は持越費用に等しくなる。また，上式から，限月に近づくにつれて持越費用は小さくなるので，ベーシスは縮小し，受渡決済日には先物価格と現物価格とは等しくなることもわかる。

6-3　オプション取引とその仕組み

■オプションの種類

　オプションとは，あらかじめ決められた期日あるいは期限内に，あらかじめ定められた価格（行使価格）で原資産を売買する権利を売買する契約をいう。原資産を買う権利のことをコール・オプション（call option），売る権利のことをプット・オプション（put option）と呼ぶ。また，決められた期限内ならば，いつでも権利行使ができるオプションをアメリカン・オプション，決められた期日にのみ権利行使ができるオプションをヨーロピアン・オプションと呼ぶ。オプションの購入価格をオプション価格あるいはオプション・プレミアムと呼ぶ。

　基本的には，オプションを買うことは待ってみる（コールであれば値上がりのチャンス，プットであれば値下がりのチャンスを待つ）ことのメリットを買うことであると考えてよい。オプションの買い手は，オプションが権利であって義務ではないことから，自分にとって有利な場合にのみ権利を行使すればよい。この点は，必ず実行しなければならない先物や先渡契約と異な

る。しかし，オプションの売り手は，買い手が権利を行使したときには必ず取引に応じなければならない。

■オプションの損益図と本質価値

ところで，オプションの価値とは何であろうか？　そこでヨーロピアン・オプションについて，先に用いた損益図を使って考えてみよう。たとえば，行使価格を K とするコール・オプションの買い手の損益図はどのようになるだろうか。それは図6-3 [a] で示されることがわかる。もし原資産の市場価格が行使価格以下であれば，行使価格で買う権利を行使する意味はなく，コール・オプションの価値はゼロ（0）であるが，行使価格を超えた場合には，コールの権利を行使して市場価格より安い K 円で証券を買い，それを市場で売却すれば，その差額だけの利益を手にすることができる。したがって，それがこのコール・オプションの価値を表していると考えることができる。この部分の価値を本質価値と呼ぶ。

これを式で示せば，コールの買い手にとっての本質価値は，$\mathrm{Max}\{0, S-K\}$ で示される（S は市場価格）。$\mathrm{Max}\{A, B\}$ とは A, B のうち大きな値をとることを意味する。これは図 [a] 中の実線で示された折れ線 OKA で示されている。折れ線 OKA はコールの買い手にとっての利益は限りなく大きくなる可能性があることを示唆している。図 [a] の点線で示された折れ線は，コール・オプションのプレミアム（OO' で示される）を含んだ場合の損益曲線を示している。

一方，プット・オプションの価値も同様にして，$\mathrm{Max}\{0, K-S\}$ と示せることは明らかだろう。プット・オプションの損益図は図 [b] で示されている。図 [a] と同様に，実線が本質価値を表し，点線がプットのプレミアムを考慮した場合の損益曲線を表している。本質価値が正のオプションをイン・ザ・マネー（in the money），ゼロのオプションをアウト・オブ・ザ・マネー（out of the money）と呼ぶ。また，行使価格と原資産の市場価格が等しい場合のオプションをアット・ザ・マネー（at the money）と呼んで

6　金融派生商品(デリバティブ)：金融革新Ⅱ

図6-3　コール，プットの損益図

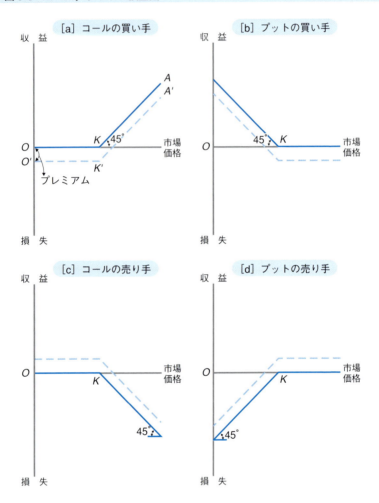

いる。以上から，本質価値は決して負になることはない。なぜなら，オプションは権利であって，義務ではないからである。

　以上はオプションの買い手にとっての価値であったが，売り手にとっての損益図は買い手の損益図をちょうど逆にしたものになっている。すなわち，オプションの売り手と買い手の損益は相殺し合い，その合計は常にゼロとな

っており，その意味でオプション取引はゼロ・サムである。コールの売り手の図は［c］，プットの売り手の図は［d］で示されている。実線および点線の解釈は先と同様である。ところで，オプション取引がゼロ・サムであるということは，しかし，オプション取引が何の価値も生み出さないことを意味しているわけではない。取引当事者たちは将来に対する自らの予想に基づいてオプション取引を行うことによって，将来のリスク負担を再配分しているのである。すなわち，オプションが新たな予想外のリスクを生まない限り，リスクの再配分機能を果たすことで，ゼロ・サム取引であっても，取引参加者の経済厚生を高めているといえる。

■オプションの利用例

　ここで，先の先物為替予約の例を使って，オプションの利用例を見ておこう。たとえば，先の先物為替予約の例（図6-1）では，現時点で将来の為替レートを固定することで為替リスクをヘッジしたが，それと同時に，為替レートが円安にふれた場合の為替差益を得る機会も放棄している。そこで，先物為替予約に代えて，行使価格122円のプット・オプションをプレミアム4円で購入したとすると，その損益曲線は図6-1をもとに新しく描いた図6-4の点線 B で示すことができる。このとき，合成された損益曲線は曲線 C で示される。曲線 C は，予想を超えた円高の場合の為替損失は回避しつつ，一方円安になった場合の為替差益は享受できることを示している。このようにして，輸出業者はオプション取引を利用することで，先物為替予約では放棄した為替差益の機会を維持しつつ，円高による為替損失のリスクを回避することができる。輸出業者は，保険料（すなわち，プレミアム）を払うことによって，この為替リスクだけをプット・オプションの売り手に転嫁しているわけである。この図はまた，原資産を購入すると同時に，プット・オプションを買うという「プロテクティブ・プット」と呼ばれる手法の損益図にもなっている。

　オプションや先物が示す損益プロフィールは，新たな形の損益プロフィー

6　金融派生商品（デリバティブ）：金融革新II

図6-4　オプションを利用した為替リスクのヘッジ

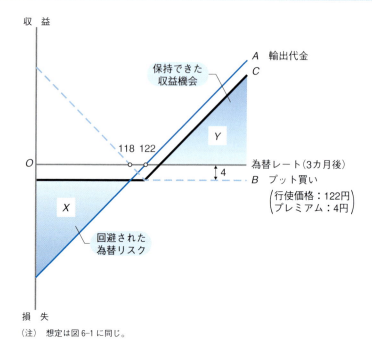

（注）想定は図6-1に同じ。

ル（言い換えれば，キャッシュフロー）を構成するための原材料あるいはブロックと考えることができる。これらのブロックを組み合わせて（すなわち，売買して），取引参加者はそれぞれのニーズにあった損益プロフィール（キャッシュフロー）を作ることが可能であり，その過程で，それぞれの損益プロフィールに応じたリスク負担の再配分を行っているのである。

■オプション価格（オプション・プレミアム）の決定要因

　ところで，図6-3［a］のOO'で表されたオプションの価格（プレミアム）はどのような要因によって決まっているのだろうか。コール・オプション（ヨーロピアン型）を例にとって考えてみよう。先述したように，コール・オプションの買い手にとっての本質価値は，図6-3［a］の実線OKAで示されている。この本質価値（OKA）はオプションの価格（プレミアム）が

それ以下にはなり得ない，いわば下限を意味している。つまり最低限それだけの価値ある権利に対しては最低限それだけの価格が付かなければならないことを意味している。たとえば，市場価格が 1500 円で権利行使価格が 1200 円であれば，コール・オプションのプレミアムはこのときの本質価値，300 円以下ではあり得ない。もしそうなら，コールを買って行使し，買った証券をただちに売却すれば確実に利益をあげることができるからである。

　しかし，コール・オプションの価値はそれだけではない。本質価値を上回るオプションの価値を時間価値と呼ぶ。したがって，コール・オプションの価値，すなわちコールのオプション・プレミアムを C とすると，C は，

　　$C = \mathrm{Max}\{0,\ S-K\} + 時間価値$

と書くことができる。本質価値からは，原資産の価格（S）が高ければ高いほど，また行使価格（K）が低ければ低いほど，C は高くなることがわかる。それでは，時間価値とは何であろうか。時間価値をあえて一言で要約すれば，満期まで決定を延ばして，利益のあがる機会（チャンス）を待てるという価値ということができる。したがって，この時間価値は，満期までの期間が長いほど，また原資産の価格（すなわち，収益率）の変動幅（ボラティリティ：volatility）が大きいほど，大きくなると予想できる。さらに，安全資産の金利の上昇は，満期時の行使価格の現在価値（すなわち，権利行使のために現在用意しなければならない必要資金額）を低下させることを通して，コール・オプションの価値を高める。

　このように，コール・オプションのプレミアムは①原資産の価格が高いほど，②権利行使価格が低いほど，③満期までの期間が長いほど，④原資産価格のボラティリティが大きいほど，⑤安全資産の利子率が高いほど，高くなることが予想される。コール・オプション（ヨーロピアン）のプレミアムに関する，こうした関係を，明確な諸仮定のもとで，厳密な計算式で明らかにしているのが有名なブラック=ショールズ・モデル（Black=Scholes Model）にほかならない。

■2項モデルとリスク中立確率

ここでは,株式のコール・オプション（ヨーロピアン）を例にとって,そのプレミアム（価格）がどのように決まるかを,2項モデルによって説明しよう。2項モデルとは,将来の状態が2つしかないとする簡略モデルである。いま,現在（時点0）の株価をS,現在のコールの価値をCとする。満期時点1の株価は,上昇時には,上昇率をu ($u>1$)としてuS,下落時には,下落率をd ($d<1$)としてdSである。uおよびd,すなわち原株のボラティリティは既知とする。一方,上昇時,下落時のCの価値を,それぞれ,C_u,C_dと書こう。いうまでもなく,Kを行使価格として,$C_u=\text{Max}\{uS-K, 0\}$,$C_d=\text{Max}\{dS-K, 0\}$である。

いま,時点1の状態にかかわらず,将来価値が一定（すなわち,無リスク）となるような原株とコール・オプションからなるポートフォリオを作ってみる。たとえば,コールを1単位を売って,原株をN単位を買うポートフォリオの現在の価値は$NS-C$である。このポートフォリオの時点1の上昇時,下落時の価値は,それぞれ$NuS-C_u$,$NdS-C_d$であり,両者が等しくなるためには,

$$N=\frac{C_u-C_d}{S(u-d)} \tag{6-2}$$

であることがわかる。このNをヘッジ・レシオと呼ぶ。

かくて,満期時点1の将来価値が一定（たとえば$NuS-C_u$）であるこのポートフォリオの現在価値（$NS-C$）は,将来価値を安全資産の粗利子率（$1+r_f$）で割り引いた値,

$$NS-C=\frac{1}{(1+r_f)}(NuS-C_u) \tag{6-3}$$

である。これをCについて解けば,次式が得られる。

$$C=\frac{1}{(1+r_f)}\{pC_u+(1-p)C_d\} \tag{6-4}$$

なお、ここで $p=\dfrac{(1+r_f)-d}{u-d}$ であり、これはリスク中立確率と呼ばれる。

上式は、コールの価格(C)がリスク中立確率を使って求めた時点1のコールの期待値を、安全利子率($1+r_f$)で割引いた現在価値に等しいことを意味している。これまで、各状態の客観的な生起確率には触れてこなかったことに注意して欲しい。というのも、客観的な生起確率はオプション・プレミアムを求める上では必ずしも必要でなく、必要なのは仮想的なリスク中立確率だからである。リスク中立確率とは、将来収益の変動リスクには関心を持たず、その期待値だけに関心を持つ投資家（第7章）が想定する仮想的な確率を意味している。近年では、多様な状態に対応したリスク中立確率を使って、オプションだけではなく、さまざまな金融商品の理論価格を求めるリスク中立価格方式が注目を浴びつつある。

■オプション原理の応用例

オプションの重要な部分は本質的価値よりもむしろ、時間価値の部分、すなわち決定を先に延ばして、様子を見、利益の機会を待てることの価値にある。こうした価値を含んでいる例は、ほかにも見つけることができる。それを「埋め込まれたオプション」という。

例をあげよう。掛け捨ての火災保険の購入は、火災が生じた場合の損失額を保険会社に売るという権利（すなわち、プット・オプション）を買うことであり、保険料はプットのプレミアムにほかならない。また、株式や債券といった金融資産自体も一種のオプションを含んでいると解釈できる。すなわち、債券の購入はその企業の営業業績を原資産、その債券の元利返済金を権利行使価格とするプットの売却を含んでいるし、また、株式の購入（出資者になること）はその企業の営業業績を原資産、その企業の借入の元利返済額を行使価格とするコールの買いを含んでいると考えることができる。こうした解釈は、第4章で示した株式と債券の収益プロフィール（図4-2）とオプションの損益図を見比べれば自ずと明らかだろう。このように、これまでの

6 　金融派生商品(デリバティブ)：金融革新Ⅱ

金融商品のなかにもオプションの原理を取り入れたもの，あるいは金融以外にもオプションの考え方が適用できるものが実はたくさんあるのである。

□ 6-4 スワップ取引 □

■スワップ取引の種類

　代表的なスワップ取引には，通貨スワップと金利スワップとがある。通貨スワップとは異なった通貨建ての債務（たとえば，ドル建て債務と円建て債務）の交換取引であり，金利スワップとは異なった金利方式の債務（固定金利債務と変動金利債務）の交換取引である。最初のスワップ取引は1981年に世界銀行とIBMとの間で行われたドルとドイツマルクおよびスイスフランとの通貨スワップであるといわれている。スワップ取引は，先物取引やオプション取引が取引所取引であるのに対して，銀行などの金融機関と顧客とが個別に行う相対取引である。ここでは金利スワップ取引を例に，スワップ取引の仕組みについて説明しよう。

■金利スワップ取引の仕組み

　いまA社とB社があり，一流会社のA社は固定金利では5％，変動金利ではLIBOR+0.25％で調達できるが，二流会社のB社は固定金利では6％，変動金利ではLIBOR+0.5％と，どちらについてもA社の資金調達能力より劣っているとしよう。そしてA社は変動金利による短期資金の調達を，B社は，固定金利での長期資金調達を望んでいるとしよう。LIBOR（London Inter-Bank Offered Rate：ライボーと呼ぶ）とはロンドンにおける銀行間市場における資金の出し手金利（変動金利）で，国際金融市場での貸出基準金利とみなされている。ここで図6-5に示すような金利スワップ例を考えよう。このスワップ取引によって，両企業は独自で資金調達するよりも低コストで

図6-5 金利スワップ取引

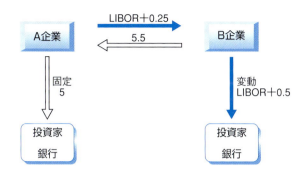

▶表6-3 金利スワップ取引によるネット利益

	支　払	受　取	ネットコスト	独自調達コスト	ネット利益
A企業	5+L+0.25	5.5	L−0.25	L+0.25	0.5
B企業	L+0.5+5.5	L+0.25	5.75	6	0.25
合　計	2L+11.25	L+5.75	Y=L+5.5	X=L+6.25	$X-Y$=0.75

（注）LはLIBOR。

資金調達が可能となる。

　図6-5に示された金利スワップでは，A社は5％の固定金利で調達するが，B社に変動金利LIBOR+0.25％を支払い，B社から5.5％の固定金利を受け取る。一方，B社はLIBOR+0.5％の変動金利で同額の資金調達をする。このスワップ取引例では，表6-3にあるように，A社，B社はそれぞれ独自で資金調達した場合と比べて，それぞれA社は0.5％，B社は0.25％，低い金利で資金調達できる。なお，実際の取引では，銀行が両企業の仲介をするのが普通である。

■金利スワップ取引の機能：効率的資金調達と金利リスクヘッジ
　上記の例で示したスワップ取引による利益の源泉はどこにあるのだろうか。

それは**表6-3**から明らかなように，独自調達の場合の調達コスト（X）とスワップを行ったときの調達コスト（Y）との差（$X-Y$）にある。この差（$X-Y$）はまた，両企業の長期（固定）金利格差（上式の第1項）から短期（変動）金利格差（第2項）を引いたものに等しいことがわかる。すなわち，

$$X-Y=(6-5)-(\text{LIBOR}+0.5-(\text{LIBOR}+0.25))=0.75 \qquad (6\text{-}5)$$

である。

　このように，スワップによる利益の源泉は，A社とB社の固定・変動金利での信用力の格差にある。この場合，A社は固定金利，変動金利ともに絶対優位にあるが，相対的にはA社は固定金利に，B社は変動金利に比較優位を持っている。つまり，効率的な資金調達の利益はそれぞれが比較優位な金利で資金調達した後，交換することから生まれるのである。

　以上が金利スワップ取引のひとつの機能であるが，もうひとつの重要な機能が，金利リスクのヘッジ手段という機能である。たとえば，長期固定金利の住宅ローンをかかえている個人は，金利低下リスクに対して，固定金利受取と変動金利支払いの金利スワップを組むことで，金利低下リスクを回避することができる。金利リスクのヘッジ手段としてのスワップに対するニーズは，たとえ効率的な資金調達という機会がなくなった場合でも，金利変動が存在する限りなくならない。

● 練習問題

1. 次の文中の（　）内に最も適切な語句を入れなさい。
   （1） デリバティブとは，その価値が（ a ）と呼ばれるより基本的な資産に依存する金融商品（契約）であり，（ a ）がもたらすキャッシュフローに対する（　　）を表している。
   （2） デリバティブの最も重要な機能はリスクのコントロール機能であり，そのうち，リスク・（　　）機能とは，将来の価格を現時点で（　　）することによって将来の損失機会（リスク）を回避することをいい，（　　）機能とは，プレミアムを払うことによって将来の損失機会を他者に（　　）することをいう。
   （3） 債券先物取引において，ロング・ポジションをとる主体は債券価格の（　　）を予想し，ショート・ポジションをとる主体は逆に債券価格の（　　）を予想している。
2. 安全利子率と満期までの期間がプット・オプションの時間価値に与える効果について考察しなさい。
3. 資金調達コストが，A企業（固定：6％，変動：LIBOR＋0.25％），B企業（固定：8％，変動：LIBOR＋0.75％）であるとする。このとき，A企業の固定とB企業の変動の金利スワップによるネット利益合計は何％になるか，求めなさい。
4. 債券先物の理論価格（F）が先物の期間利子率をr，現物価格をPとして，$F=(1+r)P$となることを，裁定の考え方を使って説明しなさい。ただし，クーポン収入は無視してよい。
5. 6-3節の2項モデルのもとで，期待値だけに関心を持つ投資家が資金Sを株に投資したとする。この場合彼が望むのは，1期先の株価の期待値が，資金Sを安全資産に投資した場合の元利合計に等しいこと，すなわち，どちらに投資しても利益は同 なことである。この無裁定条件から，このタイプの投資家が想定する株価の上昇確率が6-3節で述べたリスク中立確率に等しいことを確かめなさい。

第 7 章

家計の金融行動

　資金余剰部門である家計にとって重要な金融行動は所得からどの程度貯蓄をするかという行動と，その貯蓄から生まれる富をどのような金融資産の形で保有するかという金融資産選択行動であろう。もちろん，住宅ローンや消費者信用など，家計の資金調達行動も近年重要になってきているが。さらに，保険の購入も家計の重要な金融行動のひとつである。そこでこの章では，第1節で家計の貯蓄行動，第2節で保険需要行動，第3節で資産選択行動に関する諸理論を検討する。そして最終節でわが国の家計の金融行動についての推移と現状を簡単に概観する。

7　家計の金融行動

7-1　家計の消費・貯蓄行動

■貯蓄超過部門としての家計

この節では，家計ないし消費者のフローの金融選択問題を取り上げる。1-5節を思い出していただきたい。そこで資金過不足を説明する際に，家計を例にとって，資金の源泉と使途を示す（1-1）式を示した。再記すれば，次の通りである。

貯蓄－投資＝金融資産純増－金融負債純増　　　　　　　　　　　　(1-1)

家計は図1-5からわかるように，主要な貯蓄超過部門である。そこで，本節では，家計の貯蓄決定の理論を説明しよう。貯蓄とは所得－消費であるから，所得を与えられたものと考えると，貯蓄の決定はまた消費の決定問題でもある。家計の貯蓄・消費の決定問題は，家計資源（所得）の異時点間配分の決定問題にほかならない。この問題をミクロ経済学の基本的な道具を使って説明しよう。基本的な道具とは，「予算制約線（budget constraint）」と「無差別曲線（indifference curve）」の2つであり，順次説明する。この2つの道具は，第2節，第3節でも利用される基本的な分析道具である。

■予算制約線

いま，現在と将来からなる単純な2期間モデルを考えよう。将来の不確実性は存在しないと仮定する。家計の現在所得を Y_1，将来所得を Y_2 として，図7-1の A 点で示す。点 A は与えられた所得の流列を示している。いま，金融市場が存在して，資金貸借が可能であるとし，市場で成立している利子率を r とする。このとき，A 点を通る傾き $-(1+r)$ の直線 BB は異時点間の予算制約線と呼ばれる。この BB 線上の点は，与えられた所得の流列（すなわち，予算）のもとで，金融市場を利用して可能となる最大限の現在消費と将来消費の組合せを示しているからである。

図 7-1 予算制約線と無差別曲線

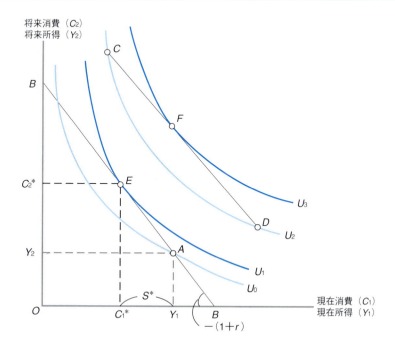

　いま，この BB 線を式で示してみよう。現在消費と将来消費をそれぞれ，C_1，C_2 と表す。2 期間ですべての所得を消費するという仮定のもとでは，将来消費 C_2 は，将来所得 Y_2 と現在の貯蓄（$Y_1 - C_1$）の元利合計との和で示されるから，

$$(1+r)(Y_1 - C_1) + Y_2 = C_2 \tag{7-1}$$

となる。これを次のような一般的な予算制約式に変形しておく。

$$C_1 + \left(\frac{1}{1+r}\right) C_2 = Y_1 + \left(\frac{1}{1+r}\right) Y_2 \tag{7-2}$$

現在価値にそろえた式。

　すなわち，予算制約式は，r を割引率として，現在と将来の消費の現在価値が右辺で示される全所得の現在価値に等しくなければならないことを示している。なお，割引要因 $\frac{1}{1+r}$ は，現在消費で測った将来消費の価格（相対価格）を意味している。

7　家計の金融行動

■家計（消費者）の効用関数と無差別曲線

　ミクロ経済学のもうひとつの基本的道具である効用関数と無差別曲線を導入しよう。いま，2種類の消費財のみを考え，この2財の消費量を x_1，x_2 とすると，この組合せを消費することから得られる満足（効用）U は消費量 (x_1, x_2) に依存して決まる。この関係を効用関数（utility function）と呼び，次のように表す。

$$U = U(x_1, x_2) \tag{7-3}$$

　無差別曲線とは，ある与えられた満足（効用）水準（たとえば U_0）を実現するような2財のすべての組合せを集めた曲線を意味する。図7-1では，この2財を現在消費（C_1）と将来消費（C_2）とした場合の無差別曲線を表している。無差別曲線はさまざまな効用水準に応じて描かれる。図7-1に示されているように，一般に無差別曲線は次のような特徴を持つと仮定される。

（1）　右下がりである。
（2）　互いに交差することは決してない。
（3）　原点から遠くに位置する無差別曲線ほど高い効用水準を示す。
（4）　原点に向かって凸である。

これらの仮定は次のように説明できる。性質（1）は，効用水準を一定に保つためには，ある財の消費量が増大したときには，他の財の消費量は減少しなければならないからである。性質（2）は，異なる効用水準を表す2本の無差別曲線が同時に一点を共有することは矛盾するからである。また，性質（3）は両方の財の消費量が多いほど，効用水準は高くなると考えられるからである。したがって，U_0 より U_1 が，さらには U_1 より U_2 が高い効用水準を示している。

　最後の性質（4）の，無差別曲線が原点に向かって凸であることの経済的な意味は何であろうか。それは，図7-1にあるように，同じ効用を与える C 点や D 点のような極端に偏った組合せよりも，バランスのとれた F 点のような組合せの効用のほうが高い（より高い無差別曲線上にある）ことを意味しており，許容できる仮定であろう。この性質はまた，次のように考えるこ

ともできる。無差別曲線の任意の点における接線の傾きの絶対値はその点での限界代替率（MRS：marginal rate of substitution）と呼ばれている。たとえば、F 点における限界代替率とは F 点からのある財の微小な減少分とそれが与える効用の変化をちょうど埋め合わせるのに必要な他財の増加分との比（すなわち、図では F 点における接線 CD の傾きの絶対値）を意味している。無差別曲線が原点に対して凸ということは、この限界代替率が C_1 を増加させていくにつれて、逓減（次第に小さくなる）することを意味する。これを「限界代替率逓減の法則」と呼ぶ。この法則はまた、ある財の消費量を増加させていくと、追加的単位から得られる効用の増分（限界効用）は逓減するという「限界効用逓減の法則」という性質からも導くことができる。

2期間モデルで使われる効用関数は単純化のため、次のような加法分離型効用関数と呼ばれる関数で表されることが多い。

$$U = U(C_1) + \beta U(C_2) \tag{7-4}$$

ここで、$U(C_1)$、$U(C_2)$ はそれぞれ現在消費、将来消費の効用関数を表す同一タイプの関数である。β は将来の効用を現在の効用に引き直す場合の、個人の主観的な割引要因を表している。β は、$\beta = \dfrac{1}{1+\delta}$ と書かれ、この δ（デルタ）は時間選好率（または主観的割引率）と呼ばれている。

この効用関数をもとに、限界代替率を定義してみよう。C_1 をわずかに変化（たとえば、減少）させたときの効用の変化分（減少分）は、C_1 の限界効用を MU_1 とすると、$MU_1 \times \Delta C_1$ で示される。ここで、大文字のデルタ（Δ）は、C_1 のわずかな（微小）変化を表す記号である。この効用の変化分をちょうど埋め合せるのに必要な C_2 の変化分（ΔC_2）は、C_2 の限界効用を MU_2 として、次の式を満たすように与えられなければならない。

$$MU_1 \Delta C_1 + \beta MU_2 \Delta C_2 = 0 \tag{7-5}$$

したがって、このときの限界代替率 MRS は、

$$\text{MRS} = -\frac{\Delta C_2}{\Delta C_1} = \frac{1}{\beta}\frac{MU_1}{MU_2} = (1+\delta)\frac{MU_1}{MU_2} \tag{7-6}$$

と表すことができる。ここで時間選好率（主観的割引率）δ は将来の効用に

7　家計の金融行動

対して現在の効用を選好する程度を表す。この値が 0 なら，現在と将来を同等に評価し，またこの値が正で大きければ大きいほど，将来を軽視し，現在を重視する傾向が強いことを表している。

■最適貯蓄の決定と所得・利子率変化の効果

上で説明した 2 つの基本的な分析道具を組み合わせることによって，最適な消費の時間的パターンを求めることができる。消費者は自らの効用を最大にするように現在消費と将来消費の組合せを選ぶという，効用最大化行動の仮説を認めれば，最適な消費パターンは図 7-1 の E 点で示される。なぜなら，予算制約線 BB 上の点のなかで，E 点の消費パターンが最も高い効用水準を実現しているからである。最適な現在消費が C_1^* で与えられれば，最適な貯蓄額も $S^* = Y_1 - C_1^*$ と求められる。この最適な E 点では，

$$\text{MRS} = 1 + r \tag{7-7}$$

が成立していることがわかる。すなわち，(7-7) 式，MRS$=1+r$ は，最適な消費パターンであるための必要条件を表している。このようにして，合理的な消費者は，与えられた所得の流列 (Y_1, Y_2) と利子率 (r) のもとで，この最適条件が成立するような消費パターン，したがってまた，最適貯蓄額を決定していると考えることができる。

次に，所得流列の変化と利子率の変化が貯蓄額に与える影響を考えてみよう。たとえば利子率 r が r' へと上昇したとしよう。通常，利子率の引き上げは貯蓄を増加させると考えられるが，この常識は以下に見るように必ずしも正しくない。利子率の上昇は図 7-2 にあるように，予算制約線を初期の BB 線から点 A を通って $B'B'$ 線に変化させる。それに応じて，最適な消費の組合せも初期の E 点から変化することになる。

一般に，利子率（価格の一種）の上昇は消費に対して「所得効果（income effect）」と「代替効果（substitution effect）」という 2 つの効果を持つ。すなわち，利子率の上昇は既存の貯蓄額から得られる利子所得を増加させるので，現在消費を増加させるという効果（所得効果）を持つ。したがっ

図7-2 利子率変化の効果

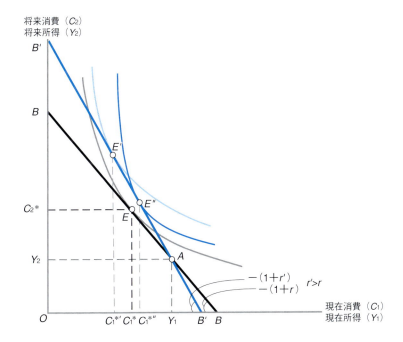

て，利子率の上昇による所得効果は貯蓄額を減少させる方向に作用する。

一方，代替効果とは，実質所得の変化を除いた相対価格（$1/(1+r)$）の純粋な変化が需要量に与える効果をいう。この場合，利子率の上昇は，現在消費に比較して将来消費を相対的に安くさせるので，現在消費を減少させて，将来消費を増加させる効果を持つ。これが利子率上昇による代替効果である。すなわち，利子率上昇による代替効果は貯蓄額を増加させる方向に作用することがわかる。

したがって，利子率の上昇が常に貯蓄を増加させるとは限らず，それは代替効果と所得効果の相対的な大きさに依存する。すなわち，利子率上昇の代替効果が所得効果を上回るかどうかによって，貯蓄が増加するか，減少するかが決まってくる。たとえば，図7-2では，代替効果が所得効果を上回る場合の新しい均衡点はE'点，下回る場合はE''点で示されている。後者の場

7 家計の金融行動

合，利子率の上昇は，常識に反して，貯蓄額をかえって減少させることがわかる。

これまでの説明では，将来所得は確実であると仮定してきた。しかし現実には，将来所得は不確実である場合のほうが多い。そのような場合，将来所得の不確実性から生じるさまざまなリスクをカバーするために，これまでの理論で説明される以上の貯蓄を行う可能性がある。このような，将来の不確実性（リスク）に対処するための緩衝装置（バッファー）としての貯蓄のことを「予備的貯蓄」と呼ぶことがある。

7-2 不確実性下の選択行動と保険の購入

■将来の不確実性と期待効用最大化仮説

前節では，基本的に確実性が支配する世界での家計の金融行動を論じてきたが，この第2節では将来の不確実性（リスク）を明示的に導入した場合の家計の金融行動を考える。本節では，そのひとつである保険に対する需要について検討しよう。

そこでまず，不確実な状況のもとでの選択行動を説明する一般的なモデルを説明しよう。これは期待効用最大化の仮説と呼ばれ，前節で言及した効用最大化行動仮説を不確実な状況に拡張したものである。ここでは，選択の対象はある種の籤であると考える。いま，将来の起こり得る状況が2つ（状況a，b）という単純な場合を想定し，たとえば，状況aのとき，W_a円が得られ，状況bではW_b円が得られるような籤を想定する。こうした選択可能なたくさんの籤のなかから，人々はどのようにして籤を選択するであろうか。

ひとつの選択基準は，人々は平均利得額（すなわち，利得（W）の期待値）の最も高い籤を選択するというものである。ここで，利得の期待値（期待利得額）を求めてみよう。このケースで，状況aの生じる確率をp_a，状

況 b の確率を p_b とすると，この籤の期待利得額を $E(W)$ とすると，$E(W)$ は各状況で得られる金額にその状況が生じる確率を掛けたものの総和をとることで計算できる。すなわち，

$$E(W) = p_a W_a + p_b W_b \tag{7-8}$$

である。ただし，p_a, p_b は確率なので，ともに非負で，$p_a + p_b = 1$ である。ここで，$E(W)$ の E は，統計学では期待演算子と呼ばれ，確率変数 W の期待値をとることを意味している。

しかし，「サンクト・ペテルブルグの逆説」が明らかにしたように，この期待利得額による選択基準は必ずしも人々の行動を正しく予想するものではない。サンクト・ペテルブルグの逆説とは，18世紀の数学者，ダニエル・ベルヌーイがその解答を与えた問題で，次のようなものである。コイン投げを表が出るまで続けて，初めて表が出たときの回数を n とすると，その n 回目に賞金 2^n 円がもらえるゲームと，何回目に表が出てもそのときの賞金がある一定の金額（たとえば，X）であるゲームとどちらを選択するかという問題を考える。先の期待利得額の計算によって，最初のゲームの期待賞金額は無限大となるが $\left(\frac{1}{2} \cdot 2 + \left(\frac{1}{2}\right)^2 \cdot 2^2 + \left(\frac{1}{2}\right)^3 \cdot 2^3 + \cdots\cdots\right)$，2番目のゲームの期待賞金額は X であることがわかっている。このとき最初のゲームの期待賞金額が無限大であるにかかわらず，X の値によっては後者のゲームを選択する人がいるのはなぜかという問題がある。2番目のゲームを選択する人は，最も高い期待賞金額の籤を選択するという基準を採用していないことになるからである。

この期待利得額最大化の基準に代わる行動仮説が期待効用最大化の仮説である。これは，人々は期待利得額の最も高い籤ではなく，それぞれの状況で得られる所得（W）の効用（$U(W)$）の期待値（すなわち，期待効用）の最も高い籤を選択するという仮説である。たとえば，利得 W_a が生じる可能性（確率）を p_a，W_b の確率を p_b，この籤が与える期待効用を $E(U)$ とすると，

$$E(U) = p_a U(W_a) + p_b U(W_b) \tag{7-9}$$

と示される。期待効用最大化仮説では，人々は選択可能な籤のなかから，そ

7　家計の金融行動

の期待効用が最大となるような籤を選択するように行動すると仮定する。ベルヌーイが与えた解答は実はこの期待効用最大化仮説の考え方を主張したものであった。ここでもこの仮説を採用することにしよう。

■効用関数と危険回避行動

ここで効用関数 $U(W)$ の性質について考えよう。一般的な形状として，図 7-3 に示した3種類のタイプが考えられる。最初の横軸に向かって凹型のタイプを危険回避型（図 [a]），2 番目を危険中立型（図 [b]），そして最後を危険愛好（追求）型（図 [c]）の効用関数と呼ぶ。最初の効用関数は，所得の限界効用（効用関数の接線の傾きで示される）が逓減するタイプの効用関数で，このような効用関数を持つ主体をなぜ危険回避型と呼ぶのかは，以下で説明する理由による。

いま，半々の確率で 0 か 100 の所得がもらえる籤を考える。この籤の所得の期待値は図 7-3 の [a] の $\overline{W}$ で与えられ，50 である。この籤の期待効用は（7-9）式に従って，縦軸の Z 点に対応している。ところで，この期待効用と同等の効用は確実に A だけの所得が得られる場合に達成できることが図の [a] から読み取れる。そこで，同等の効用を与えるこの籤の期待所得額（$\overline{W}$）と確実な所得（A：確実同値額）との差（$\overline{W}-A$）は，この個人は，もしこの籤を確実な A と代えてくれるならば，払ってもよいと考えている最大金額であることを意味しており，リスク・プレミアムと呼ばれる。このような効用関数を持つ個人を，プレミアムを払って確実な所得を望むという意味で，危険回避型と呼ぶのである。

このリスク・プレミアムを使って，他のタイプについても定義できる。すなわち，このリスク・プレミアムが 0（すなわち，線形の効用曲線）を持つ主体を危険中立型と呼び，正ではなく，いわば負のリスク・プレミアムを持つ（横軸に向かって凸型の形状を持つ効用関数）を危険愛好（追求）型と呼ぶのである。実際には，ほとんどの個人は危険回避型であり，危険回避型であるからこそ，保険を必要とすると考えられるので，以下では危険回避型の

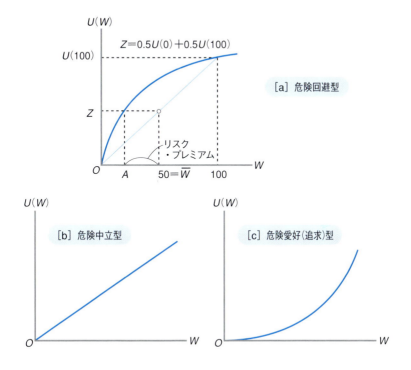

図 7–3　3 種類の効用関数

主体に焦点を絞って説明しよう。

■ 保険に対する需要

(1) 予 算 制 約

　家計の保険需要を説明する際にも，前節で説明した2つの分析道具が力を発揮する。そこで，ここでは火災保険を例にとって，火災保険の最適な需要量の決定を説明しよう。

　まず保険需要に関する予算制約を導入しよう。いま，資産額を W，火災の起きる状況を a とし，その確率を p_a，火災が起きたときの被害額を L とする。状況 b は火災がない状況とする。さらに，保険金（これが保険需要量を表す）を X，保険料を保険金1単位当たり α とする。保険を考慮して，

7　家計の金融行動

状況 a, b での資産額を W_a, W_b とすると，それぞれ，

$$W_a = W - L + (1-\alpha)X \tag{7-10}$$

$$W_b = W - \alpha X \tag{7-11}$$

と示すことができる。上式から X を消去して，整理すると，

$$W_b = \frac{W - \alpha L}{1-\alpha} - \frac{\alpha}{1-\alpha} W_a \tag{7-12}$$

が得られる。これが保険に加入することによって可能になる，状況 a, b の資産額の組合せを示す「予算制約式」にほかならない。この予算制約線は図 7-4 の BB 線で示されている。BB 線上の点 A は保険に加入しない場合の初期点を表している。ただし，この場合，実際には状況 a か b のどちらかしか実現しないので，前節の例のように W_a, W_b を同時に手に入れることはできないことに注意しよう。

（2）　無差別曲線

　次に，危険回避者の無差別曲線はどのように求められるだろうか。先と同じように，この場合の無差別曲線もある期待効用水準を一定に保つような W_a と W_b のあらゆる組合せからなり，先と同じように原点に向かって凸の曲線で表される。そのように描ける理由も，先と同じく，どちらかの状況に偏った極端な資産の組合せよりも，バランスの良い組合せ（たとえば，原点から伸びている 45 度線 OX 上の組合せ）のほうが選好されると考えられるからである。したがってここでも，限界代替率逓減の法則は成立していると考えられる。なお，原点から発する 45 度線 OX は確実性直線と呼ばれ，どちらの状況が生じても資産額は変わらない，すなわち確実な資産の状態を表す直線である。

　最後に，この場合の限界代替率 MRS $\left(= -\dfrac{\Delta W_b}{\Delta W_a}\right)$ を求めておこう。この場合の期待効用は（7-9）式に示された通りである。そこで，先と同じく，W_a のわずかな減少（ΔW_a）が期待効用に与える影響は，W_a の限界効用を MU_a として，$p_a MU_a \Delta W_a$ と示せる。この期待効用の変化を相殺するために必要な W_b の変化分（ΔW_b）は次の式を満たしていなければならない。

図7-4 保険需要量の決定

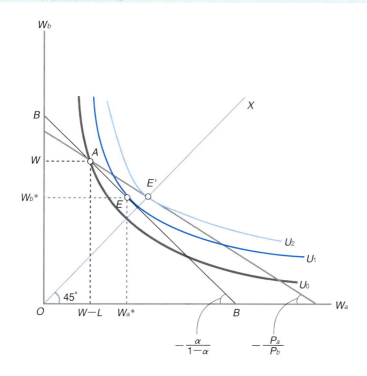

$$p_a MU_a \Delta W_a + p_b MU_b \Delta W_b = 0 \tag{7-13}$$

この式から，限界代替率は，

$$\text{MRS} = -\frac{\Delta W_b}{\Delta W_a} = \frac{p_a MU_a}{p_b MU_b} = \frac{p_a}{1-p_a}\frac{MU_a}{MU_b} \tag{7-14}$$

となり，この場合の MRS は，第1節の確実性下の限界代替率と異なり，状況確率の比 ($\frac{p_a}{p_b}$) にも依存していることがわかる。

（3） 保険の最適需要量の決定

以上説明してきた予算制約線と無差別曲線を合わせて，最適な保険需要量を求めよう。図7-4 を見ていただきたい。期待効用最大化に従って行動する主体は，この場合も先と同じく，予算制約が示す選択可能な組合せのなかから，最も高い無差別曲線に達する点を選ぶことになる。すなわち，予算制約

と無差別曲線が接する点 E が最適な資産の状態であり，点 E (W_a^*, W_b^*) に応じて，最適な保険需要量が決まってくる。<u>保険需要の最適条件</u>は，第1節と同じく，予算制約線の傾き $\left(\dfrac{\alpha}{1-\alpha}\right)$ と MRS が等しいこと，すなわち，

$$\text{MRS} = \frac{p_a MU_a}{p_b MU_b} = \frac{\alpha}{1-\alpha} \tag{7-15}$$

である。ここでもこの理論モデルを使って，保険料の変化が保険需要量にどのような影響を与えるかなどについて分析することが可能になる。

■完全保険

これまで保険料 (α) は与えられたものとされていたが，いま，保険会社の期待利潤 ($E\pi$) がゼロとなるような完全競争的な保険市場を仮定してみよう。このときの保険料 (α) については，

$$E\pi = \alpha X - p_a X = 0 \tag{7-16}$$

より，$p_a = \alpha$ となり，次の関係式が成立する。

$$\frac{p_a}{p_b} = \frac{\alpha}{1-\alpha} \tag{7-17}$$

すなわち，この場合の予算制約線の傾きは状況確率の比に等しくなっている。これを上の最適条件（7-15）に代入すると，最適点では $MU_a = MU_b$ となっていなければならないことがわかる。これは，図7-4 からも明らかなように，最適点（E'）が確実性直線上になければならないことを意味している。すなわち，この場合には危険回避型の主体はどのような状況になっても資産額が同じになる点まで保険を需要することがわかる。このような状態を<u>完全保険</u>と呼ぶ。

7-3　家計の金融資産選択行動(資産選択理論)

■投資の収益性とリスク：2パラメーター・アプローチ

　ここでは，不確実性下における2番目の金融選択の問題を考察しよう。それは第1節で論じたフローの金融選択問題に対してストックの金融選択問題と呼ばれる問題である。すなわち，家計が貯えた貯蓄をどのようにしてさまざまな金融資産（預貯金，株式，債券など）に分散して保有しようとするのかという，資産選択問題である。

　金融資産にはさまざまな種類がある。たとえば，預金はどのような状況になってもその価値はほぼ確実だが，収益はあまり上がらない。このような元利の価値が状況にかかわらず一定であるような金融資産を「安全資産」と呼ぶ。一方，株式や債券などの金融資産はそれらの市場価格が変動するので，リスクを負うが，高い収益も同時に期待できる。こうした，その将来価値が不確実であるような金融資産を「危険資産」と呼ぶ。家計（あるいは，投資家一般）は投資資産の収益性とリスクという2つのパラメーターを考慮して，望ましい金融資産の組合せを決めていると考えることができる。こうした収益性とリスクという2つのパラメーターによって資産選択行動を説明しようとする考え方を2パラメーター・アプローチという。以下では，この2パラメーター・アプローチによる資産選択理論を説明しよう。

　そこでまず，金融資産の収益性とリスクの指標を説明しよう。一般的に，ある金融資産の収益性はその投資から得られる収益率の平均値である期待収益率で示される。また，金融資産のリスクは収益率の散らばり具合を示す標準偏差（あるいは分散）で表すのが一般的である。

　表7-1の具体例を使って説明しよう。将来の予想される状況が好況と不況の2つだけであり，どちらの状況も50％の確率で起こり得ると予想されているとしよう。資産Aは状況にかかわらず収益率は5％である。したが

179

7 家計の金融行動

▶表7-1 金融資産の期待収益率とリスク

	収　益　率		期待収益率 (μ)	標準偏差 (リスク：σ)
	好況 (50%)	不況 (50%)		
資　産　A	5%	5%	5%	0%
資　産　B	30%	0%	15%	15%

って，資産Aは安全資産と考えられる。一方，資産Bの収益率は好況時には30%，不況時では0%と予想されており，したがって危険資産である。両資産の期待収益率は収益率の平均値であるから，次のように計算される。

　　資産Aの期待収益率（μ_a）＝0.5×0.05＋0.5×0.05＝0.05

　　資産Bの期待収益率（μ_b）＝0.5×0.3＋0.5×0＝0.15

一方，リスクの指標である収益率の標準偏差は分散のプラスの平方根であるから，定義に従ってまず，分散を求めよう。

　　資産Aの分散（σ_a^2）＝0.5×$(0.05-\mu_a)^2$＋0.5×$(0.05-\mu_a)^2$＝0

　　資産Bの分散（σ_b^2）＝0.5×$(0.3-\mu_b)^2$＋0.5×$(0-\mu_b)^2$＝0.0225

標準偏差は分散のプラスの平方根であるから，安全資産Aの標準偏差（リスク）は0%，資産Bの標準偏差（リスク）は$\sqrt{0.0225}$＝0.15，すなわち15%である。なお，リスク指標として，分散でなく標準偏差が用いられるのは，その標準偏差の単位が期待収益率と同一（この場合は%）であり，扱いやすいからである。

■ 有効フロンティア（ポートフォリオ全体のリスクと収益）

　家計に限らず一般の投資家は，その投資資金をさまざまな金融資産に分散して投資するのが普通であろう。それは後述するように，分散投資をすることによってリスクを軽減することが可能だからである。保有資産の組合せのことをポートフォリオ（portfolio）と呼ぶ。そこで，次にポートフォリオ全体の期待収益率と標準偏差を考えよう。

　いま，選択対象は2種類の危険資産，B，Cだけと仮定して，各資産への

投資比率をそれぞれ b, c としよう。ただし，b, c は非負，$b+c=1$ である。この2種類の危険資産からなるポートフォリオの期待収益率（μ_P）は，個別資産の期待収益率にそれぞれの投資比率（それぞれ b, c）を掛けて足すことによって求められる。B, C 資産の期待収益率をそれぞれ，μ_b, μ_c とすると，

$$\mu_P = b\mu_b + c\mu_c \tag{7-18}$$

で与えられる。すなわち，μ_P は μ_b と μ_c の加重平均値である。また，ポートフォリオ全体の分散（σ_P^2）は次のような式で表せることがわかっている。すなわち，

$$\sigma_P^2 = b^2\sigma_b^2 + c^2\sigma_c^2 + 2bc\rho_{bc}\sigma_b\sigma_c \tag{7-19}$$

ここで，σ_b^2, σ_c^2 は B, C 資産の分散，σ_b, σ_c は B, C 資産の標準偏差である。

上式の ρ_{bc} は相関係数（correlation coefficient）と呼ばれ，両資産の収益率間の関係を示す統計指標である。相関係数は−1から1の間の値をとることがわかっている。B 資産の収益率が高まる（低まる）場合に C 資産の収益率も高まる（低まる）ときは，正の相関があるといい正の値をとるが，その関係が完全に正の線形関係で示せるときは値1をとる。逆に，B 資産の収益率が高まる（低まる）場合に C 資産の収益率が低まる（高まる）ときは負の相関と呼ばれ負の値をとるが，その関係が完全に負の線形関係で示せるときは−1の値をとる。また，両者の間にどのような線形の関係も見られないときは無相関と呼ばれ，値0をとる。

ポートフォリオの期待収益率と標準偏差（リスク）は各資産への投資比率を変えることによって変化するが，両資産の間の相関係数に応じて，図7-5のように示されることがわかっている。ここで，点 B, C はそれぞれ個別資産 B, C の期待収益率とリスク指標を示す点である。

相関係数が1の場合は，ポートフォリオの期待収益率と標準偏差（リスク）の組合せは直線 BC で示される。また，−1のときは，折れ線 BDC となり，投資比率によっては，ポートフォリオのリスクを0にすることができる。相関係数が一般的な値の場合には，三角形 BDC 内の，たとえば曲線 BEC によって示される。相関係数が−1に近い場合は折れ線 BDC に近

7　家計の金融行動

図7-5　有効フロンティア（危険資産のケース）

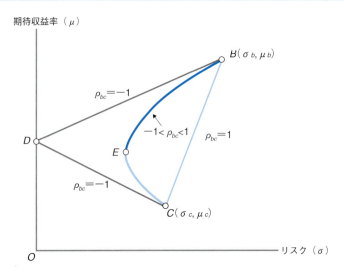

く，1に近い場合は直線 BC に近い曲線で描かれる。

　いま一般的な曲線，BEC を取り上げよう。曲線上における最小の標準偏差の点を E とすると，点 E から上の軌跡（曲線 EB）を「有効フロンティア」と呼ぶ。なぜなら，軌跡 EC 上のどの点も，同じリスクでかつより高い収益性を示す，軌跡 EB 上のポートフォリオによって排除されてしまい，どのような家計によっても選択されないと考えられるからである。この有効フロンティアが資産選択問題における予算制約にほかならない。有効フロンティアは家計がポートフォリオを変化させることによって得られる期待収益率とリスクの組合せを示す軌跡である。合理的な家計（あるいは投資家）はこの選択可能な組合せのなかから，最も望ましいポートフォリオを選択すると考えられる。

　次に安全資産が選択対象資産に加わると，有効フロンティアは図7-6のように変化する。安全資産は図の縦軸上の r_f 点で示されるとすると，有効フロンティア EB 上の各点（たとえば，D）と r_f を結ぶ直線上の各点は，有効フロンティア上の D 点が示す危険資産ポートフォリオと安全資産との組合

図7-6 安全資産と有効フロンティア

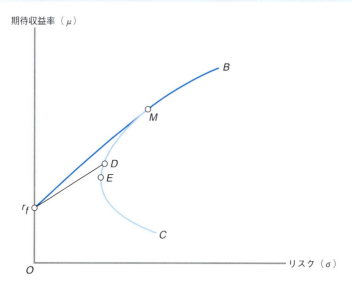

せから得られる期待収益率とリスクを表す。しかし，実際に選択の対象となる組合せ（安全資産と危険資産のポートフォリオ）は，最小の標準偏差（リスク）で最大の期待収益率が得られる組合せであると考えられるから，直線r_fDではなく，直線r_fMとなる。かくて，安全資産を加えた場合の有効フロンティア全体は，曲線r_fMBで示されることになる。以上で，予算制約に対応する有効フロンティアの説明が終わった。

■ 資産選択における無差別曲線

2パラメーター・アプローチでは，投資家の効用はポートフォリオの収益（期待収益率）とリスク（標準偏差）によって表されると仮定する。前節では危険に対する態度は所得の効用関数の形状によって分類されたが，2パラメーター・アプローチでは，リスクと収益に関する無差別曲線の形状によって示される。図7-7には3種類のタイプの無差別曲線が示されている。

危険回避型の投資家にとって，期待収益率は正の効用をもたらし，リスクは負の効用をもたらすと考えられるので，彼の無差別曲線は図の[a]のよ

7 家計の金融行動

図7-7 リスクと収益の無差別曲線

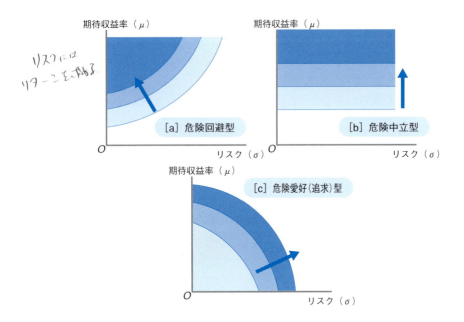

うに右上がりの曲線群で示される。リスクが増加するにつれて、無差別曲線の傾きが増加しているのは、リスクが高いほど、さらに追加的なリスクを負担する際に、効用を一定に保つために補償されなければならない期待収益率の増加分は大きくなるという性質を表している。また、図中の矢印の方向は、より高い効用水準を示している。一方、図の [b] は危険中立型、図の [c] は危険愛好（追求）型の無差別曲線を示す。危険中立者は期待収益率のみに注目し、リスクにはまったく無関心なタイプで、期待収益率が高ければ高いほど効用水準も高まる。危険愛好者の無差別曲線は右下がりに描かれており、したがって、危険愛好（追求）型の投資家にとっては、期待収益率だけでなく、リスクも正の効用を与える。もちろん、各家計は自分の無差別曲線の形状は知っているものと考える。ところで、これら3種類の投資家のうちで最も一般的なのは危険回避型であることは間違いないであろう。そこで以下では危険回避型の投資家のケースを取り上げて説明することにする。

■最適ポートフォリオの決定と専門投資機関の役割

次の段階は，有効フロンティアの図に危険回避型の無差別曲線群を重ね合わせて，最適なポートフォリオを決定することである。前節までの説明ですでに明らかであろうが，最適なポートフォリオは与えられた選択範囲（有効フロンティア）のなかで，最も高い無差別曲線に達する組合せ，すなわち，有効フロンティアと無差別曲線が接する点によって示される。図7-8の[a]は，選択対象が危険資産のみの場合で，最適点はP点で示されている。一方，図の[b]は安全資産も含む場合で，最適点はP点である。

安全資産が選択対象として含まれる場合，トービン（J.Tobin）によって示された重要な特徴がある。それは，安全資産が最適なポートフォリオに含まれる場合には，図の[b]からも明らかなように，M点で示される危険資産の最適な組合せ（最適危険資産ポートフォリオ）は投資家の危険に対する嗜好（無差別曲線の形状）とは独立に決定され，無差別曲線が決定するのはすでに決まった危険資産ポートフォリオ（M）と安全資産の投資比率である，という性質である。この，危険資産ポートフォリオの決定と安全資産と危険資産ポートフォリオの投資比率の決定が分離されるという特徴は，「トービンの分離定理」と呼ばれている。

このようにして得られる最適ポートフォリオは，有効フロンティアが変化

図7-8 最適ポートフォリオの決定

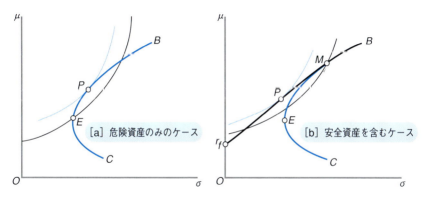

すればそれに応じて変化する。すなわち，個別資産の収益率やリスクに対する投資家の予想の変化を通して，有効フロンティアが変化し，それに応じて最適なポートフォリオも変化することになる。

これまで，家計を投資家とみなして資産選択理論を説明してきたが，実際は，個別資産の将来の収益率やリスクに関して的確な予想を形成し，有効フロンティアを求めることは一般家計には困難なことは明らかであろう。まして選択対象となる資産数が増えれば不可能に近い。現実には，そうした業務を行っているのは銀行，保険，年金基金，証券，投資信託委託会社や投資顧問会社などの機関投資家であり，家計はそうした機関投資家が提供するポートフォリオの選択肢（たとえば，さまざまな種類の投資信託）のなかから，自らの危険回避度に応じて，ふさわしいポートフォリオを選択することになる。かくて，以上検討してきたポートフォリオ・セレクションの理論は，家計の委託を受けた資産選択投資の代理人として機関投資家の資産選択行動を説明するものであると考えることができる。家計に魅力あるポートフォリオの選択肢を提供するという機関投資家の役割は今後ますます重要なものになると思われる。

家計を含めた一般投資家からの委託を受けて，その資金を投資家に代わって運用する機関投資家のとるべき行動規範のことをスチュワードシップ・コードと呼ぶが，日本では，安倍政権の経済政策「アベノミクス」の第3の矢である成長戦略「日本再興戦略」の一環として閣議決定され，2014年2月に導入されて，多くの機関投資家が受け入れを表明している。このコードでは，機関投資家が受託者責任を果たすために，建設的な対話を通して，投資先企業の持続的な成長に積極的に貢献するための基本原則が示されており，機関投資家の行動が日本経済全体にとっても，従来にも増して重要になっていることを示唆するものであるといえよう。スチュワードシップ・コードは法的な拘束力は持たないが，基本原則を遵守しない場合はその理由を明示しなければならない「コンプライ・オア・エクスプレイン（comply or explain）」とされている。

7-4　わが国における家計の金融行動の推移

■家計の貯蓄行動の推移

　ここでは，わが国の実際の貯蓄率や貯蓄動機の推移を見ておくことにしよう。日本の家計貯蓄率は，これまで国際的に見て高いといわれてきた。1960年代から1980年代前半にかけては，18％から20％強という高い水準にあったが，表7-2にあるように，最近になるにつれて低下傾向を示していることがわかる。とりわけ，2000年代に入ると，10％台から2％台，2013年には0％にまで低下してきていることがわかる。これまで日本の家計貯蓄率が高かった原因として，次のような原因があげられてきた。

① これまで日本の人口構成比上，青壮年層が厚く，その層はライフサイクル上，貯蓄に励む層でもあった。（ライフサイクル貯蓄仮説）
② 高度成長期には，所得の急成長に消費が追いつかなかった。
③ 貯蓄に対する種々の税優遇措置があった。
④ ボーナスなど臨時収入が比較的多く，そのかなりの部分が貯蓄に回された。

▶表7-2　各国の家計貯蓄率（貯蓄率＝家計貯蓄/家計可処分所得）

（単位：％）

年	日　本	米　国	ドイツ	韓　国
1990	13.9	7.0	13.9	22.0
1995	11.9	4.6	11.2	16.8
2000	9.5	2.3	9.8	11.0
2005	3.8	1.5	10.5	7.2
2010	2.1	5.8	10.0	4.7
2011	2.6	6.2	9.6	3.9
2012	1.4	7.9	9.3	1.8
2013	0.0	4.9	9.1	3.9
2014	―	5.0	9.5	3.4

（出所）　OECD FactBook 2010，2015-2016

7　家計の金融行動

⑤　社会保障制度の未整備に対応するため，老後や病気などに備える，予備的貯蓄が多かった。

⑥　住宅ローンや消費者信用が未発達であったため，住宅や耐久消費財の購入のために貯蓄する傾向が強かった。(貯蓄目的仮説ともいわれる。)

⑦　日本には勤倹貯蓄を美徳とする風土がある。

以上の諸仮説であげられた諸要因は，高度成長期の日本ではたしかに家計貯蓄率を高めた要因と考えられるが，成熟段階に入ると同時に高齢化社会を迎えつつある現在の日本では，高齢化にともなう急激な人口構成の変化を通して，むしろ家計貯蓄率を低める要因として作用していると考えられる。しかし一方では，高齢化に加え，バブル破裂以降の長期不況における雇用や年金などの不確実性や不安定性に代表されるような将来の不確実性に備えるための「予備的貯蓄」も注目されるようになっている。日本人は危険を回避，あるいは安全を志向する心理的傾向が強く，予備的貯蓄を行う心理的動機が強いともいわれている。

表7-3は（金融資産を保有している）家計の貯蓄動機の推移を示したものである。住宅の増改築や子供への教育・結婚資金が低下傾向である一方，病気などの不時の備えが一貫して高く，また高齢化を反映して老後の生活資金動機も着実に増加している。また，遺産も割合は低いが増加傾向を示している。表の右端にある安心動機による貯蓄も25〜28％台で安定していたが，2010年以降は低下傾向を示している。全体としては，予備的動機に基づく貯蓄（金融資産保有）意欲が安定的に強いという傾向が読み取れよう。

■家計の金融資産選択行動の推移

日本の家計の金融資産残高は1965年の32.3兆円から2016年には1,752兆円へと約54倍に増加している。この期間の名目GDPの成長が約15倍であることを考えると，家計の金融資産残高は名目GDPの約3.6倍の速さで増加したことになる。

7-4 わが国における家計の金融行動の推移

▶表 7-3　家計の貯蓄動機（3つまでの複数回答）

（単位：世帯割合％）

年	病気や不時の災害への備え	こどもの教育資金	こどもの結婚資金	住宅の取得,増改築資金	老後の生活資金	耐久消費財購入資金	旅行,レジャー資金	納税資金	遺産として子孫に残す	特に目的はないが,貯蓄していれば安心
1970	77.7	51.7	—	34.0	38.3	13.4	8.0	4.2	—	28.4
75	83.2	55.3	—	30.2	38.1	7.5	9.0	3.9	—	27.1
80	79.1	53.5	—	32.0	38.4	7.8	10.0	4.8	—	27.2
85	77.2	43.0	17.1	19.8	42.5	10.5	4.8	5.4	—	26.4
90	74.3	40.0	17.3	18.3	52.4	12.0	8.1	5.2	—	25.7
95	71.2	33.9	14.7	20.0	52.9	10.2	12.1	4.3	3.1	25.2
2000	67.5	32.2	11.8	18.4	55.9	12.0	14.3	5.3	3.2	27.1
05	66.8	30.8	8.8	16.9	58.7	13.2	13.5	5.7	3.6	25.3
2010	67.7	29.2	6.7	14.8	63.6	15.7	12.4	6.1	4.6	27.5
11	68.2	30.2	7.3	13.9	65.3	16.0	13.4	6.0	6.0	23.1
12	67.2	29.0	6.5	15.2	64.7	14.2	13.6	5.7	5.6	22.3
13	63.8	30.2	7.1	14.0	65.8	13.8	12.1	5.4	6.6	21.5
14	64.0	30.2	6.2	12.1	67.8	13.8	12.5	5.4	7.3	21.1
15	63.7	29.4	5.4	13.7	66.5	14.9	12.2	4.8	7.7	22.5
16	63.7	28.8	5.8	12.5	70.5	13.8	12.7	5.2	6.7	22.2

（出所）　日本銀行，金融広報中央委員会『家計の金融資産に関する世論調査』

　資金循環表から作成された日米欧の家計の資産保有構成を図 7-9 で見てみよう。日本の際立った特徴は，現金・預金の保有比率が総資産の約半分（52％）と，アメリカの（14％）ユーロエリア（35％）に比べて圧倒的に高いということである。それに対応して，債券・投資信託および株式の危険資産の保有比率が 15％と，アメリカ（51％），ユーロエリア（29％）と，やはり際立って低くなっている。保険・年金については，日本が若干低いが，日米欧ともほぼ 30％強と，それほどの差はないといってよい。

　以上の資産保有構成の相違の背景として，日本の家計の安全志向度が高いことも一因であると考えられるが，家計にとって魅力的でバラエティに富んだ投資選択肢が低コストで提供されてこなかったことも一因と考えられよう。政府も「貯蓄から投資へ」というスローガンの下，貯蓄（つまり預貯金）から投資（つまり証券投資）へと，家計の資産選択行動の変化を起こそうと，

7　家計の金融行動

図7-9　日米欧の家計の金融資産構成

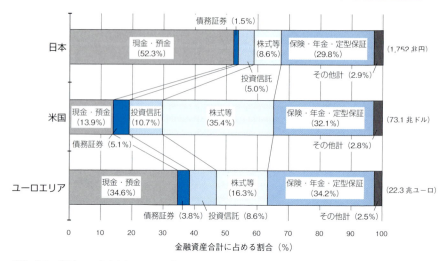

(注)　「その他計」は、金融資産合計から、「現金・預金」、「債務証券」、「投資信託」、「株式等」、「保険・年金・定型保証」を控除した残差。
(出所)　日本銀行『資金循環の日米欧比較』2016年12月

　たとえばNISA（Nippon Individual Saving Account）といった証券投資に関する「少額投資非課税制度」など、さまざまな政策を行っているが、必ずしも成功しているとはいえないだろう。今後は個人の証券投資がより簡便に低コストで行えるような環境づくりも必要で、たとえば人工知能（AI）を使った、インターネット上での投資選択の助言サービス（ロボアドバイザー）が注目されつつある。いずれにしても、現在進行中の少子・高齢化社会に向けて、金融ビッグバンをはじめとする金融規制緩和のもと、家計資産の多様で効率的な運用の道を開くことが大いに望まれている。それはまた、巨額の個人金融資産を日本経済の活性化、成長のために有効に活用するためにも必要不可欠である。

　表7-4は（金融資産を保有している）家計による金融商品の選択基準の推移を示したものである。これを見ると、バブル期には一時的に高かった収益性が、バブル崩壊後は一転して低下傾向を示し、代わって安全性基準が高ま

7-4 わが国における家計の金融行動の推移

▶表 7-4 貯蓄の選択基準の推移

(単位：世帯割合%)

年	収益性	利回りが良い	将来の値上がりが期待できる	安全性	元本が保証されている	取扱金融機関が信用できる	流動性	換金しやすい	少額でも自由に出し入れできる	商品内容が理解しやすいから	その他
1980	24.8	22.2	2.6	40.5	10.5	30.0	27.1	9.2	17.9	—	4.2
85	32.0	30.2	1.8	43.0	17.2	25.8	22.9	6.9	16.0	—	1.3
90	28.3	25.6	2.7	41.0	20.4	20.6	26.9	5.7	21.2	—	2.6
95	22.2	21.0	1.2	43.1	21.7	21.4	27.7	5.0	22.7	—	3.7
2000	16.6	13.6	3.0	54.8	33.2	21.6	24.9	5.2	19.7	—	3.2
05	14.7	11.2	3.6	49.0	33.9	15.1	26.9	5.1	21.8	2.0	3.0
2010	15.8	13.2	2.6	48.4	29.8	18.6	28.5	4.5	24.0	1.8	4.4
11	18.7	13.8	4.9	48.0	30.3	17.6	23.7	4.6	19.0	2.2	5.4
12	16.9	12.1	4.9	46.7	28.7	18.0	24.7	5.3	19.4	2.5	6.7
13	14.7	9.8	4.9	47.0	29.6	17.4	25.0	5.9	19.1	2.5	8.5
14	16.7	11.7	4.9	45.7	29.5	16.3	25.1	6.0	19.1	3.1	7.9
15	17.6	11.9	5.6	46.1	29.3	16.8	23.1	6.0	17.2	3.2	8.4
16	17.5	12.1	5.4	45.7	29.9	15.8	24.7	6.7	18.0	2.4	7.9

(出所) 日本銀行，金融広報中央委員会『家計の金融資産に関する世論調査』

ったことがわかる。ただし最近になるにつれ，安全性への関心は徐々に低下しているが，それでも40%代半ばと高く，資産形態の選択（すなわち，資産選択）基準についても，将来の不確実性に備えるために安全性が安定的に重視されていることがうかがえる。流動性基準については，1990年代および2000年代後半までは重視されたが，最近では低下傾向を示している。

7　家計の金融行動

● 練習問題

1．次の文中の（　）内に最も適切な語句を入れなさい。
　（1）　利子率の上昇が貯蓄をつねに増加させるとは限らない。貯蓄が増加するのは利子率上昇の（　　）効果が（　　）効果を上回る場合のみである。
　（2）　現在と将来からなる2期間モデルでは，最適な貯蓄は，現在消費と将来消費との間の（　　）が1＋利子率に等しい点で達成される。
　（3）　危険中立型の個人のリスク・プレミアムはつねに（ゼロ）であり，危険愛好型の個人のそれはつねに（マイナス）である。したがって，保険を需要するのは，（　　）型の個人だけである。
　（4）　保険会社の期待利潤が（ゼロ）となる競争的市場では，保険需要者は（リスク）を完全に移転するまで保険を購入する。この状態を（　　）という。このときの（　　）は保険対象事象の発生確率に等しくなる。
2．7-2節のサンクト・ペテルブルグの逆説で述べた2番目のゲームの期待賞金額がXとなることを証明しなさい。（ヒント：最初のゲームの期待賞金額の計算方法を使うこと。）
3．A，B証券の期待収益率と標準偏差が以下の表に示されている。以下の問いに答えなさい。

	期待収益率	標準偏差
A証券	12％	30％
B証券	8％	20％

　（1）　両資産に等金額投資するポートフォリオ全体の期待収益率と標準偏差を求めなさい。なお，両証券の収益率の相関係数は0とする。
　（2）　両証券証券の収益率の相関係数が1の場合の，等金額投資のポートフォリオの標準偏差を求めなさい。
　（3）　相関係数が−1の場合，同じポートフォリオの標準偏差を0にする両証券への投資比率を求めなさい。また，このときのポートフォリオの期待収益率も求めなさい。
4．トービンの分離定理とは何か，簡潔に説明しなさい。

第 8 章

企業の金融行動

　本章では，家計に続いて，企業の金融行動に焦点を当てる。最近になって企業部門は資金余剰となっているが，これまではほぼ恒常的に投資超過部門（資金不足部門）であった。そこで，本章では，企業にとって重要な金融に関する意思決定の問題として，設備投資の決定と資金調達方法の決定に関する理論を取り上げる。とくに資金調達の問題に関連して，最近大きな注目を浴びている情報の非対称性がもたらすエージェンシー・コストの問題やコーポレートガバナンスの問題にも言及する。最後に，わが国法人企業の金融行動の推移と現状について概観する。

8-1 企業の目的と金融行動

■企業の目的とは何か

　企業とは，さまざまな生産要素を使って財やサービスを生産・販売することによって，できるだけ多くの利潤をあげること，すなわち，利潤最大化を目的とする経済主体であると定義することができる。企業の目的としては，このほかにも売上高や市場シェアーの最大化，あるいは，企業経営者自身の効用や従業員の厚生を最大化するといった目的があげられることがある。しかし，これらの目的はいずれも，企業が一定の利潤を確保した上で実現可能となる目的と考えることができ，その意味で，利潤最大化は企業にとって最も基本的な目的であるといえよう。

　ところで，企業が目指す利潤最大化とは，単に一時点での短期的な利潤最大化を意味するのではなく，将来にわたって得られると予想される利潤の流列の現在価値を最大化することを意味する。いま，代表的な企業組織形態である株式会社を考えれば，企業の将来にわたる利潤の現在価値とは，その企業の株式の市場価値（株式時価総額）で示されると考えることができる。したがって，企業の利潤最大化とは株価の最大化とみなすことができる。このことはまた，企業はその所有者である株主の利益を最大化するように行動すると考えることに等しい。以下では，とくに注記しない限り，企業は基本的に利潤最大化，すなわち株主の利益を最大化するために株価の最大化を目指して行動するものと考えよう。

■企業の金融行動（資金の運用・調達）

　家計の場合と同じように，企業の行動全体をその資金の源泉と使途から見ると，次のようにまとめることができる。

　　資金の源泉＝営業収入＋金融資産売却＋金融負債増加＋実物資産売却

資金の使途＝生産費＋金融資産購入＋金融負債返済＋実物資産購入

資金の源泉と使途は会計上必ず等しいので，上の2式を変形すれば，次式が得られる。

　　営業収入－生産費＝（金融資産純増－金融負債純増）
　　　　　　　　　　＋（実物資産購入－実物資産売却）

ここで，左辺は企業の利潤を示しており，企業の粗貯蓄（内部資金）（S）を表すと考えることができる。また，右辺の（実物資産購入－実物資産売却），すなわち実物資産の純増は企業の実物投資（I）にほかならない。

そこで，上式を書き換えれば，

　　企業貯蓄（S）－実物投資（I）＝金融資産純増－金融負債純増　　　（8-1）

と示すことができる。上式の右辺は企業の貯蓄投資差額，すなわち資金過不足を，左辺は資金過不足に対応する金融取引面での調整を示している。さらに，上式を変形して，

　　実物投資（I）＋金融資産純増＝企業貯蓄（S）＋金融負債純増　　　（8-1）′

と書けば，左辺は資金の運用形態を，また右辺は資金の調達方法，すなわち企業貯蓄という内部金融と金融負債純増という外部金融を表す式と見ることができる。

利潤最大化を目指す企業にとって，上式で示される意思決定のうちで最も重要なものは，左辺の実物投資の決定と，右辺で示されている，実物投資のための資金をどのように調達するかということであろう。そこで，以下では，次の第2節で企業の実物投資行動，第3節で資金調達行動について見ていくことにしよう。

8-2　企業の実物投資行動

■設備投資の決定理論：ケインズの実物投資理論

　企業の行う実物投資には，設備投資と在庫投資がある。設備投資とは，現在の資源を投入して，将来の生産，したがってまた将来の利潤可能性を高めるための資源配分である。具体的には，設備投資は，新たな生産ラインを設置するための，工場，建物，機械設備など固定資本の拡大ないし質的向上に向けた投資であり，在庫投資に比べ投資額も大きく，企業経営にとっての重要性も極めて高い。そこでここでは，設備投資の決定に焦点をしぼって，ケインズの投資の限界効率による理論を説明する。

　この理論によれば，企業の設備投資額は，その実物投資プロジェクトの限界効率が，それを実行するのに必要な資金調達コストとしての利子率に等しくなるように決定されるというものである。ここで，投資の限界効率とは，投資を1単位増加したときに期待される将来収益の増分であり，次のように定義することができる。いま追加的な投資プロジェクトの費用を C，その追加的投資から生じる将来の1期から n 期までの各期の予想収益を R_i（$i=1,\cdots,n$）とすると，その限界効率は，次式を成立させるような ρ である。

$$C=\frac{R_1}{1+\rho}+\frac{R_2}{(1+\rho)^2}+\cdots+\frac{R_n}{(1+\rho)^n} \tag{8-2}$$

すなわち，ρ は5-2節の利回り概念で見たように，C だけの投資資金をこの投資プロジェクトに投下したときの1期間当たりの予想収益率にほかならない。この限界効率 ρ はまた，投資プロジェクトの内部収益率（internal rate of return）と呼ばれるものに等しい。

　ところで，一般に，投資の限界効率は，企業の投資額が増加するにつれて低下する（限界生産力低減の法則あるいは収穫逓減の法則と呼ばれる）と考えられるので，図8-1にあるように，右下がりの曲線 KK' として描くこと

図8-1 投資の限界効率表

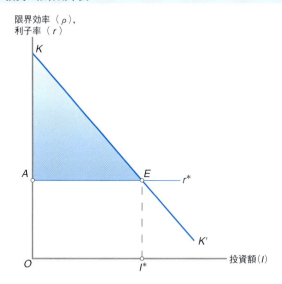

ができる。限界効率（ρ）が資金調達コストとしての利子率（r）を上回っている限り，その投資を実行することが有利となる。なぜなら，限界効率と利子率との差はその投資から得られるネットの（純）収益を意味しているからである。いま，ある時点の利子率 r^* が図のように与えられると，そのときの望ましい投資額は，投資の限界効率と利子率とが等しくなる点，すなわち，I^* となることがわかる。したがって，望ましい投資額は利子率 r が低下（上昇）すれば，増加（減少）する，すなわち，利子率の減少関数であり，曲線 KK' は設備投資の需要曲線を表しているものと解釈できる。

以上のことはまた，次のようにいい換えることができる。すなわち，利子率を割引率として，投資収益の現在価値（PV）から投資費用の現在価値（C）を差し引いた正味現在価値（NPV）がプラスである限り，すなわち，

$$NPV = -C + \frac{R_1}{1+r} + \frac{R_2}{(1+r)^2} + \cdots + \frac{R_n}{(1+r)^n} \geq 0 \tag{8-3}$$

が成立する限り，その投資が実行され，均衡では両者は等しくなる（5-1, 5-2節参照）。上式は，(8-2) 式から，

$$PV = \frac{R_1}{1+r} + \frac{R_2}{(1+r)^2} + \cdots + \frac{R_n}{(1+r)^n} \geq C$$
$$= \frac{R_1}{1+\rho} + \frac{R_2}{(1+\rho)^2} + \cdots + \frac{R_n}{(1+\rho)^n}$$
(8-4)

を意味しており，これが成立するのは，$\rho \geq r$ が満たされている場合である。図 8-1 の三角形 *KAE* は投資から得られる企業の純収益分を示しており，それが最大（すなわち，利潤が最大）になるのは，明らかに限界効率が利子率に等しくなった点 *E* である。

■資金調達コストと資本コスト

これまで，企業の資金調達コストは利子率であると考えてきたが，より一般的にいえば，企業の資金調達コストとは資金提供者が資金の提供に際して要求する最低限の収益率を意味すると考えられる。この意味での資金調達コストは資本コスト（cost of capital）と呼ばれ，企業が投資を実行する上で最低限あげなければならない収益率として，投資のハードル・レートないしカット・オフ・レートとも呼ばれることがある。

いま，取引費用がなく，不確実性も存在しない完全な資本市場が存在して，完全競争が成立しているとすると，このときの資本コストは市場で成立している標準的な利子率（市場利子率）と等しくなると考えられる。なぜなら，この場合，資金1単位を運用して得られる収益はこの市場利子率であり，企業は最低限この収益率に相当するコストを支払わない限り，資金を調達できないからである。しかし，実際には，資本市場は不完全であり，たとえば将来の企業業績（したがって企業の株価や配当）に不確実性が存在する場合，株式の期待収益率には市場利子率にリスク・プレミアム分が加味されることになる。一般的には，資本コストは株式発行による調達コスト（自己資本コスト，すなわち株式の期待収益率）と負債による調達コスト（他人資本コスト，すなわち借入金利）をそれぞれのシェアーで加重した平均値（加重平均値）として求められる。

また，投資の限界効率を市場利子率（資本コスト）で割った値を「トービ

ンの（限界概念での）q」と呼ぶことがある。トービンの q を使えば，ケインズの投資決定理論は，「トービンの q が1を超えている限り投資を実行すべし。」という投資決定基準に読み換えることができる。

8-3 企業金融と MM 理論

■資金調達の方法

前節では，企業の金融行動における第1の問題である，実物投資の決定について説明した。以上の理論によって，企業の利潤を最大化するように実物投資の最適な規模が決まれば，それに応じて必要な資金調達額が決まる。そこで，次に決定しなければならないのは，その必要資金をどのように調達するかである。これが企業の金融行動における第2の問題である。

企業が資金を調達する方法は，図8-2に示されているように，内部金融と外部金融とに大別される。内部金融とは企業の営業活動から得られた粗貯蓄に相当する資金（内部資金）を利用する方法である。内部留保とは，企業の当期利益から税金，配当金，役員賞与など企業外に流出する分を除いたものである。また，減価償却費とは，企業の所有する建物・機械設備などの有形固定資産の年々の使用による経済価値の減少分（磨耗分）を補てんするための資金（損益計算上は費用）である。これらの内部資金は次に述べる外部資金と異なり，返済の必要はなく，また利子や配当金を支払う必要のない資金である。

一方，外部金融とは，金融・資本市場から資金を調達する方法である。外部金融は，増資などの株式発行によるものと，社債の発行や金融機関からの借入によるものとに区別される。前者はエクイティ・ファイナンス（equity finance），後者はデット（負債）・ファイナンス（debt finance）と呼ばれる。エクイティ・ファイナンスによって調達された資金は返済の必要はなく，ま

8 企業の金融行動

図 8-2 企業の資金調達方法

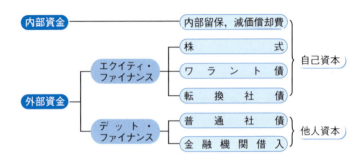

た確定した利子を支払う必要もない。社債には普通社債のほかに、一定の条件のもとで株式に転換可能な転換社債とあらかじめ決められた条件で将来新株式を購入できる権利（ワラント）の付いた新株引受権付社債（ワラント債）とがある。転換社債とワラント債は間接的に株式の発行をともなうので、エクイティ・ファイナンスに分類されている。なお商法改正により、2002年4月以降、転換社債とワラント債は、法律上「新株予約権付社債」にまとめられ、区別する場合、転換社債は「転換社債型新株予約権付社債」と呼ばれるようになった。

　また、内部資金とエクイティ・ファイナンスによる資金を自己資本、デット・ファイナンスによる資金を他人資本という。両者を合計したものを総資本と呼び、自己資本の総資本に占める比率を自己資本比率と呼ぶ。また、自己資本と他人資本との構成を資本構成と呼ぶ。

■MM 理論とは何か

(1) MM 理論とその諸仮定

　伝統的な企業金融の理論では、企業の財務担当者は与えられた実物投資計画のために、上に述べたようなさまざまな資金調達方法のなかから最適な組合せを求めるという重要な任務があるとされていた。それはまた、内部金融と外部金融の最適な組合せ、すなわちその企業の資本構成（自己資本と他人

資本の構成）を決めることでもある。しかし，1950年代後半に，（のちに両者ともノーベル経済学賞を受賞した）F.モジリアーニ（F.Modigliani）とM.H.ミラー（M.H.Miller）は，ある標準的な仮定のもとでは，財務担当者のこの任務はまったく無価値であることを証明する衝撃的な論文を書いた。この衝撃的な理論がMM理論である。後に論ずるように，現在ではこの結論がそのまま受け入れられているわけではないが，現在でも企業金融の理論の基礎とみなされている。

　MM理論の基本的な主張は，ある基本的な仮定のもとでは，企業の価値はその資金調達方法，言い換えれば，資本構成とは無関係であるというものである。したがって，財務担当者が行う最適な資金調達方法の探究という任務は，企業の価値を高めるという基本的な企業の目的にとっては無意味なものであることを意味している。そこで，MM理論において，どのようにしてこのような結論が導かれるのかを説明していこう。そこでまず，MM理論の基本的な仮定についてまとめておこう。

❶ 企業の目的は株価最大化である。すなわち，ここでは企業の経営者と所有者（株主）との間で企業の目的に関して意見の対立は存在しない。

❷ 完全な資本市場と完全競争を仮定する。完全な資本市場とは，取引コストや法人税などが存在しないこと，またすべての証券価格や利子率，企業に関する情報が市場参加者に平等に知らされていること（情報の非対称性が存在しないこと），どのような額の取引も可能であることを意味する。また，完全競争とは周知のように，価格支配力を持つ独占的な市場参加者が存在せず，個々の市場参加者にとって，証券価格や利子率は所与であるということを意味している。このような完全かつ完全競争的な市場では，企業も投資家もまったく同一の利子率で資金貸借が可能となる。

　これらの諸仮定は，必ずしもMM理論だけに特有な極端な仮定ではなく，ミクロ経済学において，市場のメカニズムを議論する際などに一般的に置か

れる仮定にすぎないことを注意しておこう。また，これらの仮定の一部は，次節ではずされることになる。

（2） MM理論の無関連命題

MM理論によれば，こうした基本的な仮定のもとでは，将来の営業利益予想が同一である企業の価値は，その資本構成の相違にかかわらず，同じになる。これはMM理論の「無関連命題」，あるいは「独立命題」と呼ばれている。これは，ある意味では，当然の帰結である。なぜなら，投資家が狙うのは投資による収益最大化であり，企業の営業利益予想が同一で，かつ市場が完全で同一の利子率で資金貸借が柔軟に行えるのであれば，合理的な投資家は市場で起こり得る確実な利益機会を見逃すことは決してない。したがって，裁定機会がとり尽くされた後では，同一の営業利益予想を生む企業は同一の評価を受けるという「一物一価の法則（law of one price）」が成り立つはずであり，もしそうでなければ，必ず裁定機会が存在しているはずだからである。

しかし，この無関連命題は経済学の考え方を学ぶには良い例であるから，もう少し詳述しよう。いま，同一の実物投資機会，すなわち，同一の営業利益予想 X を持つが，資本構成の異なる，2つの企業を考えよう。企業Uは負債を持たず，100％株式発行により資金を調達する無負債企業である。企業Lは，社債と株式両方を発行して資金を調達する有負債企業である。企業Uの株式時価総額を S_U とすると，それはそのまま企業の総価値 V_U に等しい。すなわち，$V_U = S_U$ である。一方，有負債企業Lの総価値は株式時価総額（S_L）と社債の市場価値総額（D_L）との合計，$V_L = S_L + D_L$ となる。このとき，両企業の総価値，V_U と V_L との関係はどのようなものとなっているだろうか。

いま，企業Uに発行株式のある割合（$\alpha < 1$）だけ投資することを考えよう。このときの必要資金は $\alpha S_U = \alpha V_U$ であり，得られる収益は αX である。ところで，これと同等の収益は次のようなLへの投資から得ることができる。

① Lの株式のうち α 分購入：投資額：αS_L, 収益：$\alpha(X-rD_L)$
② Lの社債のうち α 分購入：投資額：αD_L, 収益：$r\alpha D_L$
③ 合計： 投資額：αV_L, 収益：αX

ここで，r は社債の収益率（すなわち，利子率）であり，$X-rD_L$ は負債利子を差し引いた後の株主への残余利益を表している。

そこで，もし $V_U > V_L$ ならば，合理的な投資家は次のような裁定取引を行うことで確実に利益を得ることができる。すなわち，V_U を α 分だけ売却，それによって得た資金で企業Lの株式と社債を α 分だけ購入する。この裁定取引によって，投資家は $\alpha(V_U-V_L)$ だけの裁定利益を確実に得ることができる。この取引を通して，V_U は下落し，V_L は上昇する。

逆に，$V_U < V_L$ の場合はどうであろうか。この場合でも，企業Lの株式に α 分だけ投資する場合とまったく同じ収益パターンを，次のような企業Uへの投資パターンによって達成できる。

①′ Uの株を α 分購入：投資額：αS_U, 収益：αX
②′ αD_L を借入： 投資額：$-\alpha D_L$, 収益：$-r\alpha D_L$
③′ 合計： 投資額：$\alpha(V_U-D_L)$, 収益：$\alpha(X-rD_L)$

これに対して，企業Lの株式を α 分だけ購入した場合の収益は $\alpha(X-rD_L)$ とまったく同じであり，また，その投資額は $\alpha S_L = \alpha(V_L-D_L)$ である。

したがって，もし $V_U < V_L$ が市場で成立しているならば，合理的な投資家は，企業Lの株を α 分だけ売却すると同時に，上記①′,②′の投資戦略を実行すれば，企業Lの株式売却代金 αS_L と投資戦略①′,②′の必要資金額との差，すなわち $\alpha(V_L-V_U)$ だけの裁定利益を得ることができる。そして，この取引を通して，V_U は上昇し，V_L は下落することになる。

かくして，いずれの場合でも，上に示した裁定取引が自由に行われれば，最終的には（言い換えれば，均衡では），

$$S_U = V_U = V_L = S_L + D_L \tag{8-5}$$

が成立することがわかる。すなわち，完全かつ完全競争的な資本市場が存在する場合には，合理的な投資家の裁定取引によって，両企業の総価値は最終

的には等しく評価されることになる。

このようにして，企業の資本構成，すなわち資金調達方法は，企業の総価値に何の影響も与えないことが示された。言い換えれば，完全かつ完全競争的な資本市場が存在する場合には，実物投資機会が生み出す将来の営業利益が同一であるような企業の総価値は，その資本構成の如何にかかわらず，一物一価の法則に従って，同一になることが示された。これが，MM 理論の「無関連命題」である。この「無関連命題」が成立する限り，最も望ましい資金調達方法を求めるという企業の財務担当者の仕事は無意味となる。

（3） MM 理論と資本コスト

MM 理論によれば，同一の営業利益予想を持つ企業の総価値は，投資家の裁定取引によって最終的には同一になることが示された。すなわち，$V_U=V_L$ である。そこで，営業利益予想 X の平均値を $\bar{X}$ とすると，$\dfrac{\bar{X}}{V_U}=\dfrac{\bar{X}}{V_L}$ は投資家が投資に際して要求する最低限の収益率，すなわち資本コストにほかならない。したがって，MM 理論はまた，同一の営業利益予想を持つ企業の資本コストはすべて等しくなることを主張していると解釈できる。

ところで，$\dfrac{\bar{X}}{V_U}$ は，$\dfrac{\bar{X}}{S_U}$ に等しく，企業 U の株式の期待収益率でもある。それを r_U と示そう。いま，企業 L の株式の期待収益率（r_L）を求めてみると，r_L は $\bar{X}$ から負債利子を差し引いたものを S_L で割ることになる。このとき，$\dfrac{\bar{X}}{V_U}=\dfrac{\bar{X}}{V_L}$ を利用して，r_L は，

$$r_L=\frac{\bar{X}-rD_L}{S_L}=\frac{\bar{X}}{S_L}-\frac{rD_L}{S_L}=\frac{V_L}{S_L}\times\frac{\bar{X}}{V_L}-\frac{rD_L}{S_L}=\frac{(S_L+D_L)}{S_L}r_U-\frac{rD_L}{S_L}$$
$$=r_U+(r_U-r)\frac{D_L}{S_L} \tag{8-6}$$

と変形できる。一般に，債券の収益率（利子率）とくらべて，株式の収益率は変動が大きく，利子率 r をリスク・プレミアム分だけ上回ると考えられるので，$r_U-r>0$ である。したがって，上式は，レバリッジ（負債の自己資本に対する比率：D_L/S_L）の高い企業 L の株式の収益率は無負債企業 U の株式の収益率より高くなるように調整されることを示している。これは，レバリ

ッジの高い企業の株式への投資は，利子支払後に残る株主への残余利益分が得られない可能性（財務リスクと呼ばれる）が高まり，それに応じてリスク・プレミアムが高まるからであると考えられる。この (8-6) 式は，先の無関連命題を MM 理論の第 1 命題として，第 2 命題と呼ばれる。

そこで最後に，この第 2 命題を使って，企業 L の資本コストがどのように示されるかを示そう。いま，負債比率を $\frac{D_L}{V_L}$ と定義して，β で表そう。β を上式に代入すると，

$$r_L = r_U + (r_U - r)\frac{\beta}{1-\beta}$$

となり，これを整理すると，次式が得られる。

$$r_U = \beta r + (1-\beta) r_L \tag{8-7}$$

すなわち，企業 L の資本コスト $\frac{\bar{X}}{V_L} = \frac{\bar{X}}{V_U} = r_U$ は利子率 r と株式の期待収益率 r_L の加重平均値となっている。かくて，一般に，資本コストは負債の調達コストである利子率と株式（自己資本）による調達コストである株式の期待収益率との加重平均値となることが確かめられた。

将来の営業利益予想 X が市場でどう評価されるかは，投資家が要求する収益率に反映される。それが資本コストにほかならない。MM 理論が成立する世界では，同一の営業利益予想を持つ企業の資本コストはすべて等しく，さらに，有負債企業の資本コストは負債の資本コストと株式の資本コストとの加重平均値になっていることが示された。このことはまた，企業がその資金調達方法を変えたとしても，市場の裁定によってその資本コストはすべて同じになるように調整されてしまうことを意味している。かくして，企業の価値を決めるのは結局のところ企業の実物投資からの収益（限界効率）以外になく，企業の価値を高める手段は，市場で与えられる資本コストより高い限界効率を持つ実物投資を実行することである，という極めて当然の結論が導き出されるのである。

8-4 資本市場の不完全性とMM理論

■取引費用とMM理論

　MM理論が想定している仮定❶,❷はやはり非現実的であり,より現実的なケースを議論するには,これらの諸仮定を修正する必要がある。たとえば,❷の仮定をはずして,法人税が存在する場合を考えよう。法人税は,負債の支払利子を必要経費として差し引いた後の営業利益に課税されることになっており,負債で調達することによって,この租税の節約分だけ企業価値は高まると考えられる。したがって,法人税が存在する場合には,できるだけ負債によって資金調達することが有利になる。もちろん,負債比率を高めすぎると,今度は倒産の可能性も高くなるという点にも注意が必要である。

　法人税だけでなく,資金調達方法に応じて,審査や手続きなどの取引費用が異なる場合にも,企業の価値はその資金調達方法には依存しないというMM理論は成立しなくなるが,これらのことは必ずしもMM理論の意義を否定するものではない。MM理論の意義は理想的な状況のもとでの企業の資金調達とはどのようなものかを明快な形で示すことによって,実際の資金調達行動を分析する際の基本的な判断基準を提供することにあると考えられるからである。MM理論はミクロ経済学の完全競争下の市場理論が果たしているのと同様の役割を担っているといえよう。MM理論のこの役割は,❶および❷の仮定をはずし,情報の非対称性を導入した場合の議論についても否定されるものではない。

■情報の非対称性とMM理論

　企業金融をめぐる最近の発展のひとつは,株主,経営者および債権者間の関係を一種のエージェンシー関係(依頼人—代理人関係)とみなした上で,資本市場の不完全性,とりわけ情報の非対称性を導入した場合にどのような

問題が生じるかに関する分析である。エージェンシー関係とは，代理人が依頼人に代わって依頼人の目的を遂行する関係をいうが，代理人が依頼人の依頼を忠実に実行するかどうかは，両者の間に情報の非対称性が存在するかどうかに大きく依存する。もし代理人の意図や行動を依頼人がはっきりと掴めないのであれば，代理人は依頼人の犠牲のもとで自らの利益を図るかもしれないからである。そこで以下では，情報の非対称性が資金提供者（依頼人）と企業（代理人）というエージェンシー関係において引き起こす代表的な問題について見ていこう。

（1） 株主と経営者間の問題

「所有と経営の分離」が進んでいる現在の株式会社制度では，株主と専門経営者の関係は，株主（依頼人）が自らの資金を専門経営者（代理人）に委託し，利益最大化を図ってもらうというエージェンシー関係としてとらえることができる。一般に，依頼人と代理人との間には利害の不一致や対立（利益相反）が存在すると考えられるが，株主（依頼人）が経営者（代理人）自身の目的や行動を何の追加的なコストをかけることなく完全に監視，把握することは不可能である。

こうした情報コストの存在から生じる情報の非対称性を仮定した場合，次のような経営者のモラル・ハザードが生じる可能性がある。すなわち，経営者は株式発行（エクイティ・ファイナンス）で得た資金を，株主の目的に沿った効率的な経営にではなく，たとえばゴージャスな社長室や本社ビルを作ったり，むやみに企業規模を拡大するなど，経営者自身の満足を最大にするために費やす，すなわち株主の観点からは浪費的な資源配分（投資）を行う可能性が高い。こうした非効率的な投資（モラル・ハザード）が発生し得ることを考慮して，合理的な株主は結果的により高い収益率（すなわち，自己資本コスト）を要求することになり，これらのことから企業価値が低下する可能性がある。こうした企業価値の低下分を株式発行のエージェンシー・コストと呼ぶ。

8　企業の金融行動

（2）　創業経営者と債権者間の問題

　ここでは，これまで通り株主と企業経営者は完全に一体，すなわち創業経営者であるとする。いまこの企業が資金の一部を社債や借入（デット・ファイナンス）によって調達するとしよう。このとき，債権者と株主との関係は，資金を提供する債権者を依頼人，資金の提供を受ける経営者（株主）を代理人とするエージェンシー関係と見ることができる。株式企業が経営破綻に陥った場合，株主には自分の保有する株式が無価値になる以上の弁済責任はなく，それを超える損失は債権者，貸し手が負担することになるが，これは「株主有限責任ルール」と呼ばれ，株式会社制度の基本的な特徴の一つである。

　このとき，債権者が経営者の行動を完全には監視，把握できず，情報の非対称性が存在する場合には，経営者は相対的にリスクは高いが，予想収益率も高い投資プロジェクトに負債発行で得た資金を投入することで，債権者にリスクを負担させ，債権者の犠牲において株主の利益を図るという一種のモラル・ハザードが生じる可能性がある。こうした可能性を考慮して，合理的な債権者は資金提供に際して，要求金利（他人資本コスト）を引き上げたり，さまざまな厳しい条件を要求するだろう。これは最終的には借入企業の企業価値の低下につながると考えられるが，これを負債発行のエージェンシー・コストと呼ぶ。

　このように，資本市場の不完全性，とりわけ情報の非対称性を考慮すると，それぞれの資金調達方法に固有なエージェンシー・コストが生じ，それらのエージェンシー・コストに応じて，最適な資金調達方法の組合せ（すなわち，最適な資本構成）が存在することになり，MM 理論は成立しなくなる。すなわち，企業価値にとって内部資金，株式発行および負債発行は無差別ではなくなると予想される。こうした，資本市場の不完全性が企業金融に与える影響に関する研究は，現在最も活発な研究分野の一つとなっている。

■ 企業金融におけるペッキング・オーダー理論

　このように見てくると，資本市場に不完全性を導入すると，MM 理論は

成立せず，資金調達方法によってそれぞれ異なった固有のコスト（取引費用や法人税，さらにはエージェンシー・コストなど）が存在すると予想される。各資金調達方法のなかで最もコストが低いのは内部資金であろう。内部資金は外部から資金調達する場合に較べて，機動的に利用でき，契約に関わる事務諸費用や手数料等も低いか必要なく，株式や負債のエージェンシー・コストもないと考えられるからである。次に低コストの資金調達方法は銀行借入であると考えられる。なぜなら，銀行借入のエージェンシー・コストは同時に銀行によるモニタリングを受けることで，低くなると考えられるが，社債や株式の発行による資本市場からの調達は，銀行によるモニタリングのような機能が働きにくい（たとえば，小口の投資家ではそうしたインセンティブは働かないなど）ために，社債や株式発行のエージェンシー・コストは銀行借入に比べて高いと想定されるからである。かくして，企業はその必要資金をまず内部資金で賄い，それで不足する場合には銀行借入を利用し，それでも不足する場合に社債あるいは株式発行を行うというように，一定の順序（ペッキング・オーダー）に従って資金調達を行っていると考えられる。

■企業金融とコーポレートガバナンス

　企業金融を企業の資金調達方法問題としてだけでなく，企業経営に対する規律付けのメカニズム，すなわち「コーポレートガバナンス」の視点から分析する研究も盛んになってきている。コーポレートガバナンス（企業統治）とは，上で述べたような情報の非対称性や利害の対立から生じる企業経営に関するモラル・ハザードなどを防ぎ，効率的な経営を実現させるためのメカニズムを意味している。これは，金融システムが果たす企業経営に対するインセンティブ管理機能の一つにほかならない。そこで以下では，株式発行と負債発行という2つの資金調達方法がどのような経営規律付けのメカニズムを持っているかについて見ていこう。

（1）　株式によるガバナンス

　株式による経営規律付けには，内部コントロールと株式市場を通じたコン

トロールがある。内部コントロールとは，株主が株主総会においてその議決権を行使して，重要事項の決定に参加したり，取締役を選任したり，解任することなどを通して企業の内部から経営を規律付けることである。また，株式市場を通じたコントロールは，非効率的な経営を行っている企業の株式は市場で売られ，株価が低下してしまう，さらには買収の対象になるかもしれないという市場による規律付けを意味する。こうした株式による規律付けが有効かどうかは，株式の所有構造，すなわちどのような株主がどれだけの株式を保有しているかに，また株式市場が企業の経営状態や業績をどれだけ正確かつ迅速に株価に反映するように有効に機能しているかどうかに依存している。

(2) **負債によるガバナンス**

　金融機関からの借入や社債発行，すなわち負債にともなう規律付け機能も考えられる。負債による調達には，毎期必ず一定の利子を支払い，満期には額面の償還が課される。こうした元利返済の義務が履行できなければ，企業は倒産に直面し，経営陣は交代を余儀なくされるだろう。そうした事態を回避するために，経営者は確実な経営を行うインセンティブを持つと考えられる。また，負債にはフリー・キャッシュフローを削減する効果もあるといわれる。フリー・キャッシュフローとは，企業が生み出したキャッシュフロー（利潤と減価償却費）のうち正味現在価値（NPV）がプラスである投資プロジェクトに投資する資金を除いた余剰部分を意味し，これが潤沢な場合は経営者自身の効用を高めるためだけの非効率的な投資に利用される可能性がある。負債の返済は，株式の配当と異なり強制力を持つから，負債の返済に回す分だけフリー・キャッシュフローは削減され，それだけ非効率的な過剰投資に利用される可能性は少なくなる。

　さらに，銀行借入の場合には，メインバンク制でも述べたように，企業経営に対するモニタリングをともない，その面からの経営規律付けも期待される。また，社債発行の場合には銀行借入のようなモニタリングはないが，発行時に引受機関（証券会社）や格付機関の評価を受けなければならない。企

業は高い格付けや銀行からの評価を受ければ，社債市場から有利な条件で資金調達することができるので，効率的な経営によって自らの評価（信用）を高めようとするインセンティブを持つ可能性がある。こうした経営者側の自主的な規律付けを「評判による規律付け」と呼ぶことがあるが，これも広い意味での市場による規律付けと考えることができる。

　従来の日本では，いわゆる株式持合いによって，株式市場による規律付けは十分機能してこなかった。また社債市場の未発達や諸規制によって，社債発行を通じる市場の規律付けも不十分であった。それらを埋めるものがメインバンクの監視機能であったといわれている。しかし，現在，日本の金融システムは銀行中心の間接金融から市場中心の直接金融，あるいは市場型間接金融へと大きく姿を変えようとしている。それにともない，資本市場は諸規制が撤廃され，整備されてきている。さらに，株式持合い現象も解消しつつある。こうした流れのなかで，メインバンクの監視機能に代わって，株式や社債が資本市場で継続的に評価を受けることを通して企業経営の規律付けが行われる「市場によるガバナンス」が重要になりつつある。

　企業が公正で効率的な経営を行うための行動規範「コーポレートガバナンス・コード」が，先述した機関投資家の行動規範，スチュワードシップ・コードと同じく，アベノミクスの第3の矢「日本再興戦略」の一環として，2015年6月から，上場企業を対象に導入された。これは企業が持続的に成長し，企業価値の中長期的向上を目指すために自律的に取り組むべき行動指針を示したもので，株主の権利・平等性の確保や対話の向上，株主以外のステークホルダー（利害関係者）との協働，適切な情報開示と透明性の維持など，企業のあるべき経営指針を示したものである。コーポレートガバナンス・コードは，企業経営のあり方が企業価値および企業の成長と深い関係を持っていることを改めて示したといえよう。コーポレートガバナンス・コードも，スチュワードシップ・コードと同じく，「コンプライ・オア・エクスプレイン」原則に従うものとされている。スチュワードシップ・コードとコーポレートガバナンス・コードの導入は，「市場によるガバナンス」を高めるもの

8　企業の金融行動

と考えられる。

8-5　法人企業の資金運用と資金調達

■法人企業の資金運用

　前節までは，企業の金融行動を理論的側面から検討してきたが，本節では，わが国の企業の資金運用・調達行動を公表データを使って簡単に見ておくことにしよう。表8-1は財務省の『法人企業統計年報』にある「資金需給状況」から法人企業の資金の運用状況についてまとめたものである。ここで，資金需要とあるのは，企業の本業に関係する資金の使途を示すもので，設備投資などの固定資産投資と短期資金である運転資金に大きく2つに分かれている。一方，資金運用とあるのは，金融資産の保有・運用や不動産投資など，資産運用や財テクに関連する資金の運用を示している。

　これを見ると，資金調達合計（全体合計）が，バブル期にあたる1990年に比べ，それ以降は大幅かつ趨勢的に減少していたが，2010年以降は徐々に増加に転じている。調達合計に占める資金運用の構成比率が趨勢的に増加傾向を示す一方で，企業の本業に関係する資金需要の構成比率が低くなっていることがわかる。そのうち，固定資産投資（設備投資）の構成比率が2010年以降75％から48％と減少傾向にあることがわかる。また，資金運用では，2014年に現金・預金の構成比率が高まり，有価証券の構成比率を超えていることがわかる。

■企業の資金調達

　表8-2は，高度成長期以降1990年代までの，主要企業の資金調達の推移をまとめたものである。第2章で言及したように，高度成長期のわが国の金融システムは，資本市場は未発達で，銀行中心の間接金融型システムであり，

8-5 法人企業の資金運用と資金調達

▶表 8-1　法人企業の資金運用状況

(構成比:％,全体合計は億円)

年度	資金需要 固定資産投資	(設備投資)	(土地)	(無形固定資産)	運転資金	(在庫投資)	(企業間信用差額)	(その他)	資金需要合計	資金運用 現金・預金	有価証券	(一時保有)	(投資)	その他投資	資金運用合計	全体合計
1990	57.3	45.4	11.0	0.9	29.0	15.1	3.9	9.9	86.3	−0.8	7.6	1.8	5.9	7.0	13.7	1,265,972
95	87.6	76.3	10.8	0.5	4.7	2.0	3.4	0.7	92.3	−6.2	9.8	2.3	7.4	4.1	7.7	576,994
2000	75.8	68.0	5.2	2.6	0.9	−2.3	2.5	0.7	76.8	−1.0	19.0	−20.1	39.1	5.2	23.2	571,927
05	46.9	51.8	−4.7	−0.1	21.6	5.5	5.5	15.5	68.6	−4.2	31.3	1.2	30.1	0.5	31.4	745,814
2010	78.0	74.8	3.7	−0.5	−1.7	1.4	−	−3.1	76.3	12.9	9.4	−0.7	10.1	1.4	23.7	442,445
11	62.8	60.5	3.4	−1.1	16.0	7.0	3.5	5.5	78.8	0.7	11.2	0.0	11.1	9.5	21.2	550,922
12	61.6	56.3	5.1	0.1	9.6	0.4	−	6.0	71.2	9.3	18.5	−0.2	18.7	1.0	28.8	614,903
13	50.4	49.0	1.4	0.0	14.4	6.1	−	6.6	64.7	7.1	20.5	2.0	18.5	7.7	35.3	753,731
14	50.2	47.7	1.9	0.7	16.1	3.3	−	8.7	66.4	15.6	13.9	−1.3	15.2	4.1	33.6	835,464

(出所)　財務省『法人企業統計年報特集』

▶表 8-2　主要企業の資金調達

(単位:％)

年度	内部資金	増資	他人資金	短期借入金	長期借入金	社債	買入債務他
1960〜64	22.9	10.6	66.6	20.3	13.4	5.1	27.7
65〜69	30.6	3.3	66.1	15.7	15.1	4.3	31.0
70〜74	29.2	2.3	68.5	18.3	16.0	4.2	30.0
75〜79	38.8	6.8	54.4	14.4	8.2	9.0	22.8
80〜84	50.5	9.5	40.0	9.0	5.9	7.8	17.4
85〜89	45.9	16.0	38.0	5.3	1.2	17.7	13.9
90〜94	87.6	4.6	7.8	−2.8	7.7	11.2	−8.2
95	84.0	1.2	14.8	−10.1	−3.4	3.6	24.7

(注1)　日本銀行「主要企業経営分析」により作成。
(注2)　比率は,当該期間の加重平均。
(出所)　経済企画庁『経済白書』平成10年版

8 企業の金融行動

▶表 8-3 法人企業の資金調達状況

(構成比:％、調達合計は億円)

年度	外部調達	[増資]	[社債]	[借入金]	(長期)	(短期)	内部調達	[内部留保]	[減価償却]	調達合計
1990	49.8	3.9	2.9	43.0	30.4	12.5	50.2	23.4	26.9	1,265,972
95	6.4	3.1	−3.6	6.9	1.1	5.7	93.6	23.8	69.8	576,994
2000	−18.4	7.8	−5.9	−20.3	−19.8	−0.5	118.4	45.6	72.8	571,927
05	−35.5	−20.7	−1.5	−13.4	−7.7	−5.7	135.5	77.9	57.6	745,814
2010	−40.64	−17.79	1.58	−24.43	−16.3	−8.1	140.6	52.3	88.3	442,445
11	−11.73	−12.29	−5.14	5.70	5.4	0.3	111.7	43.4	68.3	550,922
12	0.41	−6.25	−3.11	9.76	5.5	4.3	99.6	42.1	57.5	614,903
13	−2.41	−4.84	0.40	2.02	4.3	−2.3	102.4	55.3	47.1	753,731
14	−3.96	−8.37	0.45	3.96	6.1	−2.2	104.0	58.9	45.1	835,464

(出所) 財務省『法人企業統計年報特集』

また企業の資金蓄積もままならなかったことから、①内部金融比率が低く、②外部金融でも間接金融（銀行借入）比率が高い（オーバーボロイング）という特徴が表から読み取れる。

しかし、1970年代に入ると、高度成長期の特徴が崩れ始める。ひとつには、株式の時価発行が徐々に一般化するなど、資本市場からの資金調達が増大の兆しを示し始めたことであり、さらには1970年代後半からの低成長時代にともなう企業の減量経営を反映して借入金の返済が進んだこともあり、企業の内部金融比率が高まっていったことである。外部金融の内訳も、従来の銀行借入の割合が低下し、増資、社債といった直接金融の比重が趨勢的に高まっていることがわかる。

バブル期に入ると、増資および社債の割合が急増していることがわかる。バブル最盛期には転換社債やワラント債などのエクイティ関連債の発行が急増している。しかし、バブル破裂後は増資、社債も減少して、代わって内部資金の比率が一層高まり、8割を超えている。借入金の比率の低下傾向はバブル破裂後も続いていることがうかがえる。表 8-3 は、先述の『法人企業統計年報』(資金需給状況)に従って、1990年以降最近までの法人企業の資金

調達状況をまとめたものである。1990 年以降趨勢的には減少傾向にあった資金調達額は，2010 年以降増加傾向にある。2010 年以降を見ると，外部調達は，最近では社債や借入金が増加しているが，とくに増資が減少し，全体としては減少している。一方内部調達は，内部留保，減価償却とも順調で，調達比率がほぼ 100% を超え，2000 年代以降を通じても安定的に推移していることがわかる。

8 企業の金融行動

● 練習問題

1. 次の文中の（　）内に最も適切な語句を入れなさい。
   （1）企業の資金調達の方法には，（ a ）と（ b ）がある。（ a ）には内部留保や（　　）が含まれる。一方，（ b ）は株式の発行をともなう（ c ）・ファイナンスと普通社債や銀行借入などの（ d ）・ファイナンスに分けられる。また，（ a ）および（ c ）によって集められた資金は（ e ），（ d ）によって集められた資金は（ f ）と呼ばれ，（ e ）と（ f ）を合計したものを総資本と呼び，（ e ）の総資本に占める比率を（　　）と呼ぶ。
   （2）MM理論によれば，完全競争かつ完全な資本市場のもとでは，同一の営業利益予想を持つ企業の価値は，その資金調達方法，言い換えれば，（　　）の相違にかかわらず同一になる。これはMM理論の（　　）命題と呼ばれる。この命題が成立するのは，合理的な投資家の（　　）取引の結果，同一の営業利益予想を持つ企業は同一の評価を受けるという（　　）の法則が成立すると考えられるからである。
2. MM理論の第1命題を証明しなさい。
3. ある企業が600億円の投資プロジェクト案を採用するかどうか考えている。この設備投資は2年間で毎年363億円の収益を生むと予想されている。利子率を10%とすると，企業はこの投資プロジェクトを実行するだろうか。①予想収益の現在価値を求めて，解答しなさい。②この投資の限界効率を求めて，解答しなさい。
4. 情報の非対称性がもたらす，創業経営者と債権者間の問題とはどのようなものか。また，株主の有限責任ルールがこの問題にどのように関わっているか，簡潔に説明しなさい。

第 9 章

金融政策

　広い意味での金融政策とは，中央銀行や政府などによって行われる金融の諸規制や諸制度の導入や変更，および金融機関の監督・指導（金融行政）など多岐にわたる。このうち金融システム維持のための諸政策についてはプルーデンス政策として第 10 章で説明する。

　本章では，中央銀行が行う経済政策としての金融政策を取り上げる。金融政策は財政政策と並ぶ重要なマクロ経済政策であり，その政策運営の巧拙はマクロ経済の動きに大きな影響を与え，ひいては企業活動や国民生活に大きな影響を与える。本章では，金融政策の議論の前提としての銀行の信用創造理論，改正日本銀行法とそのもとでの金融政策の運営方法や金融政策手段，さらには非伝統的金融政策と呼ばれるようになった，最近の金融政策運営などについて説明する。

9 金融政策

9-1　金融政策と中央銀行の役割

■金融政策の最終目標

　マクロ経済政策としての金融政策とは，中央銀行が運営主体として，物価の安定や完全雇用の達成を目的として，主として金融機関との取引や金融市場での取引を通じて行う総需要管理政策である。総需要管理政策とは，一国全体の財やサービスに対する総需要の規模や変化を調整し，景気の波を平準化し，マクロ経済の安定的な拡大を目的として行う公共政策であり，金融政策のほかに財政政策がある。

　金融政策の最終的な目標としては通常，先にあげた①物価の安定（すなわち，通貨価値の安定）と②完全雇用の達成（あるいは，景気の安定）のほかに，③国際収支の均衡（あるいは為替レートの安定）があげられる。このうちどの最終目標を最も重視するかは，時代や経済環境によって変化し得る。たとえば，日本の金融政策では，1970年代後半から1980年代前半まではインフレ抑制（物価安定）が重視されたが，1980年代後半からはプラザ合意に基づく国際政策協調のもとで為替レートの安定に重点が移った。さらに，バブル崩壊後の1990年代以降最近に至るまで，景気回復（および信用秩序の安定化）とデフレ回避が最重点課題とされている。

　また，上記の最終目標間にはトレード・オフの関係も存在する。その典型的な例にフィリップス曲線と呼ばれるインフレ率と失業率との負の相関関係がある。フィリップス曲線は，景気刺激的な金融政策は往々にしてインフレ率を高めてしまうという，目標①と②の間のトレード・オフ関係を意味している。また，1980年代後半には，景気抑制のためには金利引上げによる金融引締めが望ましいが，しかし国際政策協調に基づくドルレートの安定のためには金利引下げが望ましいという二律背反的な状況も存在した。さらには，民主主義国家における政府は一般的に好景気を好み，金融緩和を望みがちで

あるが，それはインフレ偏向の政策になりがちであるという，政府との目標間の不一致という問題もある。

　金融政策運営に関する，そうした微妙な問題を抱えながらも，中央銀行としての日本銀行が最も重視している最終目標は，後述する「改正日本銀行法」(1998年) にも規定されているように，本来的には「物価の安定（通貨価値の安定）」にあるといえよう。それは，通貨価値の安定が，決済システムや信用秩序にとってはもちろんのこと，健全な経済活動にとっての基礎的条件にほかならず，現代の管理通貨制度のもとでその責任を負うものは中央銀行（通貨の番人）にほかならないからである。

■中央銀行の役割：通貨価値の安定と信用秩序の維持

　一般にどの国の中央銀行も，銀行券の発券銀行，銀行の銀行および政府の銀行という3大機能を担っている。わが国の中央銀行である日本銀行（日銀）は政府出資と民間出資による資本金1億円の半官半民の認可法人である。日本銀行は1882年に創設されたが，戦時中（1942年）に制定された旧日本銀行法は，戦時体制のもと，国家の政策に即した通貨の調節や信用制度の保持育成がその目的として謳われ，極めて戦時色の濃いものであった。

　しかし1997年6月，日本銀行法は半世紀振りに改正され，1998年4月から施行されることになった。改正日本銀行法の第1条では，「日本銀行は，我が国の中央銀行として，銀行券を発行するとともに，通貨および金融の調節を行うことを目的とする」ことのほか，「銀行その他の金融機関の間で行われる資金決済の円滑の確保を図り，もって信用秩序の維持に資することを目的とする」と規定されている。さらに，第2条では，「通貨および金融の調節に当たっては，物価の安定を図ることを通じて国民経済の健全な発展に資することをもって，その理念とする」と謳われている。

　このように，日本銀行の役割は，銀行券の発行，通貨および金融の調節，および信用秩序の維持であることが改正日本銀行法で明確にされた。すなわち，日本銀行は発券銀行（銀行券の独占的供給者）として，物価（すなわち，通貨

価値)の安定を図りながら，通貨および金融の調節(すなわち，金融政策)を行い，景気の安定あるいは完全雇用の維持に努めるという大きな公共的な責任を負っている。また，円滑な資金決済や信用秩序の維持についても，日本銀行は銀行の銀行として，後述する日銀ネットなどによって金融機関間の資金決済サービスを提供し，また銀行に対する最後の貸し手（lender of last resort）として機能している。これらの日本銀行の機能については第10章で言及する。

■日本銀行の独立性と透明性

改正日本銀行法では，中央政府からの日本銀行の独立性（自主性）の確保も図られている。第3条では，「日本銀行の通貨及び金融の調節における自主性は尊重されなければならない。」と述べられている。民主主義政治のもとでは，選挙による支持を必要とする政府には景気刺激政策への偏向が生じやすく，中央銀行が政府の影響下にあり，政府と中央銀行との間で政策目標に関して対立が生じた場合には，中央銀行にとって望ましい政策を必ずしも実行できない可能性がある。そうした弊害を排除するために，金融政策の運営に関する日本銀行の自主性（独立性）の強化が図られた。

たとえば，これまでは有名無実であった政策委員会が，名実ともに金融政策や業務運営に関する最高意思決定機関として明確に位置づけられた。政策委員会は，日本銀行総裁と2名の副総裁のほか，6名の審議委員で構成される。審議委員は日本銀行外部から選ばれた経済および金融に関して高い識見を持つ者あるいは学識経験者で，国会の同意を得て，内閣によって任命される。任期は総裁，副総裁と同じく，5年である。総裁，副総裁を始め審議委員等役員は，旧法では内閣または主務大臣によって解任されることがあり得たが，改正法では，在任中は自らの意に反して解任されることはなくなった。また，改正法では，大蔵省および経済企画庁の代表委員が政策委員会に常時出席していたのを廃止し，財務大臣および経済財政政策担当大臣（もしくはその代理）が必要に応じて出席し，意見を述べることができる（議案提出権）こととした。政策委員会の議決は委員の多数決によって行われ，政府代表には議

決権はないが，その議決の延期を求める権限（議決延期請求権）は与えられている。

　日本銀行の政策運営に関する独立性は，政策決定過程の透明性（あるいは説明義務（accountability））をともなわなければならない。事実，改正日本銀行法の第3条2項において，「日本銀行は通貨及び金融調節に関する意思決定の内容及び過程を国民に明らかにするよう努めなければならない。」とされている。これにしたがって，金融政策を議論するために，定例の政策委員会とは別に開かれる「金融政策決定会合」（原則年8回）での決定内容は直ちに公表，会合における主な意見の要旨も10日前後に公表されるようになっている。また会合の議事録についても10年後に公表することが定められた。さらに，政策委員会の議長である日本銀行総裁は金融政策会合での決定事項について6カ月に1回，国会に報告書を提出するとともに説明する義務が課されるようになった。

9-2　銀行の信用創造とマネーサプライ

■マネーサプライとハイパワード・マネー

　日本銀行は銀行券（現金通貨）の独占的供給者であると述べたが，一国の通貨量（マネーサプライ）は現金通貨のほかに預金通貨からなっている。日本銀行は金融政策の運営上，マネーサプライの水準に極めて大きな関心を抱いている。なぜなら，マクロ経済学が教えるように，マネーサプライの水準は物価水準や金利，景気に大きな影響を与えるからである。したがって金融政策を論じる前提として，一国のマネーがどのように供給されているのかを説明しなければならない。

　そこでまず，日本銀行が公表している通貨量統計を見ていこう。日本銀行は，2008年6月から，旧マネーサプライ統計に代えて，通貨量の範囲を再定

9　金融政策

▶表9-1　日本のマネーストック関連統計

(単位：億円)

暦年	M2	M3	M1	現金通貨	預金通貨	準通貨	CD	広義流動性	マネタリーベース	法定準備
2003	6,782,578	10,140,488	4,326,557	667,985	3,658,572	5,627,238	186,693	12,498,607	1,014,294	43,252
2005	7,013,739	10,285,080	4,693,434	694,724	3,998,710	5,368,237	223,409	13,031,325	1,107,976	45,753
2010	7,753,911	10,751,879	4,924,005	737,585	4,186,420	5,530,705	297,168	14,277,835	984,288	73,790
2011	7,966,101	10,988,575	5,157,810	755,564	4,402,246	5,523,482	307,283	14,412,261	1,134,148	75,352
2012	8,165,296	11,225,676	5,345,551	773,867	4,571,683	5,556,060	324,065	14,526,127	1,213,797	77,131
2013	8,459,714	11,553,640	5,603,110	797,609	4,805,501	5,614,260	336,271	14,990,778	1,631,533	80,396
2014	8,748,358	11,874,301	5,867,565	825,733	5,041,831	5,648,026	358,710	15,508,858	2,336,484	83,352
2015	9,071,265	12,232,549	6,170,793	866,755	5,304,039	5,689,224	372,531	16,125,193	3,131,207	86,773
2016	9,386,217	12,590,909	6,615,124	916,987	5,698,137	5,647,817	327,968	16,490,240	3,914,206	90,777

（注）　データはすべて平均残高

＊説明
M1＝現金通貨＋預金通貨（全預金取扱機関）
M3＝M1＋準通貨＋CD
M2＝現金通貨＋預金通貨＋CD（国内銀行等）
広義流動性＝M3＋金銭の信託＋投資信託＋金融債＋銀行発行普通社債＋金融機関発行CP＋国債＋外債
国内銀行等＝国内銀行（除くゆうちょ銀行）＋外国銀行在日支店＋信用金庫＋信金中金
　　　　　　＋農林中金＋商工中金
全預金取扱機関＝国内銀行等＋ゆうちょ銀行
　　　　　　　　＋信用組合＋全国信用協同組合連合会＋労働金庫＋労働金庫連合会
　　　　　　　　＋農業協同組合＋信用農業協同組合連合会＋漁業協同組合＋信用漁業協同組合連合会

（出所）　日本銀行ホームページ

義した上で，マネーストック統計として公表している。表9-1を参考にしながら説明しよう。最も狭義の貨幣統計量はM1と呼ばれ，これは銀行部門を除く民間部門が保有する現金である現金通貨と民間銀行の（主として当座預金および普通預金からなる）要求払預金（demand deposit）である預金通貨との合計である。M1は一般的交換手段という概念に一番近い貨幣統計量であろう。次に，M1に定期性預金（準通貨）およびCD（譲渡性預金）を加えたものがM3である。このM3とM2との違いは対象金融仲介機関の範囲であり，とくにM2にはゆうちょ銀行は含まれない。このほか，最も広義の概念として「広義流動性」があり，それはM3に金銭の信託，投資信託，国債および外債など流動性の比較的高い金融商品を加えたものである。各マネース

トック統計量の詳しい定義については表9-1の注を参照されたい。

表9-1から明らかなように，通貨量M1やM2，M3で大きな比重を占めているのは，現金通貨ではなく，預金通貨および準通貨である。これらの民間銀行の預金はどのようにして生まれてくるのだろうか。実はその源がハイパワード・マネー（H）といわれるものであり，マネタリーベースあるいはベースマネーとも呼ばれる。ハイパワード・マネーは中央銀行である日本銀行の民間経済部門に対する債務と定義され，日本銀行の発行する銀行券と，銀行などの民間金融機関が日本銀行に保有している当座預金（日本銀行当座預金または準備と呼ばれる）（R）からなる。銀行券は，金融機関の現金保有をゼロとすれば，現金通貨（C）に等しいので，Hは，

$$H = C + R \tag{9-1}$$

と示すことができる。日本銀行はさまざまな金融調節ルート（9-3節）を通じてこのハイパワード・マネーを調節しており，ハイパワード・マネーと銀行が生み出す預金通貨には密接な関係がある。以下ではその関係を説明しよう。

■銀行の信用創造

銀行の重要な機能に通貨の供給があることは第3章で触れたが，この機能について見ていこう。銀行の基本的機能のひとつは預金を受け入れ，貸出を行うという受信・与信業務であるが，預金通貨はこの業務を通じて創造される。たとえば，銀行が貸出を行う場合，銀行は借り手に現金を渡すのではなく，借り手の（当座）預金口座に貸出金額を記入する。借り手は小切手を切るなどして，支払に当てる。支払を受けた企業や家計は，その小切手を自分の取引銀行の預金口座に振り込む。こうして銀行間で預金の振替が起こるが，この限りでは，現金（ハイパワード・マネーの1構成要素）は必要とされない。しかし，その預金が引き出され，現金に交換される場合も当然あるので，銀行はそれに対処するためにある程度の現金を常時持っておく必要がある。これが（支払または預金）準備（R）である。

しかし，その準備額は貸出額全額でなく，その一部であるのが普通である。

なぜなら，預金は決済手段であると同時に貯蓄手段でもあり，銀行貸出の大部分は誰かの預金として現金化されず，預金として銀行にとどまると考えてよいからである。こうして，銀行は全体として準備（ハイパワード・マネーの1構成要素）の何倍もの貸出（信用）を行うことができる。こうした銀行の信用創造プロセスを通して結果として預金通貨が創造されるわけである。

準備については1957年に公布された「準備預金制度に関する法律」によって導入された制度がある。銀行は自行の預金残高の一定割合を預金引出に対する準備として，日本銀行にある自行の当座預金勘定に無利子で預金しなければならないことになっている。この預金は法定準備または所要準備と呼ばれる。

[1] 信用創造の機械的アプローチ

そこでいま，上記の信用創造プロセスを通して，ある量のハイパワード・マネー（H）からどれほどの貨幣が供給されることになるかを式で示してみよう。貨幣供給量をM，Cを現金通貨，Dを預金通貨として，

$$M = C + D \tag{9-2}$$

と示そう。いま，家計や企業などの民間経済主体の現金通貨と預金通貨の保有比率を現金・預金比率として，$\alpha = C/D$と定義し，また銀行の預金準備率（支払準備率）を$\beta = R/D$と定義しよう。このとき，貨幣供給量Mとハイパワード・マネーHとの関係は，

$$\frac{M}{H} = \frac{C+D}{C+R} \tag{9-3}$$

と示せるから，αとβを使って，

$$M = \frac{\alpha+1}{\alpha+\beta} H \tag{9-4}$$

と書き換えることができる。通常，$0 < \beta < 1$であるから，$\frac{\alpha+1}{\alpha+\beta} > 1$が成立している。この$\frac{\alpha+1}{\alpha+\beta}$は信用乗数または貨幣乗数（money multiplier）と呼ばれ，ある量のハイパワード・マネーHからどれほどの貨幣が生み出されるかを示す乗数として重視されている。この式はまた，貨幣乗数が安定的あるいは変

図 9-1　貨幣乗数とマーシャルの k の推移

（資料）　内閣府『経済財政白書』平成 28 年度版
（注）　通貨量は 2003 年まで M 2＋CD, 2004 年以降は M 2。
　　　マネタリーベースは月次データの暦年単純平均。
　　　通貨乗数は左目盛, マーシャルの k は右目盛り。

化するにしても予測可能であるならば, 中央銀行がハイパワード・マネー H や預金準備率（β）を動かすことで, 一国全体の貨幣供給量をコントロールできることを理論的に示したものと考えることができる。図 9-1 には, 最近の貨幣乗数の推移が示されているが, 趨勢的に大きく低下していることがわかる。貨幣乗数の大幅な低下の主要な原因は β の大幅な上昇である。β の上昇は, 次の［2］の説明からもわかるように, 銀行の貸出（信用供与）能力の低下を反映するものとしてとらえることができる。「マーシャルの k」については後述する。

［2］　信用創造のプロセス・アプローチ

以上の説明はいかにも機械的で, どのようなプロセスで信用, そして貨幣（預金通貨）が創造されているか, 必ずしも明解ではない。そこで, 信用創造のプロセスを簡略化して説明しよう。

いま, 中央銀行がハイパワード・マネーを H だけ A 銀行の準備として増加させたとしよう。A 銀行は, それを全額 a 企業に貸し出すとする。a 企業は借

入金全額を小切手でb企業に支払う。b企業はそのうち$1-\gamma$分を取引銀行Bに預金する。B銀行はA銀行からHを受け取り，γHを現金としてb企業に渡す。このγは現金流出率と呼ばれるが，単純化のためすべての企業で一定とする。B銀行は新たに受け入れた預金$(1-\gamma)H$のうち，β分だけ準備として残し，残り$(1-\beta)(1-\gamma)H$分をb′企業に貸し出す。b′企業は小切手で全額をc企業に支払う。c企業はその$1-\gamma$分を取引銀行Cに預金する。そしてC銀行はこの新たな預金をもとに貸出を行う。

この信用創造プロセスが無限に続くとすると，最初のHによって，どれだけの貸出（信用）と預金が創造されることになるだろうか。貸出総額をL，預金総額をDとすると，それらは5-2節で説明した無限等比級数の和の公式を使って，次の式で示されることがわかる。

$$L = H + (1-\beta)(1-\gamma)H + \{(1-\beta)(1-\gamma)\}^2 H + \cdots$$
$$= \frac{1}{1-(1-\beta)(1-\gamma)} H \tag{9-5}$$

$$D = (1-\gamma)H + (1-\beta)(1-\gamma)^2 H + \{(1-\beta)(1-\gamma)\}^2 (1-\gamma)H + \cdots$$
$$= \frac{1-\gamma}{1-(1-\beta)(1-\gamma)} H \tag{9-6}$$

また，民間に流出した現金総額をCとすると，同じく，

$$C = \gamma H + (1-\beta)(1-\gamma)\gamma H + \{(1-\beta)(1-\gamma)\}^2 \gamma H + \cdots$$
$$= \frac{\gamma}{1-(1-\beta)(1-\gamma)} H \tag{9-7}$$

で表される。そこで，$M = C + D$ であるから，

$$M = C + D = \frac{1}{1-(1-\beta)(1-\gamma)} H = L \tag{9-8}$$

となる。(9-8)式が，機械的アプローチで求めた(9-4)式と同一であることは，αを用いて，

$$1-\gamma = 1 - \frac{C}{C+D} = \frac{1}{\alpha+1} \tag{9-9}$$

と変形でき，これを使って確かめることができる。

■マネーサプライ論争：標準理論と日銀理論

(9-4) 式 (あるいは (9-8) 式) の説明では，日本銀行が H を動かすことによって (いわば H が原因で)，M が変化する (結果) という因果関係として説明された。これは標準理論と呼ばれる。しかし，当の日本銀行の実務家は，実際の因果関係はむしろ逆であると主張する。すなわち，日々の経済活動の結果生じる M の変化が時間的に先行しており，日本銀行は最終的にはこの M の変化 (原因) に同調するように H を変化 (結果) させざるを得ないと説明する。これは日本銀行理論 (日銀理論) と呼ばれている。日銀理論は，M の変化に同調せずに H を不変に保つことは技術的には可能ではあるが，そうした場合，短期金利の乱高下が生じ，金融市場が混乱に陥る危険性が極めて高くなると指摘している。

日銀理論が主張するように，時間的に先行するのは銀行貸出 (L, すなわち M) であるとしても，もし日本銀行が銀行貸出の変化に同調してハイパワード・マネーをいつも調節するわけではないことを銀行が事前に知っていれば，銀行は将来のハイパワード・マネーの供給に関する日本銀行の意図を前提にして貸出を調節する可能性がある。その意味では，日本銀行によるハイパワード・マネーの供給が M に影響を与えていると見ることもできるであろう。

9-3 金融政策の運営方法と政策手段

■誘導目標：金利 (価格) 目標と数量目標

日本銀行は，利用可能な政策手段を駆使して，上で述べた金融政策の最終政策目標を達成するよう努めている。しかし，金融政策の効果が政策手段から最終目標に影響を与えるまでのプロセスは時間もかかり，かつ極めて複雑

である。そこで，日本銀行は効果波及プロセスの複雑さや不確実性からの影響をできるだけ少なくするために，政策手段と最終目標との間に中間的な目標，すなわち誘導目標を置いて，政策手段を運営している。

図9-2に示されているように，誘導目標には2種類ある。そのひとつが，現在日本を含め，多くの先進諸国の中央銀行が採用している金利（インターバンク市場金利）目標である。日本銀行はインターバンク市場金利，とりわけ無担保コール翌日物金利を誘導金利とする政策運営を行っている。これは日本銀行にとって，インターバンク市場金利はほぼ確実にコントロールすることができ，また後述するように，インターバンク市場金利を通じて他の市場金利に対しても幅広い影響を与えることができるからである。

他のひとつは，金利（すなわち，価格）ではなく，マネタリーベースや銀行準備などの数量目標である。数量目標は，インフレーションが大きな問題となった1970年代に，フリードマン（M. Friedman）を領袖とするシカゴ学派（マネタリスト）の主張である「マネーサプライ重視の金融政策」で採用された。しかし，近年になるにつれ，図9-1に見るように，マネタリストの主張の前提である，マネーサプライのコントロール可能性（貨幣乗数の安定性）やマネーサプライと経済活動（名目GDP）との間の一定の安定的な関係（マネーサプライ/名目GDP：マーシャルのk）が崩れてきていることがわかる。さらにインフレが沈静化し，むしろデフレーションが問題となっている現在では，マネタリストが主張したマネーサプライ重視の政策運営は行われていない。現在の日本でも，マネーサプライは金融政策運営にとって重要な経済変数であることに変わりはないが，誘導目標としてよりも，金融政策運営上の「総合的判断材料」すなわち情報変数のひとつとしての色彩が強くなっている。

バブル崩壊後の長期低迷とデフレに直面して，日本銀行は伝統的な金融政策では十分な対策を採れず，次のような非伝統的な金融政策を採用するようになった。1999年2月から2000年8月まで，政策委員会の決定によって，無担保コール翌日物金利をゼロに抑えるというゼロ金利政策を実施した。さら

図 9-2　金融政策手段と誘導目標

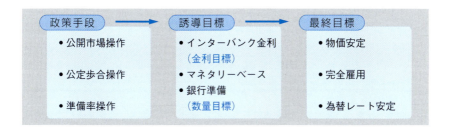

に，2001 年 3 月から 2006 年 3 月まで，金利目標に代えて「日本銀行当座預金残高」を増加させるという数量目標（量的緩和政策）を採用した。これらについては後述する。

■日本銀行の金融政策手段

　日本銀行の伝統的な金融政策手段には，公開市場操作，公定歩合操作および準備率操作の 3 つがあった。日本では従来，公定歩合操作および日銀貸出政策が最も重要な政策手段であったが，1995 年以降，公開市場操作が主要な金融政策手段として日常的に使われようになっている。以下，それぞれの政策手段についてその概要を見ていこう。なお，景気回復やデフレ回避，さらには最近の金融危機対策として，伝統的金融政策のほかに非伝統的金融政策がとられるようになっているが，これについては第 5 節で説明する。

（1）公開市場操作（オペレーション）

　公開市場操作は，日本銀行が金融市場において金融機関との間で国債等の有価証券や手形の売買を通して，金融機関に対して資金供給（買いオペ）や資金吸収（売りオペ）を行い金融市場における資金量を調節（金融調節）し，それによって同時に市場金利に影響を与えるものである。現在日本銀行が用いている主要なオペレーション手段は表 9-2 にまとめられている。「共通担保資金供給オペ」は，あらかじめ提供された国債や手形等の適格金融資産を担保として，貸付金利を入札させて貸付を行う方式であり，従来の手形買入オ

9 金融政策

▶表9-2 金融調節手段──主要なオペレーション

1. 共通担保オペ
固定金利方式の貸付利率は、貸付日における誘導目標金利（日本銀行が金融市場調節方針において誘導目標として定める無担保コールレート（オーバーナイト物）の水準をいう。）とすることを原則としているが、2016年1月、こうした定めにかかわらず、当分の間、年0％とすることを決定。

2. 国債現先オペ
国債を売戻し（買戻し）条件を付して入札によって買入れる（売却する）資金供給（吸収）オペレーション。

3. 国庫短期証券売買オペ
国庫短期証券を入札によって買入れる（売却する）資金供給（吸収）オペレーション。

4. CP買現先オペ
日本銀行が担保として適格としているCPを、売戻し条件を付して買入れる資金供給オペレーション。

5. 国債買入れ
利付国債を入札によって買入れる資金供給オペレーション。

6. 手形売出オペ
日本銀行が振り出す手形を入札によって売却する資金吸収オペレーション。

7. 国債補完供給
日本銀行が保有する国債を一時的かつ補完的に供給するもの（形式は、国債の買戻条件付売却）。

8. CPおよび社債買入れ
金融調節の一層の円滑化を図る趣旨から、コマーシャル・ペーパーおよび社債等を、入札によって買入れる資金供給オペレーション。

9. ETFおよびJ-REIT買入れ
金融調節の一層の円滑化を図る趣旨から、ETFおよびJ-REITの買入れ等を実施[*]。

10. 米ドル資金供給オペ
米国連邦準備制度との米ドル・スワップ取極により調達したドル資金を、日本銀行に差し入れられた担保を裏付けとして、貸付けるオペレーション。

11. その他

（出所）日本銀行ホームページ（*部分は一部編集）

ペに代わって、2006年6月に導入された。現先オペは、一定期間後の買い戻し、または売り戻し条件付のオペレーションであり、効果は一時的である。一方、買い切りオペや売り切りオペは単純な売買であり、その効果は永続的である。日本銀行の金融調節のメカニズムについては次節で説明する。

（2） 公定歩合操作

　中央銀行が民間銀行に対する貸出（日銀貸出）の金利を公定歩合と呼ぶ。公定歩合の引上げは金融引締め，引下げは金融緩和を意味するが，従来は，公定歩合はコール・レートを下回る水準に維持されていた。したがって，日銀貸出は民間金融機関にとって最も安価な資金調達手段であり，公定歩合とコール・レートとの差はいわば銀行への補助金にほかならず，公定歩合操作およびそれに基づく日銀貸出は，戦後一貫して最も重要な政策手段であった。しかし規制金利の時代から金利および金融の自由化にともない，日本銀行は，1995年7月以降，コール・レートが公定歩合を下回るように誘導・調整するようになり，さらに1996年1月には，日銀貸出を政策手段として用いないこととした（日銀貸出限度額制度の廃止）。

　また2001年3月には，日本銀行は補完貸付（ロンバート型貸付）制度を導入した。これは，あらかじめ定めた条件を満たす限り，金融機関はこの制度の適用金利である公定歩合で望むだけ借入できるという制度である。これによって，公定歩合がコール・レートの上限を決めることになり，短期金利の安定化に寄与すると考えられている。なお，日本銀行は2006年8月以降，政策金利のニュアンスの濃い公定歩合から「基準割引率および基準貸付利率」に名称を変更している。

（3） 準備率操作

　1957年に施行された準備預金制度では，銀行は1カ月の平均預金残高に対して一定の準備率（法定準備率）を乗じた金額（法定，あるいは所要準備金）を一定期間内に，日本銀行の当該銀行の当座預金勘定に無利子で預けなければならない。この法定準備率を引き上げれば，たとえば上の（9-1）式の ρ の上昇となり，銀行が貸出に回せる分が減少し，その結果，マネーサプライは減少することがわかる。もっとも最近では，準備預金制度を廃止する国（スイス，ニュージーランド，オーストラリア，カナダ）もあり，日本でも1991年以降準備率は変更されておらず，政策手段としては実質的に機能していない。

9 金融政策

なお，日本銀行は 2008 年 11 月から，所要準備額を超える超過準備に対して利子をつける「補完当座預金制度」を導入した。その利子率はコール・レートの下限を決めることになり，補完貸付制度とともに，コール・レートをよりコントロールしやすくするものと考えられる。

9-4　日本銀行の金融調節

■準備預金制度と積みの調整

日本銀行は上に述べた種々の政策手段を用いて，操作目標のひとつであるインターバンク市場金利（コール・レート），なかでも，無担保コール翌日物金利を誘導金利としてコントロールしている。日本銀行の金融市場調節には，季節変動などによる市場金利の乱高下を防ぐための受動的調節と，ある政策意図を持ってインターバンク市場金利をある一定の水準に誘導するための能動的調節とがある。ここでは，日本銀行の金融調節の仕組みと，どのようにしてコール・レートが決定されるか（誘導されるか）を見ていこう。

その前提として，先にも述べた準備預金制度について少し詳しく見ておく。銀行はある 1 カ月の累積預金残高に対して一定の法定準備率をかけて得られる所要準備額を，その月の 16 日から翌月の 15 日までの 1 カ月間（積立て期間）に準備預金として積み立てなければならない。これを「同時・後積み混合方式」という。その積み方は基本的に銀行の自由であり，あくまでもその期間の準備預金の累積積立額として充足すればよい。日本銀行預け金は無利子であるので，銀行は基本的に所要準備額を達成するように行動し，それを超える準備（超過準備）を持とうとはしないであろう（ただし，最近の傾向については後述する）。

銀行の積立の進み具合を測る「積みの進捗率（実際の累積積立額を所要準備額で割った比率）」は，インターバンク市場，さらには日本銀行の金融調節

図 9-3　日本銀行のバランスシート（貸借対照表）

（貸　方）	（借　方）
日銀貸出（BL）	銀 行 券（CU）
手形・債券（BS）	準備（当座預金）（R）
海外資産（FA）	政府預金（DG）

の動向を見る上で重要な指標となっている。ある時点の積みの進捗率が標準的な進捗率（毎日同じペースで積み立てて行く場合の進捗率）を下回れば，今後準備の積立を増やす必要から，インターバンク市場での資金調達が増加，逼迫することが予想され，市場金利は上昇しやすくなる（標準的な進捗率を上回ればその逆となる）。日本銀行は，日々の金融調節を通して銀行の積みの進捗率に影響を与えて，インターバンク市場金利を誘導するわけである。

■資金需給と金融調節

　ここで，簡略化した日本銀行の貸借対照表（図9-3）を見ておこう。資産側は，日銀貸出（BL），手形・国債（BS），海外資産（FA）からなる。ここで，BSは金融調節を代表させている。負債項目は，銀行券（CU），準備預金（または当座預金）（R）および政府預金（DG）である。貸借対照表に従って両者は等しく，BL＋BS＋FA＝CU＋R＋DGであるが，これを書き換えて，

$$R = BL + BS + FA - (CU + DG) \tag{9-10}$$

を得る。上式を変化分（フロー）の式で示せば，変化分の記号を Δ（デルタ）で表して，

$$\Delta R = \Delta BL + \Delta BS + \Delta FA - (\Delta CU + \Delta DG) \tag{9-11}$$

となる。この関係式を「資金需給式」と呼ぶことがある。ここで，ΔCU は家計・企業による預金の引出（マイナスならば，現金の預入）であり，「銀行券要因」と呼ばれる。ΔDG は政府預金の増減，すなわち財政資金の変化分を表す。政府預金の増加は財政資金の揚げ超と呼ばれ，対民間からの受取超過を意味し，政府預金の減少は財政資金の対民間支払超過に対応している。ΔFA

は為替市場介入などのドルの売買によって生じるドル（外国為替）保有額の変化分を示している。プラスの場合にはドルの購入を，マイナスの場合にはドルの売却を意味する。日本銀行によるドルの購入（売却）は，その購入代金（売却代金）が準備（R）の増加（減少）につながる。ΔDGとΔFAの両者をまとめて「財政等要因」と呼ぶ。この両要因（ΔFA−（ΔCU+ΔDG））は民間および財政の活動によって変化し，日本銀行が直接コントロールできない変化を表し，資金過不足と呼ばれる。

　一方，最初の2項は日本銀行の金融調節を表す部分である。すなわち，日本銀行はその時々の資金過不足に対して，BLやBSを操作することで調整し，Rの変化に影響を与えることができる。

　この関係式（資金需給式）を使って，日本銀行の金融調節がどのようにインターバンク市場金利に影響を与えるかを見てみよう。たとえば，資金過不足に対応して日本銀行が金融調節を行ってRを減少させたとしよう。これは積みの進捗率を遅らせることになり，将来の準備積立ての必要からインターバンク市場が逼迫傾向を示し，インターバンクの市場金利は上昇することになる。このように，日本銀行は金融市場全体の資金過不足をにらみながら，日々の金融調節を通して準備預金の総量（すなわち，ハイパワード・マネー）に影響を与え，それを通してインターバンク市場金利（コール・レート）を誘導しているわけである。

　こうした日本銀行の金融調節は従来「資金需給実績」として公表されていたが，2000年7月から，「日本銀行当座預金増減要因と金融調節」と改称されて公表されることになった。この背景には，後述する日本銀行のゼロ金利政策の影響がある。ゼロ金利政策のもとで潤沢な資金供給が行われたため，日本銀行当座預金のなかで，所要準備を超える超過準備や準備預金制度が適用されない短資会社や証券会社などの当座預金が増大したため，これらを含む日本銀行当座預金の増減が，必ずしも従来の所要準備預金の増減を表す（9-11）式の左辺（ΔR）と等しくなくなってきたからである。しかし，資金需給式に示される関係は，ΔRを日本銀行当座預金増減と定義することで同じよう

に成立する。

9-5　政策効果の波及経路と最近の金融政策運営

■金融政策の4つの効果波及経路

　これまで言及してきたように，日本銀行は無担保コール翌日物金利を誘導金利としてコントロールし，インターバンク市場金利を操作して金融政策を行っている。しかし，どのようなルートを通じて金融政策の効果が最終目標にまで波及していくかという，そのメカニズム（トランスミッション・メカニズムと呼ばれる）は，極めて複雑で現在でもはっきりと解明されたわけではない。現在のところでは，図9-4に示したように，次のようなルートを通じて，金融政策の効果が波及していくものと考えられている。金融引締めのケースを例に説明しよう。

① 　銀行貸出を通じる経路：インターバンク市場金利の引上げは，銀行にとっての資金調達コストの上昇を意味する。しかし一方で，貸出金利は相対的に硬直的であり，銀行にとっては貸出による採算の悪化を招くことになり，銀行貸出の抑制につながることが考えられる。このルートは金利が規制されていた高度成長期には有効であったが，金利の自由化が進み，短期，長期の標準貸出金利が市場金利と連動して動くようになった現在では，以前ほどの重要性はなくなったといわれている。しかし後述するクレジット・ビューに見られるように，これまでとは異なる理由から，銀行貸出経路が重視されている。

② 　金利を通じた支出抑制経路：これはインターバンク市場金利の上昇が市場間の裁定取引などによってイールド・カーブに影響を与え，長期金利にも波及し，それが家計の消費や企業の投資活動を直接抑制するという，ケインズによって示唆された金利を通じて総需要に

9　金融政策

図 9-4　金融政策の波及経路

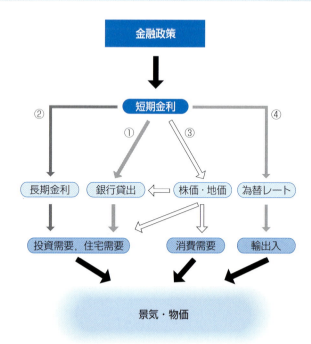

（注）北坂真一「金融対策の目標と有効性——ゼロ金利政策とインフレ・ターゲット」
（岩田規久男編『金融政策の論点』2000年，東洋経済新報社）の図を参考にした。

　　　影響を与える経路（ケインズ効果）である。この経路は銀行中心から市場中心の金融メカニズムに移行するにつれてより重要となるように思われる。
③　**金利を通じた資産価格経路**：これは金利の上昇による市場間の裁定取引を通して，株式や債券などの金融資産価格や不動産などの実物資産価格の下落を引き起こし，いわゆる逆資産効果によって，家計や企業の支出活動が抑制されると同時に，保有資産価値や担保価値の低下によって銀行の貸出が抑制される経路である。この経路も，個人の金融資産の蓄積が進むなど，ストック中心の経済になるほど，また同時に，自由な金融市場が発達すればするほど，重要な経路と

なると思われる。

④ **金利を通じた為替レート経路**：これは，4-4節で説明した金利平価式に示されるように，国内金利の上昇が結果的に為替レートの増価（すなわち円高）を招き，それによって輸出の減少，輸入の増加，すなわち総需要の減少を引き起こすという経路である。この経路も，金融のグローバリゼーションや世界経済の一体化が進展するなか，ますます重要な経路となると考えられる。

現在，日本銀行は，このようないくつかの効果波及経路のなかで，日銀貸出やそれにともなう窓口指導（日本銀行が民間銀行の貸出計画に対して直接指導する政策手段で，1991年7月に廃止されている）といった，従来の銀行との取引や直接的介入による①に代表される経路から，市場の金利メカニズムを通じる②から④の経路を重視した，市場志向型の政策運営に転換している。それだけに，日本銀行は金融政策の意図を正確に市場に伝え，「市場との対話」を通して金融政策に対する市場の信認を得ることを重要視している。

■最近の金融政策運営

（1） 金融政策の運営に関する伝統的な諸問題

平時あるいは標準的な景気循環における金融政策の運営に関してよく言及される基本的な問題として以下の3つが挙げられる。

① **金融政策のタイム・ラグ**（時間の遅れ）：実体経済の状況に対応してタイミングよく金融政策を運営，実施していく上で，次の3種類の時間的遅れ（タイム・ラグ），すなわち①認知ラグ，②決定ラグ，③効果ラグに対する適切な考慮が極めて重要であることを指摘したものである。①の認知ラグは，政策の必要性を認知するまでの実体経済観測上の時間の遅れであり，②の決定ラグは，実際に必要な政策を決定し，実施するまでの時間的遅れ，最後の③の効果ラグは政策を実施してからその効果が実際に現れるまでのタイム・ラグである。金融政策の適切な運営には，上に述べた時間的なずれを的確に

9　金融政策

判断・考慮する必要がある。

② **政策効果の非対称性**：これは,「馬を水際まで連れて行くことはできるが,馬に水を飲ませることはできない」とよく言われるように,金融政策は景気を抑制する上では一般に有効だが,景気を刺激する上ではそれほど有効ではないという点を指摘したものである。後述するゼロ金利政策についても,企業の投資活動や家計の消費活動に対して当初期待されたほどの刺激効果は観察されたとはいえず,これも金融政策効果の非対称性を示すひとつの例と考えることができよう。

③ **情報の非対称性**：これは金融政策の効果に関して,借り手のデフォルト・リスクなどに関する情報の非対称性の影響を指摘したものである。標準的なマクロ経済学では,金融緩和でマネーサプライが増加すれば,金利（とくに債券利子率）が低下して総需要が刺激されると考える（マネー・ビュー）が,借り手のデフォルト・リスクなどに関する情報の非対称性を導入すると,金融政策の効果やその波及先は,金利やマネーサプライの量だけではなく,銀行信用（貸出）の利用可能性（アベイラビリティ）にも依存すると考えられる（クレジット・ビュー）。クレジット・ビューによれば,銀行信用と資本市場からの資金調達は必ずしも完全に代替的でなく,金融緩和状態であるように見えても,情報の非対称性や借り手の担保価値の低下といった問題があるような場合には銀行信用は必ずしも増加しない。このクレジット・ビューは,とくに銀行借入以外の資金調達が困難な中小企業に関して指摘される「銀行の貸し渋り」現象をうまく説明している。

（2）ゼロ金利政策以降の金融政策：非伝統的金融政策

周知のように,1990年のバブル崩壊以降,日本経済は長期的な景気低迷およびデフレ,さらには銀行等の破綻など信用秩序の危機といったかつてない状況に陥った。こうしたこれまでに経験したことのない状況に対して,日本

銀行は，伝統的な金融政策だけでは対応しきれなくなり，以下に見るような，非伝統的な金融政策を採用した。

　バブル不況脱出と信用秩序の危機回避を目標に，日本銀行はバブル崩壊以後の低金利政策をさらに一層徹底し，1995 年 9 月に公定歩合を 1 ％ から 0.5 ％ へ，1998 年 9 月にはさらに 0.25 ％ へ引き下げた。そして，1999 年 2 月 12 日の金融政策決定会合で，「より潤沢な資金供給を行い，無担保コールレート（オーバーナイト物）を，0.15 ％ 前後を目指してできるだけ低めに推移するよう促し，その後市場の状況を踏まえながら，徐々に一層の低下を促す」ことが合意され，ゼロ金利政策が開始された。さらに，日本銀行のゼロ金利政策への中長期的なコミットメントを表明することによって将来の金利予想など市場の期待形成に影響を与えることを目的として，同年 4 月 13 日の会合では，「デフレ懸念の払拭が展望できるような情勢になるまでゼロ金利を継続する」ことが決定された。日本銀行がこうしたゼロ金利政策に踏み切った大きな要因は，バブル崩壊後の金融システムに対する不安とデフレによる不況の深刻化（デフレスパイラル）に対する懸念を払拭することにあった。しかし，名目金利を下限まで低下させる金融緩和策によっても，必ずしも期待されたほど十分な景気刺激効果は得られなかった。

　このため，日本銀行は，さらなる金融緩和策を求める声もあって，2001 年 3 月から，2000 年 8 月に一度解除したゼロ金利政策を実質的に再開すると同時に，「日本銀行当座預金残高」を法定準備額を大幅に上回る水準に維持するという量的目標を採用し，「消費者物価指数（全国，除く生鮮食品）の前年比上昇率が安定的にゼロ ％ 以上となるまで継続すること」を公表，約束（コミット）した。こうしたゼロ金利政策や量的緩和政策のように，将来にわたる政策目標を明示し，それが実現するまで政策を続行するという約束（コミットメント）をすることで，人々や市場の物価予想や将来金利予想をコントロールし，それによって長期金利にも影響を与えようとする政策を「時間軸政策」または「フォワード・ガイダンス」と呼ぶ。この量的緩和政策は 2006 年 3 月まで継続されたが，その間，長期国債の大量買入れのほか，資産担保証券

（ABS）や資産担保付 CP（ABCP），銀行保有株などの特定のリスク資産の買入も実施された。また量的緩和政策解除後，ゼロ金利政策も同年 7 月に解除された。

　信用秩序（あるいは金融システム）の維持・安定化およびデフレ不況脱出のために日本銀行が行ってきたゼロ金利政策や量的緩和政策等の非伝統的政策は，（ポートフォリオ・リバランス効果と呼ばれる）銀行貸出の増加誘導効果など，景気刺激の面では必ずしも期待された結果を生んだとはいえないが，潤沢な流動性を供給し続けることで，金融システムの安定化には寄与したと見られている。さらに，特定リスク資産の買入は資産価格の維持や円滑な資産売買取引（市場流動性）の確保など，金融システムの安定化に資する効果があると見られ，リーマン・ショック後の世界的金融危機において，主要国，とりわけアメリカの中央銀行（連邦準備銀行：FRB）が採用した，MBS などの特定資産の大量買入れという「信用緩和政策」のさきがけともなったといわれている。しかしその一方で，潤沢な流動性を政策的に供給することで，コール市場取引が低調となるなど，市場メカニズムの減退を引き起こしたり，本来淘汰されるべき金融機関を生き延びさせたりといった負の面も存在したことは否めない。

　なお日本銀行は，円高等の影響で景気改善の動きが弱まっているとして，ゼロ金利政策の復活のほか，金融緩和を一段と強化する「包括的金融緩和政策」を 2010 年 10 月 5 日に公表した。包括的金融緩和政策の主内容は以下のとおりである。

　　［1］　無担保コールレート（オーバーナイト物）を，0 から 0.1% 程度に誘導（実質ゼロ金利政策の採用）。

　　［2］　中長期的な物価の安定が展望できる情勢になるまで，ゼロ金利政策を継続。

　　［3］　長期金利の低下や各種のリスク・プレミアムの縮小を目的とした，各種資産（国債，CP，社債，指数連動型上場投資信託（ETF），不動産投資信託（J–REIT）など）の買入れおよび共通担保資金供給オペレーショ

ン（固定金利方式）のための基金（総額35兆円）の創設。

包括的金融緩和政策によって，継続的に金融緩和状況が維持され，景気を下支えする上では貢献したと考えられるが，日本経済のデフレ・マインドを転換して，デフレを脱却するには至らなかったといえよう。

（3） アベノミクスと量的・質的金融緩和

2012年12月に首相となった自民党安倍晋三氏は，新たな経済政策として「アベノミクス」を掲げ，その第1の矢として，大胆な金融緩和政策を挙げ，日本銀行に対して物価安定目標の設定を要請した。それを受けて，白川方明日銀総裁は，消費者物価の前年比2％という目標をできるだけ早期に実現するという，インフレターゲットに関する政府と日本銀行による共同声明を2013年1月に発表した。そして，2013年3月に日本銀行の新しい総裁となった黒田東彦氏は，2％のインフレターゲットの2年以内の実現に向けた異次元の金融緩和（量的・質的金融緩和）政策を同年4月に発表した。その主要な内容は以下のとおりである。

［1］ 「物価安定の目標（消費者物価上昇率2％）」を2年程度で実現する。このため，

［2］ 操作目標を無担保コールレート（オーバーナイト物）から，マネタリーベースに変更し，マネタリーベースを年間約60〜70兆円増加させるよう金融調節を行う。（→2013年末200兆円，2014年末270兆円を予定。）

［3］ 長期国債買入れの拡大と年限長期化。

　① イールドカーブ全体の金利低下を促すため，長期国債の保有残高を年間約50兆円増加する買入れを行う。

　② 買入対象を，40年債を含む全ゾーンの国債とし，平均残存期間を現状の3年弱から7年程度に延長する。

［4］ リスク・プレミアムの低下を促すためETF，J-REITの買入れを，それぞれの保有残高を年間約1兆円，約300億円増加するように買入れを行う。

［5］ 「量的・質的金融緩和」は，2％の「物価安定の目標」を実現し，

9 金融政策

これを安定的に持続するために必要な時点まで継続する(時間軸政策)。

2014年4月の消費税率8％への増税前の駆け込み需要で消費者物価は上昇する気配を見せたが,その後駆け込み需要の反動で物価下押しとなり,さらに2014年後半から原油価格が下落傾向を示した。これに対して日銀は,デフレ・マインドへの逆戻りを阻止するため,追加的な金融政策を同年10月に実施した。その主要な内容は以下のとおりである。

[1] マネタリーベースを年間80兆円増加するペースで金融調節。

[2] 長期国債を年間80兆円増加するペースで買入れ。

[3] 保有国債の平均残存期間を7年〜10年に拡大。

[4] ETF,J-TEITの保有残高をそれぞれ年間3兆円,900億円増加するペース(以前の3倍)で買入れ。

政策の実行は粛々と進み,マネタリーベース,長期国債保有額,ETFおよびJ-REITの保有額は計画通り進んだが,物価の上昇は目標に届かず,低迷していた。こうした状況下,原油価格の一層の下落や新興国・資源国の先行き不透明感,アメリカの利上げ観測などで,国内景気は一進一退となり,物価上昇も鈍化傾向を示した。

2016年1月,日銀は,市場の意表を突くように,突然マイナス金利を導入した「マイナス金利付き量的・質的金融緩和」を発表して,「量」・「質」・「金利」の3次元での緩和手段を駆使して,2％の物価安定目標の早期実現を目指すとした。新規に導入された内容は以下のとおりである。

[1] 新規日銀当座預金の一部にマイナス金利0.1％導入。
(市中銀行が日銀当座預金を増やさず,企業貸出に回すように誘導するため。)

[2] 長期国債買入れの平均残存期間を7年〜12年程度とする。

[3] 2％の物価上昇率が安定的に持続するまで政策継続との声明発表。

[1]のマイナス金利は,日銀が2008年に導入した補完当座預金制度を実質的に改正するものである。従来は日銀は民間金融機関が保有する超過準備に利息を支払っていたが,新しい政策は,超過準備の一部(政策金利残高と

呼ばれる）にマイナス0.1％の金利を課すものである。なお，それ以外の超過準備および法定準備には，0.1％ ないし 0％ の付利となっている。

マイナス金利導入の結果，コール市場や中長期の国債市場でマイナス金利（利回り）が確認されたが，企業の投資行動や家計の消費行動に期待されたプラスの行動は見られなかった。物価についても景気の停滞や原油安の影響から低迷状態が続いた。

2016年9月に，日銀はこれまでの金融政策に関する総括的な検証を行い，その結果を踏まえて政策運営の新たな枠組み「長短金利操作付き量的・質的金融緩和」の導入を発表して，2％の物価安定目標の早期実現を目指すこととした。新しい枠組みの主要な点は以下のとおりである。

［1］ 従来の量的緩和は維持しつつ，操作目標を「量」から「金利」に変更し，政策金利残高にマイナス0.1％金利を適用するとともに，長期金利（10年物国債金利）が 0％ 程度で推移するよう，長期国債国債買入れを運営。ただし，平均残存期間の定めは廃止。

［2］ 物価上昇率が 2％ を安定的に超えるまで「長短金利操作付き量的質的金融緩和」を継続（オーバーシュート型コミットメント）。

このように，日本銀行は，アベノミクス導入（2012年）以前では，1999年からデフレ脱却および景気改善に向けて，ゼロ金利政策の復活と継続期間の明確化（時間軸政策）とともに，国債のほか，CPや社債などのリスク資産の買入れ（オペレーション），さらにはETFやJ–REITといった新たなリスク資産の買入れなど，資産価格（すなわち，長期金利やリスクプレミアム）に影響を与える非伝統的金融政策を世界に先駆けて導入してきた。さらに，アベノミクス導入以降では，2％の物価安定目標設定，異次元量的・質的緩和政策，そして最近では，マイナス金利政策や長期金利操作も対象にした金利面，マネタリーベースなど量的面を同時に誘導目標化した，いわば包括的な徹底緩和の観がある。金利面では，マイナス金利政策を日本で初めて導入したし，これまでコントロール困難と考えられていた長期金利のコントロールも誘導目標に掲げている。さらに，金利目標，量的目標を同時にコントロールする

という運営方式自体もこれまでにあまり見られないものといえよう。こうした新たな非伝統的金融政策は，金融緩和に向けた持続的，安定的な政策枠組みと評価する見方もあるが，しかしその一方で，こうした非伝統的金融政策は，日本銀行のバランスシートの健全性を阻害し，日本銀行への信認が揺らぐ可能性や，コール市場や買入資産の市場，さらには銀行貸出市場などにさまざまな歪みを引き起こし，金融市場が十分に機能しなくなる可能性など，重要な諸問題があることにも注意する必要があろう。さらにまた，将来2％の物価安定目標が達成された場合でも，その後金融緩和をどのように終了し，正常な状態に戻すかという金融緩和の出口問題も存在するといわれている。

● 練習問題

1. 次の文中の（　）内に最も適切な語句，数値を入れなさい。
   （1）2008年に改訂されてマネーストック統計では，M1は現金通貨と全預金取扱金融機関の預金通貨からなる。M1に全預金取扱金融機関の準通貨とCDを加えたものが（ a ）である。M2は（ a ）と預金の範囲は同じであるが，対象金融機関が（ a ）よりも狭い（　　）に限られている。このほか，（ a ）に金銭の信託や投資信託，国債などを加えた最も広い範囲の統計量に（　　）がある。また，（　　）・マネーとは，中央銀行（日本銀行）の民間部門に対する債務と定義され，（　　）と金融機関の日銀（　）との合計にほぼ等しい。
   （2）かつては重要な金融政策手段であった（　　）は，2001年に導入された（　　）制度の適用金利となり，2006年8月以降，基準割引率および基準貸付利率と呼ばれることとなった。この基準割引率および基準貸付利率は，誘導金利である（　　）の上限を規定する金利となったが，その下限を規定する金利は，2008年に導入された（　　）による，超過準備に対する付利金利である。現在の日本銀行の主要な政策手段は（　　）であり，もう一つの政策手段である（　　）は実質的には政策手段として機能していない。
   （3）信用乗数理論によれば，中央銀行による民間銀行への10億円の貸出増加は，預金準備率を10％，非銀行部門の現金・預金比率を20％とすると，マネーサプライ（マネーストック）は（　　）だけ増加する。
   （4）資金需給式によれば，家計の預金引出しなどの「（　）発行増」はインターバンク市場の（　　）要因となり，インターバンク市場金利を（　　）させる。
2. (9.9) 式を使って，(9.4) 式と (9.8) 式が同一であることを確認しなさい。
3. 改正日銀法（1998年）によって実現した金融政策の運営に関する改革の目的とその主要な項目について簡潔に要約しなさい。
4. 1999年2月のゼロ金利政策以降の，非伝統的金融政策と呼ばれる金融政策の変遷を簡潔に要約しなさい。

第 10 章

決済システムと信用秩序の維持

　最終章である本章では，金融の決済機能とその安定化の必要性について説明する。広義の金融が提供する決済サービスは，現代のあらゆる経済活動を支える極めて重要なインフラ，公共財のひとつである。本章では現在の決済システムの主要な構成要素および最近における種々の革新を概観した後，決済システムと同時に資金仲介機能を円滑に運営するための信用秩序維持政策（プルーデンス政策）の内容および金融行政のあり方について説明する。さらに今回の金融危機で示された新しいタイプのシステミック・リスクとそれに対する新しいプルーデンス政策に関する諸議論についても言及する。

10 決済システムと信用秩序の維持

□ 10-1 日本の決済システムとその変革 □

■決済手段としての貨幣と支払完了性

　貨幣・信用経済のもとでは，すべての市場取引を完了するには最終的に資金の決済が必要である。資金の決済とは，取引によって生じた債権・債務関係を資金の移転によって清算することをいい，そのための手段が決済手段，すなわち貨幣である。最も基本的な決済手段は現金通貨であろう。現金はその移転によって決済が完了するという意味で，支払完了性（finality）という特徴を持っている。

　わが国における決済の特徴のひとつは，この現金による決済が比較的多いことである。この要因としては治安が良いことのほかに，銀行の店舗数が多いことや CD（現金自動支払機）や ATM（現金自動預払機）が広く普及していることなどがあげられる。しかし，現金は小口の決済には適しているが，持ち運びや盗難・紛失の恐れなどを考慮すると，必ずしも効率的な決済手段であるとはいえない。現在，企業間の取引など大口の決済に一般的に利用されているのは，小切手や手形，送金の利用による，預金通貨，すなわち銀行の要求払預金の移転や振替である。わが国のもうひとつの特徴は，この預金口座を使った給料や公共料金などの自動振込や自動引落制度が普及していることである。

　企業や家計のレベルでは，預金口座の振替によって決済が完了すると見られるが，銀行レベルでは，各銀行間のネットの受払額を日本銀行にある銀行の当座預金口座間で振り替えることによって決済が完了する。この意味で支払完了性を最終的に持つのは現金と日本銀行当座預金（日銀当預）である。ところで，預金通貨を用いる決済を円滑に行うためには，そのための特別なシステムが必要不可欠であり，それが決済システムにほかならない。第1章でも述べたように，決済機能も広い意味での金融に含まれ，金融システムが

提供すべき基本的に重要な機能である。現在，民間銀行および日本銀行を中心とする，以下のような資金決済システムが稼動している。

■わが国の決済システム
（1）　手形交換決済制度

　膨大な件数に上る小切手や手形の決済を取引銀行同士で個別に行うことは不可能に近いだけでなく，非効率である。手形交換決済制度とは，民間によって運営されている制度で，一定地域の預金取扱金融仲介機関（以下，銀行と略称）が小切手や手形の期日到来分を一定の時間に手形交換所と呼ばれる場所に持ち寄って交換決済するためのシステムである。

　手形交換の具体的な仕組みは図 10-1 に示されているが，参加銀行が持ち寄った個別の小切手や手形ごとに決済するのではなく，各銀行の交換尻（小切手，手形などの持ち出しによる受取分と持ち帰りによる支払分の差額）のみが受け渡される仕組みになっている。そして各銀行の交換尻の受渡しは各銀行の日銀当座預金勘定の振替を一定時点に行うことで決済されている。この日本銀行にある当座預金勘定振替のための銀行等金融機関（証券会社なども含む）とのコンピュータ・ネットワーク・システムは「日銀ネット（日本銀行ネットワーク・システム）」と呼ばれるもので，1988 年から稼動を開始している。近年，企業間の決済が小切手・手形から振込などに移行していることから，手形交換件数・金額とも減少傾向にある。

（2）　内国為替決済制度と外国為替円決済制度（外為円決済制度）

　企業や個人が取引の代金支払や資金決済を行うのに銀行振込や口座振替を利用することが多い。こうした銀行における資金送金や振込業務は内国為替業務と呼ばれる。この内国為替業務によって生じた銀行相互間の債権・債務関係の処理を統一して行う制度が内国為替決済制度である。これは図 10-2 にあるように，企業や個人など顧客間の債権・債務関係を銀行間の債権・債務関係に置き換え，一定期間蓄積した上でその差額のみを決済するシステムである。こうした銀行間を結ぶオンラインシステムは「全銀システム（全国銀

10　決済システムと信用秩序の維持

図 10-1　手形交換制度の仕組み

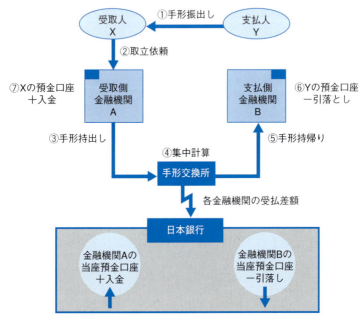

（参考）　日銀当預決済のRTGS化後は，各運営主体の日銀当預を受け皿口座として，即時グロス決済による順次処理が行われる形に変更された。
（出所）　日本銀行金融研究所（2004）『新しい日本銀行（増補版）：その機能と業務』有斐閣

行データ通信システム）」と呼ばれ，1973年から稼動を開始している。

　銀行間相互の差額の決済は，手形交換の場合と同じように，日銀ネットを通して日銀の当座預金の振替によって行われる。すなわち，全銀システムは，支払銀行（仕向銀行）からの為替通知を受取銀行（被仕向銀行）に送信すると同時に，1日分の銀行間の為替貸借を相殺したネットの為替決済額を全加盟銀行と日本銀行に通知をする。日本銀行はその通知を受けて，一定時点に各銀行の当座預金口座での振替を行うことによって，内国為替の決済を完了する。なお，この内国為替決済制度には，給与振込や公共料金の引落，さらにはCDやATMを通じた銀行間の債権・債務関係の清算なども含まれる。内国為替の取扱件数・金額とも，趨勢的に増加の傾向にある。

図10-2 内国為替制度の仕組み

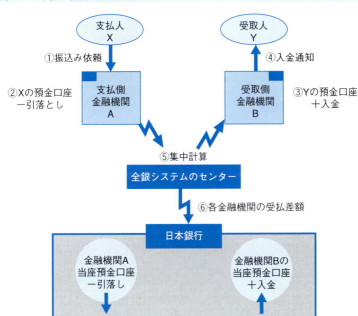

（参考）日銀当預決済のRTGS化後は、運営主体である東京銀行協会の日銀当預を受け皿口座として、即時グロス決済による順次処理が行われる形に変更された。
（出所）図10-1に同じ

　このほかに海外送金など外国為替関係の円資金決済制度として外国為替円決済制度（外為円決済制度）があり、これについても日銀ネットを利用したオンライン処理が行われている。こうした外為関係取引の円資金決済には、各国間の決済制度の違いや時差にともなう流動性リスク（いわゆるヘルシュタット・リスク）など、内国為替決済と異なる面があり、外為円決済制度として別個のシステムを構築している。内国為替制度も外為円決済制度も、手形交換制度と同様に民間部門（具体的には、東京銀行協会）によって運営される決済システムであるが、以上に見てきたように、銀行間の最終的な受払尻（各銀行の総支払額と総受取額との差額）は日銀ネットを通して日本銀行にある当座預金の振替によって決済されている。なお後述するように、日銀

の当座預金決済に関する「即時グロス決済（RTGS）方式」の採用にともない，内国為替決済制度や外為円決済制度の運営も変更されている。また日本銀行の当座預金は，このほかに金融機関のコール取引決済や国債売買の代金決済などにも利用されている。

■ 決済サービスの進展

近年，金融規制緩和や情報通信技術（ICT）革新によって，支払や送金など，従来銀行（預金取扱金融機関）の占有業務であった決済・為替業務のあり方に大きな変革が生じている。その一つ目は小口決済に関する新たな決済媒体の導入である。すなわち，これまでのクレジットカードに加えて，デビットカードや電子マネーといった新たな決済媒体の導入・発展である。

デビットカードとは，銀行等が発行するキャッシュカードを使ってそのままカード加盟店で買い物ができるシステムで，従来のキャッシュカードに決済機能を付与したものである。デビットカードでの支払分は即座に自分の銀行口座から引き落とされる。デビットカードの利用は，欧米では，1990年代に入ってから急激に普及し始め，クレジットカードの利用率に迫っているといわれている。また，中国でも銀聯（UnionPay）によるデビットカードが広く普及している。日本でも，2000年3月から，民間銀行と郵政省も参加している「日本デビットカード・サービス推進協議会」によって，J・デビット（J·Debit）という名称で導入されたが，利用できる加盟店が少ないなどの理由で欧米ほどには普及していない。しかし，最近では，VISAやJCBの加盟店で，クレジットカードと同じように使える，銀行が発行するデビットカードが発展している。

電子マネーについては，本格的な実用化のための試行実験を経て，電子マネー元年といわれる2007年ごろから相次いで導入され，急激にその利用が広がっている。電子マネーとはデジタル信号に置き換えられた現金価値情報を意味し，その形態は2つの基準によって分類される。ひとつは前払い（プリペイド）型か後払い（ポストペイ）型かの基準である。前払い型は，事前に

現金を支払って電子的な価値（デジタルデータ）をカードや携帯電話（スマートフォン）に充填して，支払いに利用するものである。後払い型は，電子マネー利用分が後で請求され，クレジットカードなどで決済するもので，クイックペイ（QUICPay）などがある。

　もうひとつの基準は，ICカード型かネットワーク型かである。IC型はプラスチックのカード（または携帯電話）にICチップを搭載したものである。ネット型は，ネット上の電子マネー発行管理企業のサーバで管理され，ネット上の買い物の決済に利用されるものである。ICカード型で前払い方式の電子マネーは電子財布とも呼ばれ，わが国で最も一般的にみられるもので，楽天エディ（Edy），スイカ（Suica），パスモ（PASUMO），ナナコ（nanaco），ワオン（WAON）などがある。わが国のICカード型電子マネーの発行枚数は2016年9月末で約3億3千万枚（うち3千万は携帯電話），決済金額は同5兆1千億（対前年比10.8％増）となっている（日本銀行『決済動向』2017年1月）。

　もうひとつは，ネットワーク型電子マネーと呼ばれるもので，ネット上の電子マネー管理企業のサーバで管理され，主にネットショッピングや音楽ダウンロード，オンラインゲームなどのインターネット上での決済に利用するというものである。「サーバ管理型電子マネー（ネット専用電子マネー）」とも呼ばれ，WebMoneyやBitCashなどがある。

　デビットカードも電子マネーも最終的には，現金支払いや預金の振替によって決済されるという意味では，決済手段そのものではなく，本質的には小切手のような決済媒体の一種にすぎないが，決済コストを低下させ，決済の効率化を図ることによって利用者の利便性を高め，取引の活性化，拡大に貢献する可能性が高いと見られている。とくに中国では，都市部を中心にスマートフォンアプリを使った電子決済サービス（Alipay，WeChatPayなど）が急速に普及しつつある。

　さらに最近では，小口決済とは限らないが，2009年に出現したビットコインを代表とする新種の電子マネー，すなわち仮想通貨（virtual money）が注目を浴びつつある。上記の電子マネーが決済手段ではなく決済媒体に過ぎな

いのに対し，ビットコインは決済手段としてインターネット上で流通・利用され，また取引所で成立する時価（交換比率）でドルなどいくつかの通常通貨に交換可能な仮想通貨である。ビットコインは，その取引記録が改ざん等の不正がほとんど不可能であるような暗号技術に基づいたブロックチェーンと呼ばれる仕組みによって処理されていることでその信用を維持している。このブロックチェーンは，これまでの中央集権的な取引記録・認証システム（たとえば，全銀システムや日銀ネットなど）に比べ，安価に構築・維持できる分散型の情報記録・認証システムとしてさまざまな分野で利用可能であるとして，大きな注目を集めている。

二つ目は，2010年4月に施行された「資金決済法」である。この法律の重要なポイントは以下の2点である。

① これまで銀行（預金取扱金融機関）のみに認められた送金などの為替業務が，小額（1回100万円以下）に限り，資金移動業として他の事業者に開放されることになった。

② 利用者保護を中心とする電子マネーの規制が，これまで適用外であった「サーバ管理型電子マネー」にも拡大される形で本法に整理・統一された。

このうち①については，電子商取引（EC：Electronic Commerce）サイトの運営者（楽天など）や携帯電話サービス事業者（NTTドコモなど），電子マネーサービス業者（スイカのJR東日本など），さらには旅行業者（JTBなど）などが，資金移動業者としてすでに参入しているか，あるいは今後参入する予定と見られている。たとえば楽天は，資金移動業者としてすでに，個人間の送金や換金サービス「楽天キャッシュ」を開始している。他には，NTTドコモの携帯電話を利用した送金・決済サービス「ドコモ口座」があり，またKDDIは，銀行サービスを携帯電話でというビジネスモデルで，「じぶん銀行」を設立している。今後は，海外送金事業者の参入および国際間の送金サービスの向上など，新たな展開も予想されている。このように，資金決済法の施行は，従来銀行の占有業務であった決済・為替サービスを開放し，異業種企業の参

入を解禁するもので，インターネットや携帯電話などに代表されるICTを利用した決済サービスの利便性の向上や革新，さらには新規ビジネスの創出を促進するものとして期待されている。

　さらに，資金決済法は，2016年5月に，上述のビットコインなど仮想通貨を新たに決済手段と認めたうえで，仮想通貨交換業の登録制を導入するなど，規制ルール整備の方向で改正され，2017年4月に施行されている。

　三つ目は，異業種による決済サービス，さらには金融サービスへの参入である。先に挙げた携帯電話サービス提供会社による銀行「じぶん銀行」設立もその一例だが，それ以前にも，普通預金口座と証券投資勘定の両面を併せ持つ証券総合口座（1997年10月導入）を通した証券業による決済サービスへの参入がある。さらに，流通業ではコンビニエンス・ストアによる代金支払代行サービスが行われているし，1999年には，ソニー銀行などのインターネット専業銀行（ネット・バンク）や決済専門のセブン銀行が設立されている。これら異業種による新規参入銀行10行の2017年3月末の預金残高は17兆円で，地方銀行最大手の横浜銀行の約3兆円を大きく超えるまでに成長している（「日本経済新聞」2017年5月23日朝刊）。

　以上，決済サービスに関する変革の主要な動きを見てきた。これらの変革の波はICTの進展と金融規制撤廃によって，決済サービスについても，新しいサービス形態や新規ビジネスモデルの出現，仮想通貨という決済手段，異業種の新規参入など，従来型よりも一層効率的な新しいサービス形態や提供ルートが着実に生まれつつあることを象徴しているといえよう。ICT技術を応用してさまざまな金融機能を効率化したり，新たな形態で金融機能を合体化するような金融革新の具体的な動きはとくにアメリカを中心に活発化しており，最近では「フィンテック（FinTech）」と呼ばれ，注目されている。

10-2　決済システム，信用秩序の安定性とその維持

■銀行と決済システムの安定性

　これまでに何度となく見てきたように，金融仲介機関としての銀行は，自らの発行する間接証券が同時に預金通貨という決済手段として機能するという点で特異な存在である。銀行がその大半を担っている決済機能ないし決済システムは，金融取引だけでなく，あらゆる経済活動を支える経済の最も重要なインフラストラクチャーのひとつである。銀行はまた，9-2節で見たように，決済システムの担い手であると同時に，預金通貨を創造することで，信用創造を行い，ハイパワード・マネーの何倍にも上る資金を供給するという資金提供・仲介機能を果たしている存在でもある。すなわち，銀行とは預金通貨を発行することで，決済機能と資金仲介機能という2つの機能を一体化して提供している機関であるといえる。

　何らかの原因で銀行の決済機能が滞る状況が生じた場合，その資金仲介機能にも障害が生じ，その経済に与える影響は極めて甚大となることは容易に予想できる。したがって，決済システムの安定を図ることは同時に銀行を中心とする資金仲介機能の維持を図ることでもある。この2つの機能が同時に円滑に運行するように維持されている状態を信用秩序の維持と呼べば，信用秩序の維持は健全な経済活動にとって欠くことのできない大前提にほかならない。こうした意味からも従来から銀行に対する規制が他の産業に比べて厳しい側面があったことは当然なのである。

　信用秩序の維持のなかには，資金の提供者である預金者の保護という一面も当然含まれる。しかし，より基本的なのは決済システムと資金仲介機能の維持であり，預金者保護もこれらの目的に資する限りにおいてである。こうした，決済システムを中心とする信用秩序の維持を目的とした公的な規制，措置および介入などを中心とする政策のことをプルーデンス政策（prudential policy）と呼ぶが，これについては 10-3 節で詳述する。

■システミック・リスクと決済システムの改革

　個々の銀行が提供する決済サービスおよび資金提供・仲介機能は銀行全体にわたるネットワーク（決済システム）に支えられている。決済システムの参加者である1銀行の決済不履行が個別の決済不履行にとどまっている限りは大きな問題とはならない。しかし，その決済不履行が決済システム内で起こると，他の参加銀行の決済不履行を連鎖的に誘発し，決済システム全体が機能麻痺に陥るリスクがある。こうした可能性をシステミック・リスク（systemic risk）と呼ぶ。決済システム全体が機能不全に陥った場合の経済全体への影響は計り知れない。このように1銀行の決済不履行という可能性（決済リスク）は，決済システム全体に伝染する可能性（伝染効果：contagion effect）を持つのである。

　日銀当座預金に関する従来の決済方式は「時点ネット決済：Designated Time Net Settlement：DTNS」と呼ばれる方式であった。これは参加銀行からの決済要請を直ちに実行せずに蓄積しておき，ある時点で銀行ごとに総支払額と総受取額を相殺した後の差額，すなわち受払尻を計算して，その受払尻だけを決済するという方式である。この方式は決済件数が膨大な数に上る場合には特に効率的な処理方法であり，最終的な決済額が少なくて済むという利点がある。しかしその一方で，振替時点まで未決済の債権・債務関係が蓄積されることになり，決済リスク，したがってシステミック・リスクが増大することになる。決済リスクを削減するためには未決済残高を減らすことが必要であるが，未決済残高は①債権・債務の発生から決済までの時間的ずれと②決済残高の積に相当すると考えられる。

（1）即時グロス決済（Real-Time Gross Settlement：RTGS）方式の採用

　そこで，①の決済までの時間的ずれをなくすことで決済リスクを可能な限り排除する方法として，新しく日銀が日本銀行当座預金について 2001 年 1 月に採用したのは，「即時グロス決済（RTGS）」と呼ばれる方式である。これは

アメリカを始めヨーロッパおよびアジアの諸国ですでに採用されている国際標準方式であり，金融機関からの決済要請ごとに一件一件，グロスで処理していくという方式である。この RTGS では，一件ごとに決済するために多額の資金手当（流動性）が必要となる場合があるが，一方で，時間的ずれをなくすことによって未決済残高の累積を防止できるとともに，決済不履行が生じたとしてもそれがほかに波及しないように隔離処理することが可能になる。資金手当（流動性）については，日本銀行によって一時的な資金供与（「日中流動性」と呼ばれる）を行う制度が設けられている。

なお，日本銀行当座預金の RTGS 化にともない，上述した内国為替，手形交換および外為円決済制度についても，その運営方法が変わった。すなわち，ネット差額（受払尻）の決済について個々の金融機関と日銀との間の決済取引という従来の形態から，決済制度の運営主体（手形交換所および東京銀行協会）と日銀との一括集中決済取引という形態に統合化されている。また 2008 年 10 月には，RTGS 導入にともなう資金手当の問題に関する流動性節約機能の導入と外為円決済の完全 RTGS 化（次世代 RTGS 第 1 期対応）が実施されている。

(2)　DTNS 方式の標準化（ランファルシー基準の採用）

未決済残高を減らすもうひとつの方法は決済残高を減らすことである。これは取引当事者間の取引を相殺（ネッティング）し，その差額だけを決済する方式であり，膨大な決済件数を処理する上では極めて効率的であり，時点ネット決済方式はその一例である。しかし，上述したように，DTNS では，決済に必要な資金額が少なくなることで決済リスクが低下する反面，決済までの時間的ずれによって未決済残高が積み上がるため，決済リスクが増大する欠点を持つ。そこで，BIS（国際決済銀行）はクロス・ボーダーの決済問題に関連して，二者間だけでなく多当事者間にもネッティングを拡大（マルチラテラル・ネッティング）してネッティングの利点を生かしつつ，決済リスクに対するさまざまな安全対策基準を定めた，いわゆる「ランファルシー基準」を 1991 年に公表した。これは現在，外国為替，内国為替を問わず，時点ネット決済に関する事実上の国際標準となっている。現在の世界における主要な

決済システムでは，RTGS と DTNS 両者の利点，すなわちシステミック・リスクの削減と決済の効率性の向上を兼ね備えたシステムの実現に向けた検討が行われている。

■ 部分準備制度と銀行取付け

　上ではシステミック・リスクを削減するための決済方式改革について説明したが，現在の銀行制度には，システミック・リスクを完全には排除できない内在的な要因がある。それは，9-2 節の銀行の信用創造で説明したように，現行の銀行制度が，受け入れた預金額の一定部分のみを準備として留保し，残りの資金は貸出などの運用に回せるという部分準備制度（すなわち準備預金制度）に基づいているからである。

　部分準備制度のもとでは，何らかの理由で銀行に対する信頼が崩れ，預金者がいっせいに預金の引出を要求した場合，いかなる健全経営の銀行であってもすべての預金引出要求に応じて即座に資金的手当を行うことは原理的に不可能であり，破産をまぬがれることはできない。かくて，1銀行の経営破綻によるにせよ，単なる流動性不足によるにせよ，理由はどうあれ，ある1銀行が銀行取付け（bank run）に遭った場合，預金を全額引き出せない可能性がある以上，他の預金者，さらには他行の預金者も個々人としてはできるだけ早く自分の預金を引き出すことが合理的な行動になる。しかしそうした個々の預金者の合理的な行動は，逆に決済システム全体の崩壊，信用秩序の崩壊を一層早めることになる。

　銀行が決済サービス機能および信用創造機能を運営する上で，銀行自身が健全な経営に努めなければならないことはいうまでもない。しかし，先述したように，現在の部分準備制度のもとでは，個別銀行がいかに健全経営に努めたとしても，他行の経営破綻や，あるいは単なる偶然や噂などによって預金引出が起こり，取付けに発展する可能性を完全に除去することはできない。ここに銀行（預金取扱金融機関）に対する公的な規制や介入，すなわちプルーデンス政策の根拠があるといえよう。

10-3　日本のプルーデンス政策と金融行政

■プルーデンス政策の種類

　上で述べたように，決済システム，信用秩序を維持するためには，制度上本質的に，個別銀行自体の健全経営だけではカバーできないシステミック・リスクが存在し，そこに何らかの公的な政策としてのプルーデンス政策の必要性がある。そこで，一般にプルーデンス政策にはどのようなものがあるか，表10-1を参考にしながら見ていこう。プルーデンス政策は，予防と事後処理という観点から，事前的措置と事後的措置とに分けることができる。さらに，それぞれを実施主体が公的か民間かによって分類できる。

　公的当局による事前的措置のうち，競争制限的規制，バランスシート規制や金融機関に対するかつての大蔵省検査や日銀考査は，これまでの日本の金融規制・行政（護送船団行政）の主要な手段であった。バランスシート規制（たとえば，流動性比率規制，大口融資規制，自己資本比率規制など）は健全経営の視点から銀行のバランスシートに直接規制を加えるもので，行き過ぎると銀行経営の自主性を損なう恐れがあり，その多くが，競争制限的規制とともに緩和ないし撤廃されている。このうち国際的な規制でもある自己資本比率規制とその重要性については後述する。また，公的資金の注入についても後述する。

　公的当局による事後的措置とは，信用秩序が脅かされるような事態が発生してしまった場合の措置を決めたもので，セーフティ・ネット（safety net）とも呼ばれている。中央銀行による特別融資（日銀特融）などの最後の貸し手機能や預金保険制度が代表的なものである。このほかに公的な救済措置（破綻処理方式）がある。これは，従来は護送船団行政による個別的，裁量的な救済措置が主であったが，1990年代末の金融機関の破綻に対応すべく法整備が整えられるようになってきたものである。また，民間金融機関（中小企業

▶表 10-1　プルーデンス政策の類型

	実施主体	
	公的当局	民間部門
事前的措置	競争制限的規制 バランスシート規制 金融機関検査・考査 公的資金注入	市場によるチェック 業界による自主規制
事後的措置	中央銀行貸出（日銀特融） 預金保険制度 公的救済措置（破綻処理）	相互援助制度

（出所）　鹿野嘉昭『日本の金融制度（第 2 版）』東洋経済新報社（2006 年）に若干修正

金融機関が中心）による相互援助制度もセーフティ・ネットに含まれると見てよい。預金保険制度および公的救済措置については，以下で順次説明していくが，こうしたセーフティ・ネットの欠陥として，セーフティ・ネットの適用に関して厳しい条件や罰則が規定されていない場合には，救済される主体（銀行や預金者）のモラル・ハザードを引き起こしやすい点が指摘されている。

■自己資本比率規制（BIS 規制）と早期是正措置

　金融の自由化とグローバル化が進むなかで，一国の銀行破綻が国際的に波及する危険も増大している。そこで国際間における信用秩序維持と同時に各国間の競争条件の平準化を実現するために，国際決済銀行（BIS）が 1992 年末に導入した国際的ルールが自己資本比率規制（BIS 規制）である。自己資本比率規制は，銀行の保有総資産に対して一定比率以上の自己資本を保有することを義務付ける規制である。自己資本は保有資産価値の悪化や信用リスクや市場リスクの増大などに対するバッファー（補填）の役割を果たす。

　BIS が導入した当初の自己資本比率規制（バーゼル I）は，国際業務を営む銀行に対して，自己資本比率が 8 ％以上となることを求めており，日本でも1993 年 3 月から導入された。国内業務のみを営む銀行については 4 ％が適用

された。その後1998年3月には市場リスクも含むように修正・実施された。修正後の自己資本比率規制は次の式によって示される。すなわち，

$$\text{自己資本比率} = \frac{\text{自己資本}}{(\text{信用リスク額}+\text{市場リスク額}\times 12.5)} = 8.0\% \quad (10\text{-}1)$$

である。ここで，分子の自己資本は株主資本や利益剰余金などの基本的項目（Tier 1）と貸倒引当金，株式含み益（その45％相当額）および劣後債（修正後は短期劣後債務が追加された）などの補完的資本項目（Tier 2）の合計からなる。劣後債とは社債の一種で，元利金返済請求権が株主資本以外のすべての債務に劣後する（支払いを受ける順位が低い）債券である。つまり，劣後債は他の債務が返済された後でないと返済されない債券で，企業にとっては自己資本に近い性格を持っている。ただし，Tier 2の総額はTier 1の総額を超えることはできないとされている。

分母のリスク資産額（すなわち，信用リスク額）は，銀行の各資産にその信用リスクの程度に応じたウェートをかけて求めたリスク・ウェート付総資産額である。たとえば，国債や現金のリスク・ウェートは0％，貸出や社債のそれは100％など，0％，10％，20％，50％，100％の5段階のリスク・ウェートが決められている。市場リスク額は，銀行保有資産に与える金利，株価および為替の変動によるリスクを反映するものである。市場リスクの評価方式の一例は市場リスクVaR（ヴァリュー・アット・リスク）額と呼ばれるものである。これは，金利や株価，為替レートが1単位（たとえば，0.1％）変化したときの総資産の価値変化の確率分布を求め，ある確率（たとえば，1％）で起こり得る最大損失額として計算される。市場リスクの計算方式は，検査当局によって承認されれば，銀行独自のモデル（内部モデル方式）の採用も可能である。

こうした自己資本比率規制の導入は，銀行の信用リスクおよび市場リスクに対する管理意識だけでなく，借り手側のリスク管理意識を高めるであろうし，また，預金をいくら集めたとしても，自己資本比率を満たしていなければ貸出できないという点で，銀行の量的拡大主義への反省を迫る契機となっ

▶表10-2 バーゼルⅡの自己資本比率規制

$$\frac{自己資本}{信用リスク＋市場リスク} \geq 8\% \quad \Rightarrow \quad \frac{自己資本（従来のまま）}{信用リスク＋市場リスク＋オペレーショナル・リスク} \geq 8\%$$

バーゼルⅠでは単一の計算方式しかないが、バーゼルⅡでは、銀行が
- 「標準的手法」（バーゼルⅠを一部修正した方式）
- 「内部格付手法」（行内格付けを利用して借り手のリスクをより精密に反映する方式）

のうちから自らに適する手法を選択

事務事故、システム障害、不正行為等で損失が生じるリスク。粗利益を基準に計測する手法と、過去の損失実績などをもとに計測する手法のうちから、銀行が自らに適する手法を選択。

(注) 上記算式は、国際統一基準行の場合。
(出所) 金融庁『バーゼルⅡ（新しい自己資本比率規制）について』（一部修正）

たといえよう。

　その後2007年3月に、高度化・複雑化する金融技術革新に対応するために「バーゼルⅡ」と呼ばれる新しいBIS規制が導入され、現在に至っている。このバーゼルⅡの概要は表10-2に示されている。新BIS規制では、自己資本の範囲や下限が8％（国内業務銀行は4％）であることは変わらないが、分母には、信用リスク額や市場リスク額に加えて、オペレーショナル・リスク（業務上の事故や不正行為などによる損失リスク）が追加された。信用リスクについては、従来の粗いリスク・ウェート分類と比較して、貸出先の信用格付けに応じて細かいリスク・ウェート（0％から150％）が適用されることになった。さらに、上記のリスク・ウェートによる信用リスク推定手法（標準的手法）のほか、銀行独自の内部格付手法の採用（先進的手法）も認められるようになった。またオペレーショナル・リスクの推定手法についても銀行自身が選択することができる。このようにバーゼルⅡでは、種々のリスクに対する銀行独自の内部管理方式を重視することのほかに、情報開示等を通じた市場規律の重視も盛り込んでいる。

　こうした自己資本比率規制の整備は、銀行経営における信用リスクおよび

市場リスクに対する管理意識を一層高めるように作用するであろう。しかしその一方で，自己資本比率規制をクリアーするために，銀行の貸出行動や資産管理・運用行動が結果として景気変動の幅をかえって拡大させてしまうという景気変動拡大効果を持つことが大きな問題となっている（pro-cyclicality 問題）。そして後述するように，今回（2008～9 年）の世界的な金融危機を契機に，この問題も含めて，新たな BIS 規制（バーゼルⅢ）の検討が行われ 2013 年から段階的に施行が始まったが，未決の分野も含めて，バーゼルⅢの最終合意文書が 2017 年 12 月に公表され，それに基づいて，2022 年 1 月に適用開始となり，段階的に適用を進め，2027 年に完全実施の予定となっている。

なお，自己資本比率規制の導入にともなって，金融危機管理の事前的措置として，「早期是正措置（prompt corrective action）」が 1998 年 4 月から導入されている。これは，アメリカにおいて「連邦預金保険公社改善法」（FDCIA，1991 年）の成立によって導入された制度に基づいている。

早期是正措置は，自己資本比率が一定の水準を下回った銀行に対して，自己資本比率の未達の段階に応じて，監督当局（金融庁）が経営計画改善，資配当抑制・資産圧縮，増資計画などの業務改善要請や最終的には業務の一部，または全部の停止（廃業）の命令を発効できるというものである。これは，自己資本比率という客観的な基準に応じて，一定のルールに基づく是正措置を迅速に発動するものであるという意味で，透明な金融行政に資すると考えられている。

■預金保険制度と公的救済措置（破綻処理）

わが国の預金保険制度は，アメリカの制度をモデルに 1971 年に創設された制度で，セーフティ・ネットのひとつの要である。これは，ほとんどの預金取扱金融仲介機関に対して「預金保険機構」への加入を義務づけ，預金残高に応じた一定の保険料を徴収して，銀行破綻が生じた場合に，破綻銀行に代わって，1 預金者当たり一定金額（1986 年改正で現行の 1 千万円とその利息）までの預金支払（ペイオフ）を保証したり，破綻銀行を吸収・合併する銀行

に対する資金援助（1986年改正による）を主たる目的としている。預金保険機構は政府，日本銀行および民間金融機関の出資によって設立された特殊法人である。なお，農業協同組合や漁業協同組合については，農水産業組合貯金保険機構が1973年に別途設立されている。

預金保険制度はバブル崩壊以前は大きな制度変化を経験してこなかったが，バブル崩壊に端を発した銀行破綻など金融システムの動揺（平成金融危機）に対処するために，公的救済措置（破綻処理方式）の整備にともなって大きな制度改革（たとえば，1996年6月，1998年2月，10月，2000年5月の法改正）が行われた。そうした一連の法改正で導入された時限措置の一部が恒久化されて現在に至っている。

現在の制度では，対象金融機関が破綻したときの破たん処理・預金保証の方式は，①保険金支払い方式，②資金援助方式の2方法がある。①は預金保険機構が，破綻金融機関に代わって，預金を買い取り，保険金を直接支払う方式である。②は破綻金融機関を吸収・合併する救済金融機関に対し，贈与や貸付等の資金援助を行う方式である。

①の保険金支払いの対象となる預貯金の上限（ペイオフ）は元本1千万円とその利息であるが，実施に伴う社会的混乱を考慮して，2002年3月までは保証上限（ペイオフ）は凍結され，預貯金全額が保護の対象となっていた。同年4月以降は貯蓄性預金（定期預金など）が保護の対象からはずされ，さらに2005年4月からは，「決済性預金」（当座預金などの，無利息，要求払い，決済サービス提供の3条件を満たす預金）を除いて，ペイオフが解禁された。なお，わが国で初めてのペイオフが2010年9月に経営破たんした日本振興銀行を受け継いだ清算法人によって実施されている。

②の資金援助方式では，預金保険機構は救済金融機関への資金援助のほか，救済金融機関が見つかるまでの間，一時的に「承継銀行（ブリッジ・バンク）」を子会社として設立し業務を承継することができる。また，子会社である「整理回収機構」と連携して，破綻金融機関の資産等に係る回収・管理・処分を行う。

10　決済システムと信用秩序の維持

　さらに預金保険機構は，システミック・リスクを起こす恐れのある金融危機に対処するために，内閣総理大臣を議長とする「金融危機対応会議」の議を経て，①金融機関への資本増強（公的資本注入），②破綻銀行の預金全額保護等の特別資金援助，③全株式取得による破綻銀行の特別危機管理（一時的国有化）などの手段を講じることができる。このほか，「金融機能の強化のための特別措置に関する法律（金融機能強化法）」（2004年8月に成立，2008年12月に再制定）に基づいて，主に地域金融機関に対する資本増強に向けた予防的な公的資金注入措置も行っている。

■金融庁の創設と新しい金融行政

　従来の護送船団型行政では，金融行政の担当官庁であった大蔵省（現財務省）は，一行たりとも潰さないという方針のもとで，破綻金融機関を他機関に吸収・統合させたり，あるいは関連金融機関に対して資金的負担を求めるなど，個別的・直接的対応を中心とする裁量的な行政指導を行ってきた。こうして，バブル崩壊以前までは表面的には破綻銀行は出ず，「銀行不倒神話」が成立しているかのようであった。

　しかし，1990年代に入ってバブルが崩壊すると，一転して貸出の不良債権問題が深刻化し，信用組合など中小の金融仲介機関の破綻，大蔵省直轄のノンバンクであった住宅金融専門会社（住専）の破綻，さらには90年代末には都市銀行（北海道拓殖銀行）や長期信用銀行（日本債券信用銀行，日本長期信用銀行）の破綻が相次いで生じ，従来型の裁量的行政指導では十分に対処しきれないことが明らかとなった。同時にまた，裁量的行政指導のもとで生じた銀行等金融機関と大蔵省との癒着問題や金融機関の不祥事件に対する不透明かつ不公正な行政措置に対しても強い批判の眼が向けられた。

　こうした状況のなか，橋本政権下の行政改革の一環として，「行政改革プログラム」（1996年12月）に基づいて，市場規律と自己責任を基軸とした透明で公正な金融行政を目指して，内閣総理大臣を責任者とする金融監督庁が総理府の外局として1998年6月に創設された。これによって，銀行，証券，保

険会社等の，破綻処理を含む検査・監督・監視権限が大蔵省から金融監督庁に移管されることになった。その後さらに，「中央省庁等改革基本法」(1999年7月公布）により，2000年7月に金融監督庁が内閣府の外局として金融庁（FSA：Financial Services Agency）に再編・設置されたことにともない，大蔵省が所掌していた金融行政権限の多くが金融庁に移管された。こうして，金融庁は，従来の個別対応・直接介入型の裁量行政から，金融ビッグバン後の市場型金融システムに対応する，市場規律と自己責任を前提とした透明・公正な金融行政を担う担当機関となった。

金融庁の役割は，銀行，証券，保険等金融機関の統一的・横断的な行政・監督機関として，①金融市場の透明性や公正性を維持しつつ，金融機能の安定を確保し，②預金者，保険加入者および投資家など，金融サービスの利用者の保護を図るとともに，③金融の円滑な運行に資すること，すなわち，決済システムも含んだ，より広い意味での金融システムの維持および安定に貢献することとされている。これら3つの役割は，金融行政の目的にほかならない。一方，財務省（旧大蔵省）は，国際金融に関する事項のほかは，原則として財政関連事項のみを担当することとなった（財政と金融の分離）。ただし，預金保険機構のほか，保険契約者保護機構や投資家保護基金（被保険者や投資家を保護する目的で作られた預金保険と類似の機構）は財務省と金融庁の双方の所轄事務となっている。

金融庁は，上記の役割をより良く果たすための金融行政のあり方に関して，2007年7月に「金融規制の質的向上（ベター・レギュレーション)」という指針を公表している。そこでは，ベター・レギュレーションの4つの柱とその実現に向けた当面の取り組みが示されている（表10-3参照）。4つの柱では，金融機関との率直な対話を通して培った信頼関係を基礎に，ルールに準拠した規制・監督と，基本的な原則や規範（プリンシプル）を示して金融機関の自主的な取り組みを促すといったプリンシプルに準拠した規制・監督とを適切かつ相互補完的に活用することや，金融機関の自主性を尊重しつつ，金融機関のインセンティブと整合的で，むしろそのインセンティブを誘導し

▶表 10–3　ベター・レギュレーションへの 4 つの柱

■第一の柱：「ルール・ベースの監督とプリンシプル・ベースの監督の最適な組合せ」

> 詳細なルールを設定し，それを個別事例に適用していくという「ルール・ベースの監督」と，いくつかの主要な原則を示し，それに沿った金融機関の自主的な取組みを促す「プリンシプル・ベースの監督」とを最適な形で組み合わせることにより，全体としての金融規制の実効性を確保していく。

■第二の柱：「優先課題への効果的対応」（リスク・フォーカス，フォワード・ルッキングなアプローチ）

> 金融システムに内在するリスクをできるだけ早く認識し，そのような重要課題への対応のために行政資源を効果的に投入していくアプローチ。そのためには，経済，市場の動向把握や，金融機関の戦略や活動についての正確な認識が重要であり，金融機関や市場参加者とのコミュニケーションを強化していく必要がある。

■第三の柱：「金融機関の自助努力尊重と金融機関へのインセンティブの重視」

> 金融検査評定制度やバーゼルⅡ，地域密着型金融など，金融規制の枠組みにはインセンティブ重視，自助努力尊重という方向性が既にかなり織り込まれている。金融セクターを巡る局面の変化で金融機関の自助努力の重要性が増しており，こうした枠組みをさらに中身の濃いものにしていく。

■第四の柱：「行政対応の透明性・予測可能性の向上」

> 検査監督上の着眼点などを定めた検査マニュアルや監督指針，各事務年度の検査方針，監督方針を公表するほか，行政処分の基準の公表，ノーアクションレター制度の改善，ルールの解釈等についての Q&A の掲載など，透明性・予測可能性の向上に向けた様々な取組みを行う。

（出所）　金融庁ホームページ

て市場規律を高めるような規制や監督のあり方を工夫することがあげられている。また，金融機関に対して，行政対応の透明性や予測可能性を高めるよう，情報発信等を強化することも指摘されている。これらの柱は，金融機関との率直な対話を基盤に，市場規律と自主性を重視した透明・公正な金融行政を実現するための基本方針と見ることができよう。

　2017 年 3 月には，金融庁は，金融審議会市場ワーキング・グループで前年来行われてきた議論をもとに，ルール・ベースよりもプリンシプル・ベースの対応をより重視した「顧客本位の業務運営（fiduciary duty）に関する原則」を公表した。これは，金融事業者が顧客本位の業務におけるベスト・プラクティスを実現するうえで有用と考えられる 7 つの原則をまとめたものである。

金融事業者は，これらの原則を実現すべく，各事業者自身の創意と工夫で，沿って自らの「顧客本位の業務運営の基本方針」を策定・公表することを期待されている。また，自らの基本方針に採用しなかった原則については，採用しなかった理由および代替案を示すことが求められる。さらに公表後の基本方針への取り組み状況も公表し，基本方針の定期的な見直しも求められている。

10-4　金融危機と新たなプルーデンス政策

■世界的金融危機の基本的背景

　アメリカのサブプライムローン問題に端を発し，2008年9月の米大手投資銀行リーマン・ブラザーズの破綻によって，2008，9年の世界的な金融危機が生じ，それは，世界の実体経済にも甚大な影響を与えた。現在，関係各国はもちろん，G20など国際的な場でも，金融危機再発に向けた制度の再検討や新たな制度・ルールや規制の導入に向けた議論が進んだ。本節では，そうした新たなプルーデンス政策に関する諸議論を概観する。そこでここではまず，今回の金融危機の基本的な背景についてまとめておく。今回の金融危機の基本的背景として以下の4つがあげられる。すなわち，

[1]　マクロ経済的不均衡：これは，アジア経済の急速な発展にともなう大幅な経常黒字（過剰貯蓄）と米国の大幅な経常赤字（過剰消費）の持続を意味し，その過剰な貯蓄は運用先を求めて，アメリカに流れ込み，それが当時高収益を維持していた住宅ローンにつぎ込まれた。

[2]　アメリカにおける長期的な金融緩和政策下の大平穏期（1985年から2005年）（Great moderation）：アメリカの大平穏期の持続によって，金融機関はもとより，国民全体にリスクに対する感応度が鈍り，ハイリスクであっても，収益を追求するという行動が支配的になっていた。

［3］　**金融機関の内部統制体制の問題**：大平穏期下でリスクに対する感覚が甘くなった中，金融技術革新やICT革命を利用した金融立国戦略が多くの先進国で採用され，多くの金融機関では高収益を狙った積極的なリスクテイク姿勢が肯定・賞賛されており，その行き過ぎやモラル・ハザードをチェックする内部統制体制が整備されていなかったか，整備されていても十分に機能していなかった。

［4］　**金融規制監督上の欠陥問題**：金融規制・監督当局も，こうした金融機関の過剰なリスクテイクの経営体制の危険性に十分に配慮した対応をしてこなかった。また，規制監督対象も従来の銀行中心にとどまり，投資銀行や多くのファンド，金融機関子会社など，影の銀行を構成する金融機関は多くの場合，規制・監督の対象外に置かれたままであった。

そうした状況の下で生じた今回の金融危機は，従来のシステミック・リスクとは異なる「市場型システミック・リスク」であるといわれている。これは，銀行の不良債権問題や銀行取付けなどに基づく銀行の連鎖的破綻による従来型の決済システムの崩壊ではなく，ある金融資産市場の機能不全が，他の金融資産市場にも波及し，金融システム全体が機能不全あるいは機能停止に陥る状態を意味する。たとえば，今回の危機では，証券化商品などの特定の金融市場で，価格が暴落したり，あるいは値がつかず，市場取引が成立困難（すなわち，市場流動性が枯渇状態）になり，その結果，資金調達も困難（資金流動性が枯渇状態）となって，必要資金が確保できないという流動性不足に直面する金融機関が増大した。これらの金融機関は資金確保のため，保有金融資産の売却やCP（商業手形）などの新規発行を迫られ，他の金融市場にもその影響が波及していき，何らかの公的援助なしには，金融市場全体が機能停止するかもしれないという瀬戸際にまで追い込まれた。

こうした市場型システミック・リスクの可能性は，従来の銀行中心の間接金融から多種多様な新しい専門金融機関が参加し，多種多様な新しい金融商品が取引される市場型間接金融中心の金融システムに移行すれば，ある意味で当然起こり得る問題であり，銀行破綻による決済システムの崩壊阻止に焦

そこで，個別銀行の破綻防止や救済を中心とした従来のミクロ・プルーデンス政策に加えて，金融システム全体の安定性・健全性に焦点を当てたマクロ・プルーデンス政策の必要性が叫ばれるようになった。そうした観点からは，たとえば，さまざまな金融市場の改革や，銀行のみでなく金融システム上重要な金融機関（SIFIs：Systematically Important Financial Institutions）を視野に入れた規制・監督体制の導入・整備，自己資本比率規制の再検討などが重要なテーマとしてあげられている。さらに，マクロ・プルーデンス政策と整合的な金融監督・規制体制の整備といった金融行政面だけに限ることなく，金融政策についても，従来の景気対策や物価安定に加えて，金融システム全体の安定を明確に意識した政策運営が必要とされるようになっている。

■米国の金融規制改革法

今回の金融危機の発生源となったアメリカでは，他国に先駆けて，2010年7月に「金融規制改革法」（ドッド・フランク法）が成立した。正式には，「ドッド・フランク　ウォール街改革および消費者保護に関する法律」と呼ばれる。これは，サブプライムローン問題に端を発した金融危機の経験を踏まえて，市場型システミック・リスクに対処することに重点を置いて規制を強化した，包括的な制度改革であり，段階的に施行が進んでいる。その主要な施策は以下のとおりである。

［1］　マクロ経済の健全性を監督し，システマティック・リスクを把握し，それに対処するための機関「金融安定監督協議会」を設置する。

［2］　金融システム上重要な金融機関（SIFIs：大規模銀行持ち株会社，ノンバンク金融会社（証券会社，保険会社，ヘッジファンドなど））に対しては，通常の金融機関より厳しいプルーデンス規制（自己資本，流動性およびレバリッジ規制）を課す。

［3］　連邦預金保険公社による大規模金融機関に対する円滑かつ秩序だった破綻処理方式を導入する。負担費用は基本的に破綻金融会社の株主負

担や他の大規模金融機関からの徴収資金によってまかない，納税者負担を回避する。

［４］ 預金取扱金融機関（銀行）による自己勘定取引（証券，デリバティブおよび商品先物など）やヘッジファンドへの出資は一定範囲に制限する（ボルカー・ルール）。

［５］ 金融システムの維持のために大きすぎて潰せない（too big to fail）規模の金融機関の出現を抑えるために，金融機関の大規模合併を禁止する。

その他の施策として，①店頭デリバティブ市場の改革，②ヘッジファンド規制の導入，③証券化市場規制の導入，④格付機関規制の強化，⑤役員報酬規制やコーポレート・ガバナンスの改善，⑥消費者保護の強化（消費者保護局の設置）など多岐にわたっており，市場型システミック・リスク防止に向けて，種々の規制強化を盛り込んだ包括的な制度改革となっている。

アメリカでは，大恐慌後 1933 年に制定された銀証分離を規定した，規制色の強い銀行法（グラス・スティーガル法）から，1970 年代に始まった金融革新の波や 1980 年代のサッチャー首相やレーガン大統領の規制緩和路線に乗って金融業界も規制緩和の方向に舵を切り，1999 年にはグラス・スティーガル法を撤廃し，銀行，証券および保険業務の相互参入を認めた「金融制度改革法」（グラム・リーチ・ブライリー法）が成立して，金融自由化は頂点に達した。しかし，金融業界における規制緩和・自由化の潮流は，今度のドッド・フランク法の成立で，規制強化の方向に修正を余儀なくされたといえよう。こうしたアメリカの動きに続いて欧州連合（EU）でも，規制強化に向けた金融制度改革の動きが始まっている。さらに後述するように，金融制度改革の問題は，先進国だけでなく，発展途上国も含めた 20 カ国・地域首脳会議（G20 首脳会議）の主要なテーマとなっている。ただアメリカでは，2017 年 1 月に新大統領となったトランプ政権と与党共和党が金融規制に反対し，規制重視のドッド・フランク法を見直し，金融規制緩和に向けた動きが活発になっている。

■新しい自己資本比率規制案：バーゼルⅢ

バーゼル銀行監督委員会は，金融危機の再発防止に向けて，銀行の自己資本比率規制の新たな強化案を打ち出した。それはバーゼルⅢと呼ばれる新しい自己資本比率規制であり，そこでは自己資本比率の引き上げはもちろんであるが，それに加えて分子の自己資本の質の向上が図られている。すなわち，損失の吸収力の高い最もコアな資本として，普通株と内部留保からなる「狭義の中核的自己資本」を新設し，その部分からなる比率を実質ベースで7％としている。それに優先株等を加えた中核的自己資本の比率を8.5％，全体の自己資本比率を10.5％と定めている。さらに，分母のリスク資産についても，市場リスクや証券化商品に関するリスク捕捉の強化に加え，カウンターパーティの信用リスクの捕捉の強化が提案されている。このほか，自己資本比率規制を補完するものとして，今回の金融危機の原因のひとつであるハイ・レバリッジ問題の教訓から，レバリッジ比率（単純な「自己資本／総資産」）の下限規制の導入が提案されている。

さらに従来から問題視され，今回の金融危機でも指摘された自己資本比率規制の景気循環増幅（プロシクリカリティ）効果の緩和に向けた資本バッファーと呼ばれる要素も自己資本比率に含まれるようになっている。資本バッファーとは，好況期により多額の資本を積み立てて，不況期にそれを充当するといった枠組みということができる。また，国際的に金融システムに重要な影響を与える銀行（G-SIBs）に対しては，金融システムの安定性を確保するために，1％から3.5％におよぶ自己資本比率の積み増しが求められている。

このほか，金融危機回避のために重要な流動性リスク管理の強化が指摘され，流動性比率規制として流動性カバレッジ比率規制と安定調達比率規制が導入されている。前者は，危機時に発生し得る資金流出に対して，その資金流出予想額の100％以上の質の高い流動資産（現金や国債など）の保有を義務付けるものである。また後者は，短期の資金で長期の運用を行うといった，調達資金と運用資産の期間ミスマッチを抑制することを目的とした規制であ

さらに 2017 年 12 月に公表されたバーゼルⅢの最終合意文書では，信用リスク資産のリスク・ウエート推定法である，標準的手法と内部格付手法を大幅に見直した上で，各銀行が内部格付手法を用いた場合のリスク資産が，その銀行の標準的手法によるリスク資産額の一定水準（72.5％）を下回ってはならないという下限（「資本フロア」）を導入している。また，G−SIBs について，通常のレバリッジ比率（3％）に上乗せ（レバリッジ比率バッファー）を設定することが導入されている。

■新たな国際的な金融危機対応の枠組み：G20 首脳会議と金融安定理事会

今回の金融危機の特徴のひとつは，その影響が発生源のアメリカだけでなく，先進諸国，さらには発展途上国にと，世界的な規模にまで急速に拡散・拡大されたことである。そこで，こうした世界的な金融危機に対応し，危機の再発防止のための議論の場として，先進国および発展途上国も含めた 20 カ国・地域（G20）首脳による会議（金融サミット）が設けられ，その第1回会合が，リーマン・ブラザーズ破綻後の 2008 年 11 月にワシントンで，開催され，以降年2回のペースで開催されている。2009 年4月に G20 首脳会議の下部に，金融安定理事会（FSB）が設立され，金融危機防止に向けた金融システム改革案に関して，関連国際機関（国際通貨基金（IMF），国際決済銀行（BIS），バーゼル銀行監督委員会（BCBS），保険監督者国際機構（IAIS），証券監督者国際機構（IOSCO），国際会計基準審議会（IASB）など）と連携して，包括的な議論が行われた。すなわち，銀行，保険，証券の各分野の規制・監督のあり方，国際的金融機関の危機対応，銀行役員報酬に対する規制，ヘッジファンド規制，派生商品市場改革等の問題が議論され，諸規制の整備が行われた。さらに，金融安定理事会では，金融システム改革だけにとどまらず，世界経済の不均衡是正など実体経済の諸問題も広く議論されている。

以上のように，今回の金融危機は，市場型システミック・リスクという新たな金融危機の可能性を示し，それに対処するためには，個別金融機関の健

全性や救済に重点を置く従来のミクロ・プルーデンス政策だけでなく，金融システム全体の健全性に焦点を当てたマクロ・プルーデンス政策が必要であることが示された。こうした施策は，各国での個別対策と同時に，グローバリゼーションの進んだ現在の世界経済では，国際的な視点からの議論と協調・調整が不可欠である。その重要な試みの場がＧ20首脳会議の金融安定理事会であるといえよう。金融安定理事会は，国際的な金融システムの安定化に向けた規制・監督および各国間の調整等における重要な国際機関となっている。

10　決済システムと信用秩序の維持

● 練習問題

1．次の文中の（　）内に最も適切な語句を入れなさい。
　（1）日本の主要な資金決済システムには，（　　）および（　　）があるが，最終的な決済は金融機関と日本銀行とを結ぶオンラインシステムである（　　）を通じて，（　　）の振替によって行われる。この振替のタイミングはこれまで（　　）方式が中心であったが，システミック・リスクを回避するために，2001年1月から国際標準となっている（　　）方式に移行し，その方式の採用が順次拡大している。なお，このほかに外国為替取引に関わる円資金決済制度として，（　　）がある。
　（2）信用秩序維持政策（プルーデンス政策）は，（ a ）措置と（ b ）措置とに分けられ，さらにそれぞれ（ c ）部門による措置と（ d ）部門による措置とに分けられる。従来は競争制限的規制や（　　）規制などの（ d ）部門による（ a ）措置が中心であった。一方，（ d ）部門による（ b ）措置には，日銀特融に代表される（　　）機能や（　　）制度などが代表的なものである。これらの措置はまた，（　　）とも呼ばれている。
　（3）これまでのプルーデンス政策は，現在の銀行制度が担っている（　　）システムと（　　）機能の崩壊（システミック・リスク）を防止するため，個々の預金取扱金融機関に焦点をあてたもので，（　　）・プルーデンス政策と呼ばれる。これに対して，アメリカを本源とする今回の金融危機は，決済システムではなく，金融資産市場の全般的機能不全・停止という（　　）システミック・リスクであるといわれており，こうした新しい危機に対する政策として，金融システム全体に焦点を当てた（　　）・プルーデンス政策の必要性が叫ばれている。
　（4）2008, 9年の金融危機の発生源であるアメリカでは，1999年の（　　）法に代表される金融規制緩和の流れから，金融危機防止のために銀行をはじめとする金融システム上重要な金融機関に対する規制を強化した（　　）法が2010年に成立した。また，金融危機対策・金融規制強化の問題は，各国の個別的な問題でだけではなく，国際的な問題として，現在（　　）首脳会議（金融サミット）の下部組織である（　　）において

精力的に議論された。
2. 預金保険機構が行っている金融機関の破綻処理（公的救済措置）にはどのようなものがあるか，簡潔に要約しなさい。
3. 金融庁が2007年に公表した，金融行政における「ベター・レギュレーション」とは何か，簡潔に要約しなさい。

文献案内

　金融に関する文献は極めて多く存在するが，ここでは国内の文献を中心に基本的で入手しやすく，比較的最近出版されたものを挙げるにとどめたい。

■1　金融論のテキストとしては，併読して有用な文献を発行年順に以下の文献を挙げるにとどめる。
　　前多康男・鹿野嘉昭・酒井良清（2006）『金融論をつかむ』有斐閣
　　家森信善（2013）『はじめて学ぶ金融のしくみ』（第4版）中央経済社
　　島村高嘉・中島真志（2017）『金融読本』（第30版）東洋経済新報社
　　池尾和人（2010）『現代の金融入門』（新版）筑摩書房（ちくま新書）
　　黒田晃生（2011）『入門　金融』（第5版）東洋経済新報社
　　藤木裕（2016）『入門テキスト　金融の基礎』東洋経済新報社
　前多他（2006），家森（2013）はマクロ経済モデルも扱っている。家森（2013）は広範囲のトピックをカバーしており，図表も充実している。島村・中島（2017）は制度面や歴史面にも詳しい定評あるテキストである。池尾（2010）は，新書版ながら金融の基本的事項を理論に基づいて簡潔にまとめたテキストである。黒田（2011）と藤木（2016）はともに，金融の基礎の理論および制度に関して丁寧に書かれた良書である。藤木（2016）では，表計算ソフト Excel を使った諸金利の求め方も説明されている。

■2　三井住友信託銀行・マーケット事業（2016）『投資家のための金融マーケット予測ハンドブック』（第6版）NHK出版
　これは，金融・経済の動向を予測するために必要な金利，為替の知識や最新データが豊富で，また日本だけでなく，各国の金融制度や金融政策にも詳しい便利な一冊である。

■3　日本の金融制度全般および最近の変化については，
　　鹿野嘉昭（2013）『日本の金融制度』（第3版）東洋経済新報社
がある。海外の金融システムにも詳しい文献として，

文 献 案 内

　　酒井良清・鹿野嘉昭（2011）『金融システム』（第 4 版）有斐閣
を挙げておく。理論的側面については，
　　酒井良清・前多康男（2004）『金融システムの経済学』東洋経済新報社
を挙げる。また，
　　河村健吉（2010）『影の銀行：もう一つの戦後日本金融史』中央公論新社（中
　　　公新書）
は，高度成長期以降の銀行を中心とした変貌史をまとめ，さらに今回の金融危機で指摘された「影の銀行」にも言及した手頃な一冊である。また，近年の銀行業界をめぐる変化については，
　　廉　了（2016）『銀行激変を読み解く』日本経済新聞出版社（日経文庫）
を挙げる。
　さらに，最近のフィンテックや仮想通貨ビットコインについては，
　　柏木亮二（2016）『フィンテック』日本経済新聞出版社（日経文庫）
　　木ノ内敏久（2017）『仮想通貨とブロックチェーン』日本経済新聞出版社（日
　　　経文庫）
　　野口悠紀雄（2017）『入門　ビットコインとブロックチェーン』PHP 研究所
　　　（PHP ビジネス新書）
を挙げておく。

■ 4　証券市場については，
　　日本証券業協会・高橋文郎編（2012）『新・証券市場 2012』中央経済社
　短期金融市場については，
　　東短リサーチ（編）（2009）『東京マネー・マーケット』（第 7 版）有斐閣選書
がある。

■ 5　保険全般については，理論と制度に詳しいテキストとして，
　　下和田功（編）（2014）『はじめて学ぶリスクと保険』（第 4 版）有斐閣
を挙げる。

■ 6　本書では為替レートや国際金融についてあまり深くは言及できなかったが，テキストとして，
　　橋本優子・小川英治・熊本方雄（2007）『国際金融論をつかむ』有斐閣
　　深尾光洋（2010）『国際金融論講義』日本経済新聞出版社

文献案内

藤井英次（2013）『コア・テキスト国際金融論』（第2版）新世社
藤田勉（2015）『グローバル金融規制入門：厳格化する世界のルールとその影響』中央経済社

を挙げる。

■7　ファイナンスの理論については，若干高度であるが，

大村敬一（2010）『ファイナンス論：入門から応用まで』有斐閣

がある。大村（2010）では，本書で触れた行動ファイナンスにも言及している。また行動ファイナンスも含めた行動経済学については，

筒井義郎・佐々木俊一郎・山根承子・グレッグ・マルデワ（2017）『行動経済学入門』東洋経済新報社

がある。

証券化については，

大橋和彦（2010）『証券化の知識』（第2版）日本経済新聞出版社（日経文庫）

がわかりやすく，最近のサブプライムローン問題に端を発する金融危機についても言及している。

■8　金融政策については，元日本銀行総裁による，

白川方明（2008）『現代の金融政策：理論と実際』日本経済新聞出版社

がある。ゼロ金利政策については，元日本銀行政策委員会審議委員の

植田和男（2005）『ゼロ金利との闘い：日銀の金融政策を総括する』日本経済新聞社

がある。このほか，高度であるが，

岩田一政（2010）『デフレとの闘い：日銀副総裁の1800日』日本経済新聞出版社

がある。また，元日本銀行政策委員会審議委員による，

宮尾龍蔵（2016）『非伝統的金融政策：政策当事者としての視点』有斐閣

がある。このほか，

翁邦雄（2013）『日本銀行』筑摩書房（ちくま新書）
翁邦雄（2015）『シリーズ現代経済の展望6：経済の大転換と日本銀行』岩波書店
翁邦雄（2017）『金利と経済』ダイヤモンド社

を挙げておく。

■9 　最近の金融危機や金融行政については，以下の文献を挙げるにとどめる。

　　池尾和人編（2010）『ファイナンシャル・レビュー：特集「金融危機を超えて」』財務省財務総合政策研究所，101 号

　　池尾和人（2010）「金融危機と市場型金融の将来」財務省財務総合政策研究所『ファイナンシャル・レビュー』101 号，5-21 ページ

　　植田和男編著（2010）『世界金融・経済危機の全貌：原因・波及・政策対応』慶應義塾大学出版会

　　植田和男（2010）「世界金融・経済危機オーバービュー──危機の原因，波及，政策対応」植田和男編著（2010）『世界金融・経済危機の全貌：原因・波及・政策対応』序章　3-64 ページ

　　佐藤隆文（2010）『金融行政の座標軸：平時と有事を超えて』東洋経済新報社

　　翁百合（2010）『金融危機とプルーデンス政策：金融システム・企業の再生に向けて』日本経済新聞出版社

　また，

　　ヌリエル・ルービニ，スティーブン・ミーム（山岡洋一・北川知子訳）（2010）
　　『大いなる不安定：金融危機は偶然ではない，必然である』ダイヤモンド社
は，今回の金融危機をこれまでの金融危機の歴史に照らして比較・分析した好著である。

■10 　以下では，金融に関するさまざまな情報やデータを提供している web サイトの一部を紹介している。参考にされたい。

　　金融庁：https://www.fsa.go.jp/
　　財務省：https://www.mof.go.jp/
　　内閣府：http://www.cao.go.jp/
　　日本銀行：http://www.boj.or.jp/
　　預金保険機構：https://www.dic.go.jp/
　　全国銀行協会：https://www.zenginkyo.or.jp/
　　全国地方銀行協会：http://www.chiginkyo.or.jp/
　　日本証券業協会：http://www.jsda.or.jp/
　　生命保険業協会：http://www.seiho.or.jp/
　　日本損害保険協会：http://www.sonpo.or.jp/
　　信託協会：https://www.shintaku-kyokai.or.jp/
　　投資信託協会：http://www.toushin.or.jp/

文 献 案 内

日本相互証券：http://www.bb.jbts.co.jp/
BIS（国際決済銀行）データ：http://stats.bis.org/statx/toc/DER.html

主要金融関連年表

矢印は本文中の解説頁を示す。

年	月	項目
1975(昭50)	12	特例国債大量発行→46
1977(昭52)	4	国債市中売却容認→47
1978(昭53)	6	国債の公募入札開始→47
1979(昭54)	5	譲渡性預金（CD）導入→47, 93
1980(昭55)	1	中期国債ファンド発売→47
	12	改正外為法施行→48, 92
1981(昭56)	5	貸付信託〔ビッグ〕創設→47
	6	利付金融債〔ワイド〕創設→47
1982(昭57)	4	「新銀行法」施行→102
1983(昭58)	4	銀行等による公共債窓販開始→47, 102
1984(昭59)	4	先物為替取引の実需原則撤廃→48
	5	日米円ドル委員会報告書→47, 48
		「金融の自由化および円の国際化についての現状と展望」〔大蔵省〕→48
	6	円転規制撤廃→48
		銀行等の公共債ディーリング開始→47
1985(昭60)	3	MMC（市場金利連動型預金）創設
	7	無担保コール取引開始→90
	9	プラザ合意→48, 218
	10	大口定期預金の金利自由化→47, 94
		東京証券取引所，債券先物取引開始→143
	12	新型金銭信託〔ヒット〕発売→72
1986(昭61)	2	短期国債（TB：借換債）導入
	12	JOM創設 →96, 97
1987(昭62)	2	ルーブル合意
	11	国内CP導入→47, 94
1988(昭63)		《バブル膨張へ》→5-5節
	9	東証，大阪証券取引所，株価指数先物取引開始→143
	10	日銀ネット稼動→249
1989(平1)	6	東京金融先物取引所創設→143

283

主要金融関連年表

年	月	項　目
		大阪証券取引所，株価指数オプション取引開始→143
	10	東証，株価指数（TOPIX）オプション取引開始→143
	12	日経平均株価最高値→134, 135
1990（平2）	5	東証，債券先物オプション取引開始
		《バブル破裂》→5-5節, 218
1992（平4）	12	郵政省，「定額郵便貯金の金利自由化等について」
1993（平5）	3	BIS規制実施→49, 261
	4	「金融制度改革関連法」施行→48
	6	「特定債権法」施行→80
		定期性預金金利完全自由化→47
	10	商法改正（社債発行限度額撤廃，社債管理会社整備）→102
1994（平6）	10	流動性預金金利完全自由化→47
1995（平7）	12	住専の不良債権処理で公的資金投入決定→262
1996（平8）	1	商法改正（社債発行適債基準撤廃）→102
	4	「改正保険業法」施行→70
		ABS，国内発行解禁
		債券レポ市場創設→95
	6	預金保険制度改正
	11	橋本首相，6大改革建議，金融ビッグバン構想→15, 49, 266
1997（平9）	4	消費税引き上げ，所得税・住民税特別減税打ち切り，医療保険改革で負担増
	6	独占禁止法改正成立で持株会社解禁
	11	三洋証券，北海道拓殖銀行，山一證券破綻
	12	金融持株会社解禁関連法成立→50
1998（平10）	2	預金保険法制度改正，金融安定化法制定
	3	銀行に対する公的資金投入
		第2次BIS規制導入→261, 262
	4	「改正外為法」施行→50, 106
		「改正日銀法」施行→219
		早期是正措置導入→264
	6	金融監督庁発足→266
	9	「SPC法」施行→80
	10	預金保険制度改正
		「金融再生法」施行→37，「金融健全化法」施行

主要金融関連年表

年	月	項　目
1999(平11)		長銀，特別公的管理（一時国有化）→37
	12	銀行等の投資信託窓販開始→76
		「金融システム改革関連法」施行→50，103
		日債銀，特別公的管理（一時国有化）→37
		金融再生委員会発足
	2	金融再生委員会，銀行に公的資金投入決定
		日銀ゼロ金利政策導入→228
	3	公的資金投入（都銀8行＋7行）
	4	整理回収機構発足
	8〜	大手銀行，保険会社等，金融再編（提携，合併，統合，持株会社）活発化
	11	東証，マザーズ開設→105
2000(平12)	3	長銀，「新生銀行」として再出発→37
		デビットカード（J・デビット）実用化→252
	5	預金保険制度改正（2001年4月施行）
	6	ナスダック・ジャパン，大証に創設→105
	7	金融監督庁廃止，金融庁発足→267
	8	日銀，ゼロ金利政策解除決定→228
	9	みずほフィナンシャル・グループ発足→37
	11	投資信託および投資法人に関する法律，成立→39
		SPC法が資産流動化法として改正される→80
2001(平13)	1	日銀，当座預金決済および国債決済のRTGS化実施→257
		日債銀，「あおぞら銀行」として再出発→37
		金融再生委員会廃止され，金融庁に統合
		米国，ITバブル破裂
	3	日銀，ロンバート型貸付制度（補完貸付制度）新設→231
		日銀，量的目標（当座預金目標）による金融緩和政策へ転換決定→229，239
	4	銀行本体による保険窓販解禁→50
		三菱東京フィナンシャル・グループ，UFJホールディングス発足
		財政投融資制度改革→45
	9	米国，同時多発テロ発生
	10	確定拠出年金法，施行→75
2002(平14)	3	日本承継銀行設立
	4	ペイオフ解禁（決済性預金除く）→265

主要金融関連年表

年	月	項　目
	10	金融庁「金融再生プログラム」公表→64
	12	三井住友フィナンシャルグループ発足
		ナスダック・ジャパン，ヘラクレスに改称→105
2003(平15)	1	みずほホールディングス，みずほフィナンシャルグループ（金融持株会社）を設立
	4	日本郵政公社発足
		産業再生機構設立→64
	5	政府，りそな銀行への資本増強の必要性（総額1兆9600億円）認定
	11	預金保険機構，足利銀行の全株式取得（特別危機管理銀行）
2004(平16)	3	日本承継銀行廃止，第二日本承継銀行設立
	8	金融機能強化法成立，施行→266
	11	改正信託業法，成立（12月30日施行）→74
	12	銀行等の証券仲介業務解禁→76
		ジャスダックが株式会社ジャスダック証券取引所に転換→103
2005(平17)	4	ペイオフ全面解禁（決済性預金を除く）→265
	5	大手銀行，不良債権比率半減目標を達成（2002.10「金融再生プログラム」参照）
	6	新・会社法成立（有限会社の廃止・最低資本金制度の撤廃など）（2006年5月1日施行）
	10	三菱東京フィナンシャル・グループとUFJホールディングスが経営統合し，三菱UFJフィナンシャル・グループ発足
		郵政事業民営化法が成立（2006年4月1日施行）
		改正銀行法が成立（コンビニエンスストアなどの一般企業に，銀行代理店業務を解禁）（2006年4月1日施行）
	12	みずほ証券によるジェイコム株大量誤発注事件
2006(平18)	1	日本郵政株式会社発足
	3	日銀，2001年3月に導入した「量的緩和政策」を解除（金融市場調節の操作目標を当座預金残高から無担保コールレート（オーバーナイト物）に変更，コールレート目標値をゼロ％に設定（ゼロ金利政策）
	4	あおぞら銀行が普通銀行に転換（長期信用銀行法に基づく銀行の消滅）
	5	新・会社法施行
	6	金融商品取引法公布（証券取引法が全面的に改正され，資本市場取引金融商品を包括的・横断的に規制し投資家を保護する法律となる）→105
	7	日銀，コールレート目標値を0.25％に引上げ（ゼロ金利政策を解除）→239

主要金融関連年表

年	月	項　目
2007(平19)	8	日銀,「公定歩合」を「基準割引率および基準貸付利率」に名称変更→231
	2	日銀,無担保コールレート（オーバーナイト物）目標値を0.5%に引上げ
	3	住宅金融公庫の廃止（4月1日から独立行政法人住宅金融支援機構に）
		新BIS規制（バーゼルⅡ）を国内銀行（標準的手法採用行）で実施→263
	8	仏銀行最大手BNPパリバ,傘下の3ファンドを凍結　サブプライム問題が顕在化（サブプライム・ショック）→80, 83, 269
	9	金融商品取引法全面施行→105, 144
	10	郵政公社民営化,ゆうちょ銀行などが発足→45
	12	金融庁,「金融・資本市場競争力強化プラン」を発表→52
		金融庁,銀行の保険販売を全面解禁
2008(平20)	3	米JPモルガン・チェース銀行,ベアー・スタンズ証券買収を発表
	9	米リーマン・ブラザーズ,連邦破産法第11条の適用を申請,事実上の経営破綻負債総額は6130億ドル（約64.5兆円）→84, 269
		メリルリンチがバンク・オブ・アメリカに500億ドルで買収されると発表
		米住宅公社を政府管理下に
	10	政府系の4つの金融機関が統合し日本政策金融公庫が発足→43
		米金融安定化法案が成立
		日銀ネットの次世代RTGS稼働開始→258
		日銀,無担保コールレート（オーバーナイト物）目標値を0.30%前後に設定
	11	金融サミット（G20）の開催→274
		日銀,当座預金に金利をつける「補完当座預金制度」の運用開始→232
	12	米FRB事実上のゼロ金利へ
		改正金融機能強化法成立→266
		日銀,無担保コールレート（オーバーナイト物）目標値を,0.10%前後に設定
2009(平21)	1	日銀,企業金融支援特別オペを実施,供給金額は1兆2,248億円
		日銀,CPの買取を導入
	2	日銀,銀行保有株式の購入を再開
	3	日銀,社債の買取を導入
		日経平均株価,バブル後最安値を更新（7054円98銭）
		損害保険ジャパンと日本興亜損害保険が2010年4月に経営統合を発表
	4	第2回G20首脳会議,金融サミット,ロンドンで開催→274
	7	あおぞら銀行と新生銀行が2010年10月1日付での合併を発表
	9	第3回G20金融サミット,ピッツバーグで開催

主要金融関連年表

年	月	項目
	12	三井住友海上グループホールディングス，あいおい損害保険，ニッセイ同和損害保険の3社が臨時株主総会を開き，2010年4月の経営統合を決定
2010(平22)	4	資金決済法施行→254
	5	EUとIMFが経済危機に陥っているギリシャに対し3年間で最大1100億ユーロを融資する事で合意
	6	第4回G20金融サミット，トロントで開催
	7	日本振興銀行の木村剛前・会長，西野達也社長ら5人を銀行法違反（検査隠避）容疑で警視庁が逮捕 米『金融規制改革法』（ドッド・フランク法）成立
	9	日本振興銀行のペイオフ実施（日本初のペイオフ）→265
	10	日銀　ゼロ金利政策含む包括的金融政策を発表→240
	11	第5回G20金融サミット，ソウルで開催
2011(平成23)	3	東日本大震災発生
	8	日銀，金融緩和追加
	10	日銀，金融緩和追加
	12	日銀，金融緩和追加
2012(平成24)	6	LIBORの不正操作問題発覚
	8	消費税増税法（8％増税）成立
	12	第2次安倍政権成立，アベノミクス（脱デフレ・成長復活）導入→186, 211, 241
2013(平成25)	1	政府・日銀が脱デフレ共同声明 日銀，インフレ目標（消費者物価の前年比2％）を導入→186, 211, 241 東京証券取引所グループと大阪証券取引所が経営統合し，日本取引所グループ誕生→105
	3	黒田東彦氏，日本銀行総裁に就任 自己資本比率規制バーゼルⅢ　段階的導入開始（2019年完全実施予定）
	4	日銀，「量的・質的金融緩和政策」導入
	5	円高修正，4年ぶりに1ドル100円台に
	10	EU，域内銀行監督の一元化で基本合意
	12	EU，域内銀行破たん処理の一元化で基本合意
2014(平成26)	1	日本版ISA（NISA：少額投資非課税制度）がスタート→190
	2	FBR議長交代（バーナンキからイエレンへ） マウントゴックス社，仮想通貨消失により破綻
	4	消費税増税（5％から8％へ）→242

主要金融関連年表

年	月	項 目
	6	欧州中銀，預金ファシリティ金利を△（マイナス）0.1％導入
	10	日銀，追加緩和（国債購入30兆円増加，ETF・J-REIT購入を3倍増へ）→242
	11	消費税8％から10％引き上げを1年半延期
2015(平成27)	11	日本郵政，ゆうちょ銀行，かんぽ生命3社東証に上場
	12	米FRB，9年半ぶりに利上げ（FF（フェデラル・ファンド）金利を0.25～0.5％へ）
		アジアインフラ投資銀行（AIIB）設立
2016(平成28)	1	日銀，「マイナス金利付き量的・質的金融緩和」の導入（日銀当座預金の一部に△0.1％のマイナス金利を導入）→242
	2	世界同時株安（原油安，中国のバブル懸念，米国の景気減速懸念など）
	4	熊本地震
	5	改正資金決済法（仮想通貨法）成立→255
		銀行法等の一部改正案成立で，銀行による金融関連IT企業等への出資条件緩和→65, 66
	6	消費税10％への増税を再延期（2019年10月へ）
		英国，国民投票でEU離脱を決定（EU離脱ショックで，株価急落，円高騰）
	9	日銀，金融緩和の「総括的検証」を公表，「長短金利操作付量的・質的金融緩和」を導入→243
	12	米FRB，1年ぶりに利上げ（FF金利を0.5～0.75％へ）
2017(平成29)	1	個人型拠出年金（iDeCo：イデコ）導入
		ドナルド・トランプ米大統領就任
	4	改正資金決済法（仮想通貨法）施行→255
		改正銀行法施行→66
	12	バーゼルⅢの最終合意文書公表→264, 274
2018(平成30)	1	少額・長期・分散投資の積み立てNISA導入
		仮想通貨NEMハッキングにより盗難される
	2	FRB議長交代（イエレンからパウエルへ）
	3	G20 仮想通貨規制を討議
	4	黒田東彦氏，日本銀行総裁再任

練習問題略解

●第1章
1. (1) 決済, 資金仲介, リスク配分, 資金プール・投資小口化, リスク管理, 情報生産・提供, インセンティブ管理, 機能主義
   (2) 非対称性, 逆選択, モラル・ハザード
   (3) 取引, 資産, 取引額または所得, 利子率
   (4) 貯蓄投資, 資金過不足, 資金循環勘定
2. 非対称情報がもたらす資金貸借取引の事前的問題, すなわち逆選択現象とその帰結については, 1-2節を参照のこと。
3. 直接金融は最終的貸し手が最終的借り手との間で証券市場において, 本源的証券と交換に資金を提供する取引形態で, 本源的証券のリスクは最終的貸し手が負担する。一方, 間接金融では, 最終的貸し手は金融仲介機関の発行する間接証券（預金や保険など）と交換に資金を提供し, 最終的借り手が発行する本源的証券のリスクは金融仲介機関が負担する。最終的貸し手が負担するのは, 本源的証券にくらべてはるかに低い間接証券のリスクだけである。
4. 間接金融対直接金融, 相対型取引と市場型取引を組み合わせて, 4類型を得る。図1-3を参照のこと。日本の金融システムは従来の相対型間接金融から, 間接, 直接とも市場型の金融システムへの移行期にあるといわれている。とくに市場型間接金融が, それを担うノンバンクや各種ファンドなどの専門金融機関や証券化などの金融技術の発展によって, 拡大している。
5. 金融取引を異時点間取引と呼ぶのは, 金融における現在と将来という時間の要素（すなわち, 時点間の資源配分機能）を強調したいためであり, 条件付き請求権の売買取引と呼ぶのは, 将来の不確実性に応じたキャッシュフローの売買契約（すなわち, 状態間の資源配分, リスク配分機能）を強調したいためである。この両者を表す言葉として, 金融を「異時点間・異状態間資源配分」と呼ぶことがある。
6. (1) 表1-1を参照。民間非金融法人企業部門は308,193億円の資金余剰, 一般政府部門は175,514億円の資金不足, 家計部門は63,772億円の資金余剰。
   (2) 海外部門は161,416億円の資金不足で, 日本の経常収支の黒字にほぼ対応する。
   (3) 民間金融機関の貸出の増加（借入増）が約1兆8千億円, 事業債の償還が約3兆円, CP償還が約2千500億円, 株式では上場株式で約3千億円の減少となっていることが, 表1-1の民間非金融法人企業部門の負債の欄からわかる。
   (4) 表1-2を参照。総資産残高は1,783兆3,671億円。金融負債を除く純資産総

額は 1,402 兆 6,876 億円。保有形態で多いのは，定期性預金の約 466 兆円，また流動性預金も約 369 兆円と多い。次に多いのは，保険・年金で約 521 兆円。株式等・債券等合わせて，約 289 兆円となっていることがわかる。

●第2章
1．2-1 節を参照のこと。金融制度の特徴としては，専門銀行主義，競争制限的規制および強い公的関与があげられる。また，金融構造の特徴としては，銀行中心の相対型間接金融，オーバーローン，オーバーボロイング，資金偏在およびメインバンク制などがあげられる。
2．これについては，2-2 節のほか，図 2-1 および図 2-3 を参照のこと。
3．これについては，2-3 節を参照のこと。
4．これについては，2-4 節を参照のこと。
5．これについても，2-4 節を参照のこと。

●第3章
1．（1）本源的，間接，資産変換，情報生産
　　（2）引受（アンダーライティング），売出（セリング），自己売買（ディーリングないしトレーディング），委託売買（ブローキング）
　　（3）流動性（または市場性）
　　（4）資産担保，証券化，アンバンドリング，リバンドリング
2．貸出先に対する情報生産によって，デフォルト・リスクを軽減できること。貸出先を多様化（分散）することで，大数の法則が適用でき，平均的なデフォルト率が確実にわかるようになること。情報生産機能や貸出先の分散化によっても解消できないリスクについては，銀行の株主が負担するため。
3．株式持合いによって資本市場からの規律を回避することによって，長期的視野に立った経営が可能となり，終身雇用制も維持されたが，一方で，これを維持するためには経営者を規律付けるメカニズムが必要であり，メインバンクが市場に代わってその機能を果たしていたと考えられること。
4．自動車保険の場合を取り上げる。逆選択とは，不注意なドライバーが保険に加入しがちになることを意味し，モラル・ハザードとは，保険に加入したドライバーが不注意な運転をしがちになることを意味する。これらに対する対策として，多様な保険を提供して，加入者自身に選択してもらう（自己選択）ことや，被害の一定限度までは補償の対象にしないなどの工夫が考えられている。
5．情報の非対称性が存在する場合，金利規制などが存在せず，自由な取引が可能であっても，信用割当（すなわち，資金の超過需要）は銀行の合理的な行動の結果，生じ得る均衡現象であることを意味しており，この場合，市場の需給は一致しないまま，残ってしまうから。

練習問題略解

● 第 4 章
1．(1)　利付，割引，公共，民間，転換社債，ワラント債
　　(2)　登録制，取引所集中，株式委託売買，グリーン・シート，マザーズ，ナスダック・ジャパン（のちヘラクレス），a：ジャスダック，日本取引所
　　(3)　フロー，アセット
2．図 4-1 および表 4-1 を参照のこと。最も古い短期金融市場はコール市場，最も新しい市場は債券レポ市場である。
3．$f = 100(0.03 - 0.015) + 100$ より，101.5 円。
4．図 4-2 を参照。債権者は通常確定利子を得られるが，倒産した場合はすべての企業収益を得る（OBK 線で示される）。株式は倒産した場合は価値 0 だが，それ以外は返済利子を差し引いたすべての収益が得られる（OAL' 線で示される）。

● 第 5 章
1．(1)　a：株価収益率（PER），株式益回り，株価純資産倍率（PBR）
　　(2)　500，予想配当，株価の予想価格，代表的な債券利回り（または，債券利子率），リスク・プレミアム
　　(3)　期間構造，a：順，上昇，流動性プレミアム
2．0%
3．$121/(1.1)^2$ より，100 万円
4．$100/0.05$ より，2000 円
5．$\dfrac{4 + \dfrac{100-99}{2}}{99} = \dfrac{4.5}{99} \approx 0.045$ より，4.5%
6．$\dfrac{\dfrac{100-88}{3}}{88} = \dfrac{4}{88} \approx 0.045$ より，4.5%
7．求める解を x とする。単利：$x = 3 \times 0.05 - 2 \times 0.04$ より，$x = 7$（%）。
　　複利：$(1+0.05)^3 = (1+0.04)^2 \times (1+x)$ を解いて，約 7.01%。
8．(5-19) 式より，5 千円。

● 第 6 章
1．(1)　a：原資産，条件付請求権
　　(2)　ヘッジ（または，回避），確定（または，固定），保険，移転
　　(3)　上昇，下落
2．たとえば安全利子率の上昇は，プット・オプションを行使したときの行使価格の現在価値（すなわち，プット・オプションの価値）を低下させる。また，満期までの期間が長くなると，一方では，権利を行使できるチャンスが増えることで，プットの価値を高めるが，他方で，権利を行使したときの行使価格の現在価値，すなわち

プットの価値を低下させるので，全体的な効果はどちらともいえない。
3. (6-5) 式に当てはめて求めると，
$(8-6)-(\text{LIBOR}+0.75-(\text{LIBOR}+0.25))=2-0.5=1.5\%$
となる。
4. $F>(1+r)P$ ならば，P を利子率 r で借りて現物を購入し，先物を F で売るという裁定取引で，その差額だけ確実に儲かる。逆の場合には，現物を P で売って（あるいは空売りして），r で運用すると同時に，先物を F で買うという裁定取引を行えば，やはりその差額だけ確実に儲けることができる。
5. この投資家が予想する株式投資の期待値は，上昇確率を p として，$puS+(1-p)dS$ である。これが安全資産投資の元利合計，$(1+r_f)S$ に等しい（言い換えれば，どちらに投資しても利益は同じで，裁定の機会がない）のであるから，ここから計算によって，この投資家が想定する株価の上昇確率 p は，$\dfrac{(1+r_f)-d}{u-d}$ となることが確かめられる。

● 第7章
1. （1） 代替，所得
  （2） 限界代替率
  （3） ゼロ，マイナス，危険回避
  （4） ゼロ，リスク（または，危険），完全保険　保険料率
2. 最初に表が出る確率は $\dfrac{1}{2}$ だから，期待賞金額は $\dfrac{1}{2}X$。2回目に初めて表が出る確率は，$\dfrac{1}{2}\times\dfrac{1}{2}$ だから，期待賞金額は $\left(\dfrac{1}{2}\right)^2 X$。このようにして3回目以降も計算し，合計すれば，$\dfrac{1}{2}X+\left(\dfrac{1}{2}\right)^2 X+\left(\dfrac{1}{2}\right)^3 X+\cdots$ となる。これは，初項を $\dfrac{1}{2}X$，公比を $\dfrac{1}{2}$ とする無限等比級数となるから，結局，$\dfrac{\frac{X}{2}}{1-\frac{1}{2}}=X$ を得る。
3. （1） ポートフォリオの期待収益率：$0.5\times 0.12+0.5\times 0.08=0.1=10\%$
  ポートフォリオのリスク（標準偏差）を求めるために，まず分散を求める。(7-19) 式に従って，相関係数を0として，当てはめると，次式が得られる。
  $\sigma_P^2=(0.5)^2(0.3)^2+(0.5)^2(0.2)^2=0.0325$
  したがって，標準偏差は約18%となる。
  （2） 相関係数が1の場合，(7-19) 式から，問題のポートフォリオの標準偏差は両証券の標準偏差の加重平均値となることがわかる。すなわち，$0.5\times 0.3+0.5\times 0.2=0.25$ である。
  （3） この場合，(7-19) 式は $\sigma_P=b\sigma_b-(1-b)\sigma_c$ と示され，$\sigma_P=0$ となるような b

練習問題略解

は，$\dfrac{\sigma_c}{\sigma_b+\sigma_c}$ であることがわかる．したがって，証券Aの保有比率は0.4，証券Bについては0.6となり，ポートフォリオの期待収益率は9.6%となる．
4．安全資産が保有される場合，危険資産ポートフォリオは投資家の危険回避度（<u>無差別曲線の形状</u>）と独立に決定され，危険回避度は独立に決まる危険資産ポートフォリオと安全資産への投資比率を決定する．

● 第8章
1．（1） a：内部金融，b：外部金融，減価償却費，c：エクイティ，d：デット，e：自己資本，f：他人資本，自己資本比率
　（2） 資本構成，無関連，裁定，一物一価
2．これについては，8-3節，MM理論とは何か，（2）MM理論の無関連命題を参照．
3．① 現在価値は，$\dfrac{363}{1.1}+\dfrac{363}{(1.1)^2}=630$ となる．したがって，この投資は実行される．

　② 限界効率を ρ として，$600=\dfrac{363}{1+\rho}+\dfrac{363}{(1+\rho)^2}$ を解いて求めると，プラスの値は約13.7%と求まる．これは10%より大きいので，この投資は実行される．
4．債権者（依頼人）が経営者（代理人）の行動を完全には監視できないという情報の非対称性を利用して，経営者が債権者の犠牲の下で，ハイリスク・ハイリターンの投資プロジェクトを実行するというモラル・ハザードが生じる．株主の有限責任制度は，株主（ここでは経営者）が負担する損失の下限を与える一方で，得られる（負債返済後）収益は無制限であることを可能にするために，株主（代理人）に対して債権者が望むよりもハイリスク・ハイリターンな投資プロジェクトを選択させるインセンティブを与える．

● 第9章
1．（1） a：M3，国内銀行等，広義流動性，ハイパワード，現金通貨（または銀行券発行高），当座預金
　（2） 公定歩合，補完貸付制度（または，ロンバート型貸付制度），無担保コール翌日物金利（または，コール・レート），補完当座預金制度，準備率操作，日本銀行当座預金残高
　（3） 40
　（4） 銀行券，逼迫，上昇
2．(9-9) 式を (9-8) 式に代入して，整理すれば，(9-4) 式が得られる．
3．政府からの独立性（日銀の自主性）を確保するために，日銀総裁，副総裁（2名）と6名の審議委員からなる政策委員会が最高の意思決定機関であることが明確にされた．従来政府代表委員が政策委員会に常時出席していたが，廃止された．しかし，議案

提出権および議決延期請求権は政府委員に与えられている。一方，金融政策決定過程を公表し，また国会に報告しなければならないという，金融政策決定の透明性を高める手続きも盛り込まれた。9-1節を参照のこと。
4．これについては，9-5節，最近の金融政策運営，（2）ゼロ金利政策以降の金融政策：非伝統的金融政策，および（3）アベノミクスと量的・質的金融緩和を参照のこと。

●第10章
1．（1） 手形交換決済制度，内国為替制度，日銀ネット・システム，日本銀行（または，日銀）当座預金，時点ネット決済，即時グロス決済（または，RTGS），外為円決済制度
（2） a：事前的，b：事後的，c：民間，d：公的，バランスシート，最後の貸し手，預金保険，セーフティ・ネット
（3） 決済，信用創造，ミクロ，市場型，マクロ
（4） グラム・リーチ・ブライリー（または金融制度改革），ドッド・フランク（または金融規制改革），G20，金融安定理事会
2．10-3節，預金保険制度と公的救済措置（破綻処理）を参照のこと。
3．10-3節，金融庁の創設と新しい金融行政を参照のこと。

索　引

あ　行

相対型間接金融　12
相対型取引　11
アウト・オブ・ザ・マネー　153
アウトライト取引　93
アセット・アプローチ　111
アット・ザ・マネー　152
アノマリー　134
アベノミクス　186, 211, 241, 243
アメリカン・オプション　152
アレンジャー　83
安全資産　18, 117, 179
アンダーライティング　76
安定調達比率規制　273
アンバンドリング　54, 83

イールド・カーブ　126, 241
異時点間・異状態間資源配分　5
異時点間取引　2
異時点間の予算制約線　166
委託者指図型　74
委託者非指図型　74
委託売買業務　76
一物一価の法則　202
一般的受容性　16
インカム・ゲイン　130
イン・ザ・マネー　153
インセンティブ管理機能　13, 63, 209
インターネット専業銀行　251
インターバンク（銀行間）市場　88, 106
インターバンク市場金利目標　228
インプライド・フォワード・レート　126
インフレターゲット　241
インフレ抑制　218

ヴァリュー・アット・リスク　262
売りオペ　229
売出業務　76

永久債券　122
エージェンシー関係　206
エクイティ・ファイナンス　104, 199
円転規制撤廃　48

応募者利回り　121
大口定期預金　47, 94
大蔵省検査　260
オーバーボロイング　34
オーバーローン　34
オープン（公開）市場　88, 92
オファー・ビッド制　90, 91
オプション　140, 152
　──価格（オプション・プレミアム）　152
オフバランス取引　145
オリジネーター　80
オンバランス取引　145

か　行

買いオペ　229
外貨建て　106
外国為替市場　88
外国債　100
会社型の投資信託　74
改正外為法（1980年）　48
　──（1998年）　50
外部金融　199
外部効果　42
買戻し条件付き債券売買　95
カウベル（呼び水）効果　44
価格競争入札コンベンショナル方式　101

索　引

確実性直線　176
確実同値額　174
格付機関　40,79
確定給付型年金　75
確定拠出年金法　75
影の銀行システム　84
貸出　37
　　――政策　229
貸付信託　37
仮想通貨　253
カット・オフ・レート　198
株価収益率　132
株価純資産倍率　132
株式　98
　　――期待収益率　139
　　――発行のエージェンシー・コスト　207
　　――含み益　258
　　――持合い　63,104,211
　　――利回り　131
株式市場　88
株主資本純利益率　133
株主総会議決権　98
株主有限責任ルール　208
株主割当増資　103
貨幣乗数　224
加法分離型効用関数　165
為替リスク　107
監視　59
間接金融　10
間接証券　10
完全競争　201
完全保険　178

議案提出権　220
機会費用　18
機関投資家　69,186
期間リスク　44
企業間信用　12
企業年金　74
議決延期請求権　221
危険愛好（追求）型　174
危険回避型　174
危険資産　18,117,179

危険中立型　174
基準割引率および基準貸付利率　231
期待インフレ率　119
期待効用　173
　　――最大化の仮説　172
期待収益率　179
機能主義的アプローチ　14,83
規模の経済　13,59
逆イールド　127
逆資産効果　236
逆選択　7
キャピタル・ゲイン　121,130
キャピタル・ロス　121,130
行政指導　33
競争制限的規制　260
競争制限的な金融規制　32
業態別子会社方式　48
協調融資　64
共通担保資金供給オペ　229
業務分野規則　32
漁業協同組合　38
均一価格販売方式　101
銀行券要因　233
銀行取付け　62,259
銀行によるモニタリング　209
銀行の貸し渋り　238
銀行不倒神話　266
金銭信託　72
金融安定理事会　274
金融安定監督協議会　271
金融監督庁　266
金融緩和の出口問題　244
金融機関のリバランシング　82
金融危機対応会議　266
金融機能強化法　266
金融債　37,100
金融再生法　37
金融サミット　274
金融資産　3
　　――・負債残高表　28
金融市場調節　232
金融システム　9
　　――改革法　50

297

索　引

金融・資本市場競争力強化プラン　52
金融商品取引法　105
金融政策決定会合　221
金融政策効果の非対称性　238
金融制度改革法　48
金融仲介機関　9,36
金融庁　263
金融調節　40
金融的流通　20
金融取引表　28
金融の空洞化現象　49
金融ビッグバン　15,49
金融負債　3
金融リタラシー・コスト　6
金利　114
　　──規制　32
　　──裁定式　108
　　──スワップ　160
　　──選好意識の高まり　47
　　──の期間構造　125
　　──目標　229
金利平価式　108,237
　　カバーなし（アンカバー）の──　109

クーポン・レート　100,119
グラス・スティーガル法　272
グラム・リーチ・ブライリー法　272
グリーン・シート市場　105
クレジットカード　19
クレジット・デフォルト・スワップ　141
クレジット・デリバティブ　141
クレジット・ビュー　238

経営者のモラル・ハザード　207
景気調整機能　41
系列融資　35
ケインズ効果　236
決済システム　16
決済手段　16
決済性預金　265
決済リスク　257
決定ラグ　237
気配値方式　92

限界効用逓減の法則　169
限界生産力　115
限界代替率　169
　　──逓減の法則　169
減価償却費　199
現金通貨　222
現金・預金比率　224
現金流出率　226
現在価値　116
現先取引　93
原手形　92
現物取引　5,144
減量経営　214

公開市場操作　229
効果ラグ　237
公共財　44
広義流動性　222
行使価格　152
公社債市場　88
合成（シンセティック）CDO　84,141
公定歩合操作　229
公的金融　33,41
公的な救済措置　260
合同運用指定金銭信託　72
行動ファイナンス　134
購買力　2
公募入札制　94
効用関数　168
効用最大化行動の仮説　170
効率的市場　133
　　──仮説　134
合理的期待　133
コーポレートガバナンス　209
　　──・コード　211
コール・オプション　152
コール・レート　34,91
コール市場　90
顧客本位の業務運営　268
国債の大量発行　46
国債窓販　102
国内銀行　38
護送船団型行政　33,266

298

索　引

国庫短期証券　95
コミットメント　239
コンソル債券　122
コンプライ・オア・エクスプレイン　186, 211
コンベンショナル方式　94

さ　行

サーバ管理型電子マネー　249
サービサー　82
債券　98
　　──現先取引　47
　　──先物取引　148
　　──貸借市場　95
　　──市場　88
　　──の流動化　80
　　──の理論価格　150
　　──利子率　120
　　──レポ市場　95
最高意思決定機関　220
最後の貸し手　220, 256
財産管理機能　37
最終利回り　120
財政投融資計画　41
財政投融資制度　33, 41
財政投融資対象機関　41
財政等要因　234
裁定　123
　　──機会　123
　　──取引　108, 145
最適条件　170
財テク　212
財投機関債　45
財投債　46
債務証書　3
先物　140
　　──カバー付きの金利裁定取引　108
　　──為替予約　107, 146
　　──為替レート　107
先渡　140
　　──取引　146
差金決済　149
サブプライムローン問題　83, 269
産業的流通　20

サンクト・ペテルブルクの逆説　173
算定保険料率　70
3面等価の法則　23

時価発行公募増資　103
時間価値　157
時間軸政策　239
時間選好　115
時間選好率（主観的割引率）　169
直先スプレッド　107
直物為替レート　107
直物取引　107
資金
　　──運用　211
　　──運用機能　37
　　──運用部　45
　　──援助　265
　　──過不足　23, 234
　　──決済法　254
　　──需給式　233
　　──需給実績　234
　　──需要　211
　　──循環勘定　23
　　──配分機能　41
　　──プール・投資小口化機能　13
　　──偏在　34
　　──流動性　270
資源の異時点間・異状態間移転機能　13
自国通貨建て　106
自己実現的予想　111
自己資本　200
　　──コスト　198
自己資本比率　200
　　──規制　49, 261
自己責任原則　52
事後的措置　260
自己売買業務　76
資産選択問題　179
資産担保証券　80
資産動機　18
資産流動化法　80
資産変換機能　58
市場

299

索　引

――型間接金融　12
――型直接金融　12
――型取引　11
――によるガバナンス　211
――による規律付け　46, 210
――の裁定　205
――の失敗　43
――分断仮説　128
――メカニズム　68
――リスク　4, 261
――流動性　125, 270
システミック・リスク　20, 257, 270
事前的措置　260
実質利子率　118
実需原則の撤廃　48
実体貨幣　18
私的年金制度　75
時点ネット決済　257
支払完了性　248
支配証券　98
支払準備率　224
私募投信　74
資本
　　――構成　200
　　――コスト　198
　　――市場　11, 97
　　――取引　107
　　――バッファー　273
借用証書　3
社債管理会社　102
ジャスダック　103
収益性　179
収益率　114
自由金利の債券流通市場　47
終身雇用制度　63
住専　266
主観的な割引率　169
受信・与信業務　60
順イールド　126
純粋期待仮説　125
準通貨　222
準備　223
　　――預金制度　224, 231

――率操作　227
償還差損益　120
商業銀行　36
承継銀行　265
証券化　13, 80
証券会社　11, 39
　　――の流動性提供機能　76
証券金融会社　39
証券市場　10, 97
証券総合口座　255
条件付き請求権　140
証券投資信託委託会社　39
商工組合中央金庫　38
証拠金　148
証書貸付　60
譲渡性預金　47
商品貨幣　18
情報
　　――生産・提供機能　13
　　――生産機能　59
　　――通信技術革新　15
　　――の非対称性　6, 206, 238
　　――費用　8
正味現在価値　197
将来価値　116
将来の不確実性　4, 172
ショート・カバー　96
ショート・ポジション　146, 149
所得効果　170
所得の限界効用　174
所得分配機能　41
所有と経営の分離　207
所要準備　224
　　――額　232
新株予約権付社債　200
新現先取引　93, 96
審査　59
シンジケート団引受方式　46, 100
新ジャスダック　105
信託銀行　37
信用
　　――緩和政策　240
　　――金庫　38

索 引

――組合 38
――乗数 224
――創造プロセス 224
――補完 82
――リスク 4
――割当 68
――割当の均衡理論 68

スーパーヒット 72
数量目標 228
スチュワードシップ・コード 186
ストック経済 15
ストック変数 28
スポット・レート 123
スポット取引 5, 107, 144
スワップ 140
――取引 159

政策委員会 220
政策金融 33
政府の失敗 45
生命保険 39
整理回収機構 265
セーフティ・ネット 260
責任準備金 69
設備投資 196
――の需要曲線 197
セリング 76
ゼロ金利政策 228, 239
ゼロ・サム 155
全銀システム 249
専門化の利益 59
専門銀行主義 32

相関係数 181
早期是正措置 264
総合的判断材料 228
相互会社 71
相互監視メカニズム 64
総需要管理政策 218
想定元本 142
即時グロス決済 257
ソルベンシー・マージン基準 70

損害保険 39
損害保険料の自由化 70

た 行

対顧客市場 106
第三者割当 103
大数の法則 59
代替効果 170
第二地方銀行 37
第二の予算 41
大平穏期 269
ただ乗り 60
他人資本 200
――コスト 198
為銀主義 106
短期金融市場 88, 90
短期社債 96
短資会社 40
単利方式 120

地方銀行 37
中間型金融 12
中小企業専門金融機関 38
超過需要 68
超過準備 232
長期金融市場 88, 97
長短金利操作付き量的・質的金融緩和 243
長期信用銀行 37
直接金融 10
直接利回り（直利） 120
貯蓄超過部門 166
貯蓄投資差額 23

通貨スワップ 160
通貨の番人 219
積みの進捗率 232
強い公的関与 32

ディーリング 76
ディスインターメディエーション 47
ディスカウンター 76
定率成長モデル 130
手形貸付 60

301

索 引

手形売買市場　92
デット（負債）・ファイナンス　199
デビットカード　19, 248
デフォルト・リスク　7
デフレスパイラル　239
デフレ・マインド　241, 242
転換社債　100
転換社債型新株予約権付社債　200
電子CP　96
電子マネー　19, 252
伝染効果　257
店頭市場　103
　——取引　101

投機　148
東京オフショア市場　96
東京金融先物取引所　143
当座貸越　60
倒産隔離　80
同時・後積み混合方式　232
投資家保護基金　267
投資顧問会社　40
投資信託　12
　会社型の——　73
投資の限界効率　115, 196
投資のハードル・レート　198
トービンの q　198
トービンの分離定理　185
特別目的事業体　80
都市銀行　37
ドッド・フランク法　271, 272
トランスミッション・メカニズム　235
取引所市場　103
取引動機　18
取引費用　6
ドルコール市場　92

な　行

内外市場分断　32
内国為替決済制度　249
内部
　——金融　199
　——金融比率　212

——コントロール　210
——収益率　196
——モデル方式　262
——留保　199
ナスダック　103

2期間モデル　166
2項モデル　158
日銀考査　260
日銀ネット　249
日銀理論　227
日米円ドル委員会報告書　47
2パラメーター・アプローチ　179
日本銀行当座預金　223, 248
日本銀行当座預金増減要因と金融調節　234
日本版401(k)　75
認知ラグ　237

値洗い　148
ネット専用電子マネー　253
ネットワーク型　253
年金基金　13
年金信託　74

農業協同組合　38
農水産業組合貯金保険機構　265
農林漁業金融機関　38
ノンバンク　39

は　行

バーゼルⅠ　261
バーゼルⅡ　263
バーゼルⅢ　273
配当利回り　131
配当割引モデル　128
ハイパー・インフレーション　20
ハイパワード・マネー　223
発券銀行　219
発行市場　97
バブル　134
バランスシート規制　260
範囲の経済　59

索　引

引受業務　75
ヒット　72
ビットコイン　253
非伝統的（な）金融政策　228, 238, 243
表紙手形　92
標準偏差　179
標準物　148
標準理論　227
評判による規律付け　211
表面利率　100

ファンダメンタルズ価格　134
フィッシャー仮説　119
フィッシャー効果　119
フィリップス曲線　218
フィンテック　15, 54, 66, 83, 255
フォワード　140
フォワード・ガイダンス　239
複利　122
負債にともなう規律付け　210
負債発行のエージェンシー・コスト　208
普通銀行　37
プット・オプション　152
部分準備制度　259
フューチャーズ　140
プラザ合意　48
ブラック=ショールズ・モデル　157
フリー・キャッシュフロー　210
ブリッジ・バンク　265
プリペイド　252
不良債権問題　49
プルーデンス政策（の必要性）　256, 259
フロー・アプローチ　110
ブローキング　76
フロー経済　15
フロー変数　28
プロシクリカリティ　273
ブロックチェーン　254
プロテクション　141
プロテクティブ・プット　155
プロポーザル方式　101
分業主義　32
分散　179

ペイオフ　264
ベースマネー　223
ベター・レギュレーション　267
ペッキング・オーダー　209
ヘッジ・レシオ　158
ヘッジング　14
ヘラクレス　105

包括的金融緩和政策　240
法定準備　224
法定準備率　231
ポートフォリオ　180
ポートフォリオ・リバランス効果　240
補完貸付制度　231
補完当座預金制度　232
保険　68
　――契約者保護機構　267
　――リスク　5, 71
ポストペイ　252
ホモ・エコノミカス　6, 134
ホモ・サピエンス　134
保有期間利回り　121
保有資産の分散化　62
ボラティリティ　157
ボルカー・ルール　272
本源的証券　10
本質価値　153

ま　行

マーシャルの k　228
マイナス金利　242
　――付き量的・質的金融緩和　242
マクロ経済的不均衡　269
マクロ・プルーデンス政策　271
孫利子　120
マザーズ　105
窓口指導　34, 237
マネーサプライ重視　228
マネー・ストック統計　222
マネー・ビュー　238
マネー・マーケット　90
マネタリーベース　223
マネタリスト　228

303

索 引

マルチラテラル・ネッティング　258

ミクロ・プルーデンス政策　271
民間債　100
民業補完　41

無関連命題　202
無限等比級数（の和の公式）　123, 227
無差別曲線　166, 168
無償資金　41
無償増資　103
無担保コール翌日物金利　92, 228, 232
無担保市場　90

名目貨幣　19
名目利子率　118
メインバンク制　14, 35, 63

モーゲージ担保証券　80
持越費用　151
モラル・ハザード　8, 261

や 行

有効フロンティア　182
有償資金　41
有償増資　103
優先劣後構造　82
有担保市場　90
ユーロ円金利先物取引　149
ユーロ円市場　96

ヨーロピアン・オプション　152
預金準備率　224
預金通貨　222
預金保険機構　264
預金保険制度　260
欲望の二重の一致　16
予算制約線　166
予想インフレ率　119
予備的貯蓄　172, 188

ら 行

ランファルシー基準　258

利益相反　33, 207
利益配当請求権　98
利子率　114
利潤証券　98
リスク　172, 179
　——管理機能　13
　——・コントロール　140, 144
　——中立確率　159
　——の再配分機能　155
　——・プレミアム　117, 131, 174
　——・ヘッジ　140, 144
利付債券　100, 119
利得の期待値　172
リバンドリング　54, 83
利回り　114, 121
流通市場　97
流動性　17, 115
　——カバレッジ比率規制　273
　——プレミアム仮説　128
　——リスク　6
量的緩和政策　229, 240
料率算定会制度　70

レバリッジ　145, 204
レポ金利　96

労働金庫　38
ローン・セール　79
ローン・パーティシペーション　80
ロング・ポジション　149
ロンバート型貸付制度　231

わ 行

ワラント債　100
割引債券　100, 119

索 引

欧　字

ABS　80
BIS規制　261
CD　47, 93
CDO　81
CDS　84
CP　47, 94
CMBS　80
DDM　129
DTNS　257
ECN　105
ETF　74
FB　95
FSA　267
FSB　274
G20　272
GPIF　45
G-SIBs　273
ICカード型　253
IOU　3
ICT革命　15, 53
JASDAQ　103
JOM　96

LIBOR　160
M1　222
M2　222
M3　222
MBS　80
MM理論　201
NASDAQ　103
NISA　190
OTC　142
PBR　132
PER　132
REIT　74
ROE　133
RMBS　80
RTGS　257
SIFIs　271
SIV　84
SPC法　80
TB　94
TIBOR　149
TIFFE　143
too big to fail　272
TOPIX　143
VaR　262

305

著者紹介

　　　畫間　文彦（ひるま　ふみひこ）

1946 年　東京に生まれる
1969 年　早稲田大学商学部卒業
1974 年　早稲田大学大学院商学研究科博士課程修了
現　在　早稲田大学名誉教授

　　　主要著書

『エレメンタル現代経済学』（共著）
　（晃洋書房，2016）
『ビジネスのための経済学入門』（共著）
　（中央経済社，2015）
『金融論（新版）』（共著）（有斐閣，2000）
『入門　マクロ経済学』（共著）（中央経済社，1999）
ベネット・マカラム『マクロ金融経済分析』（共訳）
　（成文堂，1997）

■ 基礎コース［経済学］— 5 ■

基礎コース　金融論　第 4 版

2000 年 12 月 10 日 ⓒ　　　初　版　発　行
2005 年 2 月 25 日 ⓒ　　　第 2 版　発　行
2011 年 3 月 25 日 ⓒ　　　第 3 版　発　行
2018 年 5 月 10 日 ⓒ　　　第 4 版　発　行

著　者　畫間文彦　　　発行者　森平敏孝
　　　　　　　　　　　印刷者　加藤純男
　　　　　　　　　　　製本者　米良孝司

【発行】　　　株式会社　新世社
〒151-0051 東京都渋谷区千駄ヶ谷1丁目3番25号
編集 ☎(03)5474-8818(代)　　サイエンスビル

【発売】　　　株式会社　サイエンス社
〒151-0051 東京都渋谷区千駄ヶ谷1丁目3番25号
営業 ☎(03)5474-8500(代)　振替　00170-7-2387
FAX ☎(03)5474-8900

印刷　加藤文明社　　　製本　ブックアート
《検印省略》

本書の内容を無断で複写複製することは，著作者および出版者の権利を侵害することがありますので，その場合にはあらかじめ小社あて許諾をお求め下さい。

ISBN978-4-88384-275-9

PRINTED IN JAPAN

サイエンス社・新世社のホームページのご案内
http://www.saiensu.co.jp
ご意見・ご要望は
shin@saiensu.co.jp　まで。